Roberto Schmit

RUINA Y RESURRECCIÓN EN TIEMPOS DE GUERRA

SOCIEDAD, ECONOMÍA Y PODER EN EL ORIENTE ENTRERRIANO POSREVOLUCIONARIO, 1810-1852

prometeo)
libros

Schmit, Roberto
Ruina y resurrección en tiempos de guerra : sociedad, economía y poder
en el Oriente entrerriano posrevolucionario 1810-1852. – 1° ed. –
Buenos Aires: Prometeo Libros, 2004.
296 p. ; 22x15 cm.

ISBN 950-9217-84-0

1. Historia Argentina. I. Título
CDD 982

© De esta edición, Prometeo Libros, 2004
Av. Corrientes 1916 (C1045AAO), Buenos Aires
Tel.: (054-011) 4952-4486 / 8923 Fax: (054-011) 4953-1165
e-mail: info@prometeolibros.com
http://www.prometeolibros.com

Imagen de tapa: «Combate de Caballería, 1830»
(detalle) de Carlos Morel

Diseño de tapa: R &S

ISBN 950-9217-84-0

Para el Nono Lorenzo Bernardoni y la Nona Rosa Cesaris, que abrieron surcos en las tierras fronterizas de la Pampa húmeda, recogieron sus frutos, construyeron sus casas y desde el llano vivieron la intuitiva utopía de formar parte de un país más digno y rico.

Para los colonos Schmit por su intrincada odisea de recorrer las tierras y ríos del litoral buscando un lugar para soñar en el "nuevo mundo".

Índice

Índice de cuadros y gráficos

Capítulo 4

Capítulo 5

Capítulo 6

Capítulo 7

Abreviaturas de archivos, periódicos, revistas y editoriales

Archivos

Archivo General de la Nación, Buenos Aires (AGN)
Archivo Histórico de la Provincia de Entre Ríos (AHER)
Archivo Histórico de la Provincia de Corrientes (AHPC)
Archivo Histórico del Palacio San José, Concepción del Uruguay (AHPSJ)
Archivo Parroquia Inmaculada Concepción, Concepción del Uruguay (APIC)
Archivo General de la Nación, Montevideo (AGN-M)
Archivo Histórico de Porto Alegre, Brasil (AHPA)
Archivo del Obispado de Paraná, Entre Ríos (AOP)
Archivo del Banco de la Provincia de Buenos Aires (ABPBA)
Museo Martiniano Laguizamón, Paraná (MML)

Legislación oficial editada

Registro Oficial de la Provincia de Corrientes (ROPC)
Recopilación de Leyes y Decretos de la Provincia de Entre Ríos (RLDPER)

Periódicos

La Gaceta Mercantil, de Buenos Aires (GM)
El Comercio del Plata, de Montevideo (CP)
El Comercio, de Corrientes (EC)
El Progreso, de Corrientes (EP)
El Federal Entrerriano, de Paraná (FE)

Revistas

Anuario del Instituto de Estudios Histórico-Sociales (Anuario IEHS)
Boletín del Instituto de Historia Argentina y Americana Dr. Emilio Ravignani (BIHAA)
The Hispanic American Historical Review (HAHR)
Latin American Research Review (LARR)
The American Historical Review (AHR)
Journal Family History (JFH)

Editoriales

Fondo de Cultura Económica (FCE)

Agradecimientos

Como es bien sabido, ningún trabajo intelectual es posible sin la conjunción de un esfuerzo colectivo, que en el caso de este libro incluye la ayuda de instituciones, colegas, amigos y familiares, a quienes deseo expresar mi reconocimiento.

Al Instituto de Historia Argentina y Americana Dr. Emilio Ravignani, de la Facultad de Filosofía y Letras (UBA), donde he podido desarrollar mis actividades, con la constante colaboración de sus integrantes, tanto desde su Dirección como de su personal de Secretaría, Biblioteca y Programas de Investigación. Debo agradecer especialmente a Jorge Gelman por su dirección en este trabajo, así como a José Carlos Chiaramonte y Enrique Tandeter, quienes en diferentes momentos me ofrecieron su valiosa orientación historiográfica y temática. Asimismo han sido muy útiles los comentarios de Osvaldo Barsky, Eduardo Miguez y José Luis Moreno quienes fueron jurados de mi tesis doctoral, que en buena parte se publica en esta edición.

Igualmente han sido muy importantes el debate y la discusión que pude llevar adelante con todos los colegas de los programas de Historia Argentina del Siglo XIX y de la Red de Estudios Rurales; en especial gracias a Noemí Goldman, Juan Carlos Garavaglia y Miguel Rosal, por su muy estimable aporte y amistad. Asimismo pude beneficiarme a través de la presentación y discusión de versiones preliminares de estos textos con los colegas y estudiantes de la Universidad Nacional de General Sarmiento (especialmente Pablo Buchbinder, Sandra Gayol y Marta Madero), de la Facultad de Humanidades del Comahue, del Departamento de Historia de la Universidad Nacional de Mar del Plata, del Departamento de Posgrado en Historia de la Universidad de Salamanca y del Departamento de Pos-graduación de la Universidad Federal de Porto Alegre (en especial, los intercambios con Susana Bleil de Souza, Cesar Guazzelli y Helen Osorio). Así también a lo largo de varios años ha sido importante la permanente discusión de ideas con mis compañeros de la cátedra de Historia de América Colonial de la UBA.

Durante mi trabajo de campo he consultado los archivos históricos de Buenos Aires, Corrientes, Entre Ríos, Montevideo, Santa Fe y Porto Alegre. Todos, sin duda, resultaron vitales, pero quiero reconocer específicamente al Archivo Histórico de la Provincia de Entre Ríos, en

Paraná, donde siempre fui bien recibido y disfruté de un trato profesional y personal inestimable; en especial a Silvia Vercelli y a Damián Capdevila y toda su familia por auxiliarme con su trabajo y su siempre afectuosa amistad. En el mismo sentido debo agradecer al Archivo General de la Nación de Buenos Aires y al Palacio San José de Concepción del Uruguay.

También deseo recordar el impulso fundamental que recibí para transitar los caminos del trabajo histórico, desde comienzos de los años 80, de mis amigos y colegas Fernando Boro, Gustavo Castagnola, Rodolfo Cruz, Ariel de la Fuente, Alejandra Irigoin, Silvana Palermo, Juan José Santos y Sergio Serulnikov. Todos ellos, desde entonces, me han ofrecido un invalorable aporte tanto laboral como por su amistad, que sin duda ha resultado un valor fundamental para seguir adelante, en un medio institucional cada vez más exigente y al mismo tiempo tan escaso en recursos y oportunidades. En la última década me he beneficiado del debate y la amistad de Vilma Milletich, Beatriz Ruibal, Alejandra Fernández, Silvia Palomeque y Viviana Conti. En el mismo sentido, agradezco los aportes permanentes de Julio Djenderejian, Sujay Rao, José Antonio Sánchez Román, César Roman y de mis amigos Omar Cerini y Marco Rufino.

Durante la investigación conté con la colaboración de Pilar Laje en la recolección de la información y de María Cassinari en el trabajo de archivo y en la corrección del texto. Agradezco a María Laura por su ayuda en el tratamiento de los datos y en el desarrollo de esta investigación. Finalmente, mis inquietudes y este estudio no hubieran sido posible sin el apoyo de Fanny, Silvia y María, y la tierna compresión e inspiración de Matías y Lucas.

Capítulo 1
La transición de colonia a Nación

Desde las precursoras "historias nacionales" surgió la necesidad de explicar cómo ocurrieron las nuevas experiencias socioeconómicas y la constitución de los poderes políticos-estatales sucedidas en Latinoamérica luego de las revoluciones de independencia y de la conformación de los Estados nacionales durante el siglo XIX. Todas aquellas cuestiones, por largo tiempo, nos han brindado las claves interpretativas acerca de cómo se fueron forjando las principales características contemporáneas del continente.

Por ello, en la literatura histórica disponemos de múltiples tradiciones que tienen un peso importante en las investigaciones latinoamericanas. Las mismas se vinculan una y otra vez con la evaluación de cómo sucedió y qué rasgos fue desplegando la compleja y larga transición que va desde la crisis del antiguo régimen colonial hasta la constitución de las naciones "modernas". En esos abordajes poscoloniales se han evaluado fundamentalmente las interacciones sucedidas entre los cambios y las continuidades en el desarrollo de los nuevos poderes emergentes y las consecuentes variaciones en los patrones socioeconómicos a lo largo de la era decimonónica.

Más específicamente en este período de crisis colonial, de revolución y transición del antiguo orden, se discuten cuestiones de enorme trascendencia, tales como: ¿Qué beneficios y perjuicios provocaron las revoluciones de independencia? ¿En qué medida los territorios emancipados pudieron vincularse con las revoluciones burguesas y el sistema capitalista industrial? ¿Hasta qué punto en esta nueva era se adoptaron los patrones y lógicas que regían en las naciones del norte de Europa y los Estados Unidos? ¿Hasta dónde influyeron en esta época aquellos patrones externos o en qué medida no surgieron durante aquellas décadas nuevas tradiciones y prácticas basadas fundamentalmente en una reapropiación de los antiguos patrones locales, junto a una ambigua recepción de las pautas importadas de ultramar? De modo que esta época pudo haber resultado en una historia muy particular sobre la dinámica y la arquitectura del poder, de la economía, la sociedad y las instituciones que se instauraron en América Latina luego de los movimientos independentistas.

Por lo tanto, para comprender la naturaleza del siglo XIX, resulta fundamental prestar especial atención y profundizar en el análisis de cómo se fueron consolidando los patrones y las prácticas sociales, económicas y estatales. Entonces, en función de aquellas realidades, es imprescindible replantearse dentro de las escalas locales cómo se constituyeron los nuevos poderes y patrones socioeconómicos luego de la ruptura colonial. Detrás de la respuesta que se formule se caracterizará una época formativa de la sociedad latinoamericana y al mismo tiempo también se estará planteando el origen de muchas claves que explicarían la peculiaridad y el carácter del desarrollo histórico continental a mediano y largo plazo.[1]

De todos aquellos múltiples niveles del debate histórico, nos interesa aquí centrarnos en el análisis de las trayectorias socioeconómicas poscoloniales. En este sentido, hace ya más de una década, se planteó una cierta paradoja al postular que algunas de las principales economías de Hispanoamérica habían tenido hasta mediados del siglo XVIII un comportamiento similar al de los países del Atlántico Norte. Pero aquella situación de relativa "bonanza" en sus patrones de crecimiento habría cambiado sustancialmente a partir de la centuria siguiente, produciéndose sobre todo entre 1780 y 1870 un notable estancamiento en el desarrollo latinoamericano. De esa manera, desde esta mirada que rastrea sobre todo el alcance de las lógicas impuestas en las economías mas pujantes de la época, se planteó la hipótesis de que el siglo XIX aparece como una etapa clave para entender la evolución desigual de los patrones de desempeño que siguió de allí en más

---

[1] Sobre los parámetros de desarrollo histórico latinoamericano disponemos de balances generales en los trabajos de Tulio Halperin Donghi: *Reforma y disolución de los imperios ibéricos*, Alianza, Madrid, 1985, e *Historia Contemporánea de América Latina*, Alianza, Madrid, 1992. Leslie Bethell (ed.): *Historia de América Latina*, Tomos 4 y 5, Cambridge University Press-Grijalbo, Barcelona, 1994. M. Carmagnani, A. Hernández Chávez y R. Romano (coord.): *Para una Historia de América Latina. Las Estructuras*, El Colegio de México/F.C.E., México, 1999. En los últimos años se han publicado nuevos estudios que apuntan a replantear a lo largo del siglo XIX las perspectivas del Estado, la cultura política y las formas de representación; entre ellos se destacan Marcello Carmagnani (coord.): *Federalismos latinoamericanos: México, Brasil, Argentina*, F.C.E./El Colegio de México, México, 1993. A. Annino, L. Castro Leiva, F. Guerra: *De los Imperios a las naciones: Iberoamérica*, Iber Caja, Zaragoza, 1994. Antonio Annino (ed.): *Historia de las elecciones en Iberoamérica. Siglo XIX*, F.C.E., Buenos Aires, 1995. Hilda Sábato (coord.): *Ciudadanía política y formación de las naciones. Perspectivas históricas de América Latina*, F.C.E., México, 1999.

América latina. Por lo cual para algunos historiadores sería en esta centuria donde posiblemente se hallarían las causas del llamado "retraso" o del "empobrecimiento" que aun hoy presentan los países hispanoamericanos.[2]

En aquella misma línea de trabajo se han publicado otros ensayos en donde se estudian los "costes" y "beneficios" de la independencia latinoamericana y sus procesos posteriores.[3] Entre ellos, una vez más se ha señalado que tras las guerras de independencia más o menos prolongadas, las nuevas repúblicas hispano-americanas se habrían hallado más pobres de lo que habían sido bajo dominio español. De modo que en la mayoría de la América hispana durante la época pos-independiente coincidió con un acusado descenso de la actividad económica. Incluso, en algunos casos, la renta *per capita* tardó varias décadas en volver a sus niveles coloniales. Entonces, por consiguiente, desde el punto de vista puramente económico, la independencia de América latina parece haber sido un lamentable fracaso.[4]

También desde una comparación entre la historia hispanoamericana, los Estados Unidos y las naciones industriales europeas, se ha planteado la gran diferencia existente en los índices de crecimiento y en el tipo de distribución de los ingresos que siguieron las economías latinoamericanas poscoloniales; se puede confirmar, desde un punto de vista más amplio, que las tremendas diferencias en los ingresos *per capita* entre las mayores economías de América latina y las economías del Atlántico Norte no son producto de lo sucedido en el siglo XX sino que el comienzo de la brecha se da sobre todo a partir del siglo XIX. Durante aquella época las economías del Atlántico Norte sufrieron un proceso de transformación estructural que produjo un sustancial crecimiento económico, mientras que las economías de América latina no siguieron el mismo patrón de crecimiento de aquellas y estuvieron

---

[2]   John Coastworth: *Los orígenes del atraso*, Alianza, México, 1990, pp. 81-161. A. Taylor y J. Coasworth: *Latinamerica and the World Economy, Since 1800,* Cambridge University Press, 1998. John Coastworth: "Trayectorias económicas e instituciones en América Latina durante el siglo XIX", en *Anuario IEHS,* n° 14, UNCPBA, Tandil, 1999.

[3]   Prados de la Escosura, L. y Amaral, S. (Eds.): *La independencia americana: consecuencias económicas,* Alianza, Madrid, 1993.

[4]   Coastworth John: «La independencia latinoamericana: hipótesis sobre los costes y beneficios», en L. Prados de la Escosura y S. Amaral (eds.): *La independencia americana....op. cit.* pp. 17-18. Thomas Victor Bulmer: *La historia económica de América latina desde la independencia,* F.C.E., México, 1998.

estancadas la mayor parte del tiempo.[5] De esa manera surgen preguntas recurrentes: ¿qué ocurrió luego de las revoluciones de independencia con las economías latinoamericanas? y ¿por qué se dio esa "brecha" tan notable entre los patrones de crecimiento latinoamericanos respecto de otros casos durante la etapa decimonónica?

No obstante, aquellas propuestas que han postulado primero la "larga espera" o más tarde el "estancamiento", la "brecha" o el "retroceso" deben ser aún discutidas o al menos matizadas por su mirada unilineal sobre la necesaria determinación que las lógicas y patrones externos debían cumplir en Latinoamérica. Más allá del papel hegemónico que aquellos patrones tenían en el contexto del Atlántico Norte, ¿serían los esperados, los más convenientes o posibles de aplicar de manera rápida para consolidar los intereses económicos y sociales existentes en los territorios emancipados de España? ¿O serían compatibles con la naturaleza de los nuevos poderes emergentes luego del lento desplome del orden colonial?

Por lo tanto, en primer lugar se debe tener en cuenta que dentro del continente el desempeño local fue variado y la adaptabilidad a los nuevos patrones del capitalismo y el liberalismo no eran un horizonte necesariamente lucrativo ni de inmediata resolución en las diversas regiones de la América latina poscolonial. En efecto, el proceso poscolonial fue complejo. Por una parte la revolución trajo aparejados los remarcados «costes" de lograr la independencia –guerras, destrucción de vidas y bienes, desestabilización económica, inestabilidad institucional, etc.– los cuales fueron significativos. Pero también se deben tener muy presentes los potenciales beneficios emergentes de la propia continuidad de algunos de los patrones preexistentes, de la época tardocolonial, ahora sin la tutela imperial española. e incluso la convivencia de aquellos legados con algunas de las nuevas tradiciones que lentamente fueron introduciendo los nuevos poderes nacientes; de una mayor liberalización económica-social y de la transformación institucional, sobre todo ligada al libre comercio para vincular sus producciones con los mercados del Atlántico Norte. Si bien todo el antiguo espacio colonial hispanoamericano convivió con un único contexto internacional, las respuestas locales en pos de articular sus nuevos poderes

---

[5] Stephen Haber: «Introduction: Economic Growth And Latin American Economic Historiography», en Stephen Haber (comp.), *How Latin American Fell Behind*. Stanford University, USA, 1998, pp. 1-3.

e intereses económico-sociales fueron opciones heterogéneas que aún están lejos de conocerse adecuadamente.[6]

En un balance historiográfico la mayoría de los casos parece demostrar que luego de las revoluciones aquellos "potenciales beneficios" de la rápida instalación de los patrones del capitalismo y de una sociedad moderna no llegaron necesariamente a plasmarse en las tierras latinoamericanas. Más aún resulta fundamental preguntarnos e investigar en profundidad las causas por las cuales los procesos posrrevolucionarios no fueran un camino hacia la adopción y puesta en práctica de los nuevos patrones institucionales, económicos y sociales que imperaban en otras latitudes. En consecuencia hay que explorar qué significo la revolución para los territorios coloniales emancipados, así como el porqué y el cómo en Latinoamérica convivieron más bien una multiplicidad de recorridos y propuestas heterodoxas en la primera mitad del siglo del siglo XIX, en una larga transición en la cual al mismo tiempo que se adoptaron algunos nuevos paradigmas pervivieron numerosos legados y reapropiaciones del "antiguo orden".[7]

De modo que frente a las interpretaciones que han enfatizado los procesos revolucionarios desde una perspectiva o comparación lineal en camino hacia la modernidad y el capitalismo, otros estudios como el nuestro postulan la necesidad de explorar y entender una muy larga transición, donde encontraremos una historia diferente, de actores sociales, relaciones de producción y formas de poder en que tuvieron mucho peso la perduración de los legados coloniales, conviviendo en un despliegue de múltiples formas de interacción entre lo "nuevo" y lo "viejo". Estas combinaciones de las herencias junto a las nuevas lógicas se habrían registrado más acentuadas sobre todo durante las primeras tres décadas de dicha centuria y no se encontrarían tanto en el nivel discursivo emanado sobre todo de los intelectuales o políticos "ilustrados" posrevolucionarios, sino más bien en las prácticas reproducidas por amplios sectores de los notables y por los actores subalternos americanos, quienes interactuaron en los múltiples terrenos de la vida económica, social y política.[8] Por lo cual a la hora de entender

---

[6] E. Cardoso y A. Helwege: *Latin America's Economy. Diversity, Trends and Conflicts*, Cambridge-Massachusetts. Mit Press, 1995.

[7] Ver, por ejemplo, Reinhard Liehr (ed.): *America Latina en la época de Simon Bolivar*. Berlin Colloquium, 1987. N. Jacobsen y J. Love (eds.): *Guiding The Invisible Hand: Economic Liberalism And The State In Latin Americam History*. New York, 1988.

[8] Jeremy Adelman (ed.): *Colonial Legacies. The problem of persistence in Latin American History*. Routledge, USA, 1999; en especial el capítulo uno.

las lógicas y los intereses desplegados en las relaciones sociales, en los intercambios de bienes, en la imposición fiscal, en las formas de acumulación o en el ejercicio del poder las circunstancias siempre estuvieron teñidas por la interacción de patrones complejos y a menudo negociados y conflictivos.[9]

No obstante aquellas cuestiones generales compartidas en casi todo el continente, para algunos autores, la situación rioplatense durante el siglo XIX parece haber sido algo diferente. En efecto, ciertos historiadores han afirmado que la transición más lograda, en términos económicos, fue quizás la de Argentina. Allí, pese a las repetidas guerras civiles e internacionales, se inició poco después de la independencia un temprano crecimiento rural impulsado por las exportaciones y una mayor liberalización económica. Inclusive se plantea una muy lenta modernización institucional. Por todos esos factores su economía habría alcanzando niveles más altos de productividad que el resto de Hispanoamérica, incluso antes de la independencia, una ventaja que compartía con otros virreinatos de nuevo asentamiento que gozaban de elevados coeficientes de exportación.[10] De esa manera, en una visión algo simplificada ¿debería encontrarse en las tierras rioplatenses una "avanzada" más precoz en aquella compleja transición de los años poscoloniales? Pero más allá de esos rasgos, creemos que lejos de un camino lineal y sesgado debemos prestar atención a las múltiples realidades e intereses que convivieron en el Río de la Plata poscolonial y poder analizar cómo los mismos interactuaron a lo largo del siglo para, finalmente en la era decimonónica, forjar los cambios institucionales que introdujo la constitución del estado nación y las transformaciones socioeconómicas que se vincularon con la maduración de una economía rural capitalista.

---

[9] Carlos Marichal: *A Century of Deft Crises in Latin America. From Independence to the Great Depresion 1820-1930*, Princeton University Press, 1989. M. Bordo y R. Cortés Conde R. (ed.): *Transfering Wealth and Power fron the Old to the New World. Monetary and fiscal institutions in the 17 th. Through the 19 th. Century.* Cambridge University Press. 2001.

[10] J. Coastworth: «La independencia latinoamericana…», *op. cit.* pp. 25-26. Enfoques que postulan rápidas adaptaciones o cambios en los patrones socioeconómicos en el Río de la Plata pueden verse en las obras de Jonathan Brown: *Historia socioeconómica de la Argentina, 1776-1860.* Instituto Di Tella/Siglo XIX, Buenos Aires 2002. Samuel Amaral: *The Rise of Capitalism on the Pampas. The Estancias of Buenos Aires, 1785-1870.* Cambridge University Press, Cambridge-New York-Melbourne, 1998. Una posición diferente puede verse en el trabajo de Jeremy Adelman: *Republic of Capital.* Cambridge Univeristy Press, 1997.

La transición poscolonial en el Río de la Plata

En la historiografía rioplatense desde hace más de tres décadas se debaten nuevos argumentos y explicaciones referidos a la primera mitad del siglo XIX. En esos estudios se revisaron los enfoques sobre el significado de la Revolución, abandonando casi definitivamente las interpretaciones que pretendían encontrar proyectos definidos y respuestas inmediatas desde los mismos sucesos de Mayo de 1810 para la compleja transición posrrevolucionaria. Entre las nuevas miradas se ha cuestionado la interpretación que sostiene que el cambio institucional y socioeconómico era una consecuencia de la acción revolucionaria de los patriotas, que a través de los políticos, militares e intelectuales, como pro-hombres de su época, habían proyectado y logrado abrir paso a una nueva era de carácter «nacional» y "moderno". Por todo lo cual luego de la independencia sólo era necesario imponer las nuevas pautas a algunos díscolos actores políticos y sociales durante las décadas siguientes.[11] De esa manera ha quedado atrás la matriz interpretativa que giraba en torno a pensar un momento fundador que partía aguas de inmediato, un hecho puntual como una "Revolución" con una genética local en la cual se hallaban ya imperantes las claves y respuestas del proceso que se desencadenaría en las décadas posteriores. A pesar de esos replanteos sobre el carácter "rupturista" de la Revolución, en aquellos estudios todavía se analizaban las transformaciones posrrevolucionarias dentro de una matriz espacial que suponía de la existencia de una escala nacional, daba por cierta la preexistencia en esa época de intereses comunes o similares dentro de una nación en proceso de constitución, por lo cual sólo restaba explicar como habían accionado en ese proceso los diversos actores sociales, económicos y políticos para consolidar o interponerse en el camino de la maduración de aquellos intereses ya presentes desde tiempos tempranos.[12]

---

[11] Uno de los estudios pionero sobre el replanteo del proceso "revolucionario"a lo largo del siglo XIX en el Río de la Plata es el de Tulio Halperin Donghi: *Revolución y Guerra. Formación de una elite dirigente en la Argentina criolla*. Siglo XXI, Buenos Aires, 1972.

[12] Este supuesto nacional de escala lineal y de lógica única ha pervivido en los estudios históricos casi sin discusión desde las primeras historias nacionales escritas por los ilustrados porteños, en el siglo XIX hasta los años seten.a del siglo siguiente. Asimismo aún es recurrente en los historiadores contemporáneos confundir la historia de Buenos Aires, aunque resulte.claramente hegemónica, con la historia del espacio interprovincial confederado que luego reconocería la nación Argentina. Por todo ello, recién en las últimas décadas ha comenzado el

Por lo tanto, despejado el carácter rupturista de la Revolución, continuaba ese énfasis desmedido sobre la génesis y presencia temprana del espacio nacional, que llevó a sostener por mucho tiempo que el conflicto que acompañaba la transición poscolonial se podía entender a partir de la existencia de diferentes líneas doctrinarias y proyectos sobre la constitución de la Nación. O una línea mucho más simplificada aún, la de quienes sostenían la unidad y el desarrollo nacional frente a los que se oponían a ella, configurando de ese modo los que representaban ser partidarios de la "nación" y los de la "fragmentación". Otro supuesto que impedía analizar la transición poscolonial fue el de sujetar los intereses e interacciones de los múltiples actores sociales dentro de un espacio económico y social simplificado y demasiado vinculado desde 1820 sólo a la evolución de una nueva economía pecuaria exportadora. Por lo tanto, los actores sociales, casi siempre estereotipados, fueron vistos desde el momento mismo de la independencia como representantes de fuerzas colectivas con potencialidades ya definidas y similares a través del tiempo. De ese modo, a pesar de replantearse el origen de la revolución, siguió en pie una visión que obligaba a postular espacios bastantes homogéneos, intereses comunes simplificados y comportamientos facciosos que daban lógica a los sucesos de esta época.

Por lo señalado se entiende que en el seno de los estudios que giraban sobre la preeminencia del espacio «nacional" se interpretaban los conflictos desatados luego de la Revolución, entre las provincias y sus diferentes dirigentes, como simples representantes de las facciones o de apetencias personalistas de los «caudillos» locales, que muchas veces dañaron u obstaculizaron el rumbo "adecuado" de la vida institucional, política y económica, produciendo un estancamiento que impidió avanzar en los emprendimientos que buscaban imponer los patrones "modernos" en la joven república durante las primeras cinco décadas del siglo XIX.

Complementando aquel cuadro en los estudios históricos, por mucho tiempo predominó casi exclusivamente el enfoque político-institucional, que tomaba muy poco en cuenta en sus análisis la evolución de las fronteras rurales, la dinámica de cambio demográfico, la existencia de múltiples actores socioeconómicos y el carácter complejo de las prácticas de reproducción social dentro de los espacios locales, los

---

estudio más sistemático de la transición poscolonial en el espacio rioplatense y la construcción e imposición del Estado nacional en Argentina.

intereses variados de los dirigentes y de los poderes provinciales. Por todas estas causas, al mismo tiempo que se opacaba la utilidad de los legados coloniales, también se mantenía una óptica socioeconómica bastante lineal y simplificada sobre su evolución en el espacio y el tiempo. De modo que a menudo se suponía la imposición casi natural de una economía pecuaria de exportación, desde siempre presente y de peso similar dentro de los múltiples intereses que se debatían en las «guerras civiles». Por lo tanto, en el marco de esa sociedad ya casi "nacional" se vislumbraba muy anticipadamente la primacía de la nación, del Estado unificado y de la existencia del nuevo grupo o clase hegemónica. Al mismo tiempo, los sectores sociales subalternos eran ignorados recurrentemente en su dinámica bajo el rótulo de "plebe", "gauchos" o simplemente "trabajadores", y se consideraba casi nula su capacidad de constituir prácticas y de reproducir estrategias propias de negociaciones o emprendimientos. De esa forma se pasaba por alto nada menos que la presencia de intereses diversos a nivel provincial o regional, un marco socioeconómico complejo, de la persistencia de grupos de notables con intereses de alcance local junto a la fragmentación e inestabilidad institucional, comercial, fiscal y monetaria imperante dentro de la Confederación de provincias.

Pero desde hace más de una década se propusieron nuevas miradas que han puesto en discusión aquellos ejes explicativos de la era posrevolucionaria. Un nuevo conjunto de investigaciones sobre el Río de la Plata entre 1780 y 1870 ha comenzado ha echar por tierra varios supuestos sobre el origen, las características y la evolución de la sociedad y el Estado. Al mismo tiempo, también se han revisado los fundamentos de la evolución económica y de las formas de constitución de los poderes de aquel período. Estos trabajos –sin perder de vista los grandes procesos– se han centrado sobre todo en estudiar los ámbitos locales, provinciales y regionales de sociedades con fronteras móviles y produjeron nuevos enfoques en torno a una compleja transición, con cambios y persistencias. Asimismo estos estudios pusieron en contacto dos períodos muy interrelacionados, las últimas décadas tardocoloniales y las de la primera mitad del siglo XIX, en función de evaluar los cambios en el largo plazo.

En primer lugar, los trabajos sobre fines del período colonial aportan un universo de evidencias que permiten sostener una nueva visión sobre la sociedad y la economía de aquella época. Entre sus principales replanteos manifestaron una singular movilidad y cambios espaciales, demográficos y productivos en las sociedades que tenían una frontera abierta y en expansión, donde persistió un largo ciclo de poblamiento, dado esencialmente por una migración que se desplazó principalmente desde las zonas del interior rioplatense hacia la campaña rural del Litoral. Asimismo, se ha demostrado que el tipo de desarrollo socioeconómico rural estuvo diversificado en bienes ganaderos y agrícolas, donde las unidades productoras eran una combinación de estancias y una mayoría de medianas y pequeñas explotaciones familiares, debido sobre todo, a que los nuevos migrantes se podían insertar en las economías rurales en expansión de formas diversas, como ocupantes de tierras, como agregados o peones en establecimientos rurales. Entonces, de acuerdo con las características citadas, los tipos de explotaciones productivas tenían formas muy diversas de ocupación del suelo: como propietarios, arrendatarios u ocupantes de las tierras. La fuerza laboral utilizada iba desde la familiar, los agregados, la contratación de peones o la compra de esclavos.[13]

También se ha constatado que, ya en esta época temprana, las producciones litoraleñas lograron una circulación mercantil en expansión que tenía como destino una red integrada de mercados locales, regionales y externos, con un importante volumen comercial, dentro del cual sobresalió un sector exportador e importador significativo donde operaban los más importantes miembros de las elites hispanas y criollas.

Asimismo, las transformaciones en el seno del Estado y en la cultura política, tras las Reformas Borbónicas en el Río de la Plata dejaron en claro una singular tradición, que lejos de mostrarnos un único rumbo de fortalecimiento pleno de la monarquía absolutista o del arribo de la "modernidad", presenta una recurrencia de las prácticas de tipo pactistas, junto con el crecimiento de una nueva cultura política con la emergencia de un espacio público en evolución y un fuerte proceso de militarización y politización. Dentro de ese marco es posible encontrar una amplia participación de los notables locales, con un fuerte poder de negociación frente a las autoridades coloniales.[14]

---

[13] Carlos Mayo: *Estancia y sociedad en la Pampa 1740-1820*. Biblos, Buenos Aires, 1995. Jorge Gelman: *Campesinos y Estancieros*. Los libros del Riel, Buenos Aires, 1998. Juan Carlos Garavaglia: *Pastores y labradores de la campaña de Buenos Aires 1700-1830*. De la Flor, Buenos Aires, 1999.

[14] José Carlos Chiaramonte: *Ciudades, Provincias, Estados: Orígenes de la Nación Argentina (1800-1846)*. Ariel, Buenos Aires, 1997. José Carlos Chiaramonte: "Fundamentos Iusnaturalistas de los movimientos de independencias", en *BIHAA* n° 22. Buenos Aires, 2002. Francois Guerra: *Modernidad e independencias*. Madfre, Madrid, 1992. Zacarías Moutoukias: "Redes personales y autoridad colonial", en *Annales*, mai-jun, París. 1992.

De esta manera, para las tierras rioplatenses los cambios de perspectiva sobre la sociedad tardocolonial nos plantean un nuevo punto de partida para analizar la época posrrevolucionaria durante la primera mitad del siglo XIX. Entonces, al abordar el estudio de los primeros años de vida «independiente», es necesario prestar especial atención a la pervivencia o los cambios del «modelo» socioeconómico colonial basado en un activo rol de negociación de las elites locales y en el manejo de una variada cultura política hispana por parte de las elites criollas, combinadas en la coyuntura con un proceso de amplia militarización de la sociedad, de intensas migraciones internas, de diversas formas de expansión de la frontera productiva rural y de una mercantilización ampliada que se vinculaba con los mercados locales y los ultramarinos. [15]

Estos nuevos estudios para la primera mitad del siglo XIX han comenzado a replantear la situación estatal, el papel de las elites locales y el desempeño social y económico global postulados para las primeras décadas decimonónicas. Las investigaciones sobre el proceso político y estatal han mostrado que las elites locales tuvieron un comportamiento político-económico muy dinámico luego de la caída del Estado colonial que desde la década de 1820 se cristalizó en la conformación de unidades estatales provinciales con ámbitos y prácticas políticas de alcance local sujetas a una Confederación de provincias. Básicamente, en estos trabajos se ha retomado el análisis de los orígenes del Estado y la nación, por lo cual en sus interpretaciones se considera fundamental reconocer que hubo una fragmentación de la soberanía luego de la caída del Estado colonial, al tiempo que se intenta no confundir la existencia efectiva, entre 1820 y 1852, de la Confederación de provincias con la emergencia de un Estado Federal y una nación, que recién comenzará a gestarse lentamente luego de 1853. [16]

De todo aquello parece desprenderse que entre 1820 y 1852, dentro de la Confederación Argentina, la organización estatal y política

[15] J. C. Garavaglia, y J. Gelman: «Rural history of de Río de la Plata, 1600-1850: results of historiographical renaissance», en *LARR* 30:3, USA, 1995. Fradkin, Garavaglia, Gelman y González Bernaldo: "Cambios y permanencias: Buenos Aires en la primera mitad del siglo XIX", en *Anuario IEHS* n° 12, Tandil, 1997.

[16] José Carlos Chiaramonte: "El federalismo argentino en la primera mitad del siglo XIX", en M. Carmagnani: *Federalismos latinoamericanos... op. cit.*. José Carlos Chiaramonte: "La formación de los Estados nacionales en Iberoamerica", en *BIHAA* n° 15, Buenos Aires, 1997. N. Goldman y R. Salvatore: *Caudillos rioplatenses. Nuevas miradas a un viejo problema*. Eudeba, Buenos Aires, 1998.

fue sostenida en un espacio menor, y la «nación» en realidad constituyó un ambiguo proyecto presente pero que no encontró resolución ni consenso inmediatos. Esto se debería a la manifestación de una realidad social que implicaba la existencia de vínculos de unión entre los pueblos rioplatenses que emergieron a partir de la caída del imperio español, pero que aún no alcanzaban a conformar el sustento de una nación.

Al mismo tiempo, otras investigaciones muestran dentro de las provincias la coexistencia de poderes políticos e instituciones provinciales, juntos y no enfrentados a los poderes y la emergencia de los caudillos locales, ya que estos últimos se expresarían más bien en una concurrencia e incluso la plena participación con las autoridades legales de las provincias. De esa manera cobra un valor central el estudio de las estructuras locales de poder que dan legitimidad y legalidad a los actores políticos rioplatenses. Así, por ejemplo, en casos arquetípicos de la época se percibe que la autoridad y la legalidad de estos personajes no son opuestas a los poderes institucionales de orden local, sino que nacen y funcionan dentro de los marcos de valores, reglamentos, leyes y relaciones de las instituciones provinciales.[17]

Por otra parte, desde la óptica del proceso económico en la primera mitad del siglo XIX se ha observado un desempeño algo más alentador tanto de las economías provinciales rurales con frontera abierta como de un complejo entramado de múltiples circuitos mercantiles. Se percibe que con la desarticulación parcial del espacio económico rioplatense-altoperuano a partir de 1810 comienza un complejo proceso de reorientación mercantil. En este sentido, la región rioplatense habría logrado un crecimiento económico, iniciado a fines del siglo XVIII, que se aceleró durante el período independiente como consecuencia de una mayor vinculación con los mercados externos, en función de la creciente demanda de productos pecuarios. Aunque también se mantuvieron muchos de los antiguos vínculos de reexportación de importaciones a los mercados del interior. Por tanto, a partir de aquellos

---

[17] José Carlos Chiaramonte: «Legalidad constitucional o caudillismo: el problema del orden social en el surgimiento de los Estados autónomos del Litoral argentino en la primera mitad del siglo XIX», en *Desarrollo Económico* vol. 26, n° 102. Buenos Aires, 1986. J. C. Chiaramonte *et al*: «Finanzas públicas y política interprovincial: Santa Fe y su dependencia de Buenos Aires en tiempos de Estanislao Lopéz», en *BIHAA* n°. 8, Buenos Aires, 1993. Noemí Goldman: «Legalidad y legitimidad en el caudillismo. Juan Facundo Quiroga y La Rioja en el interior rioplatense (1810-1835)», en *BIHAA* n°. 7, Buenos Aires, 1993.

patrones estas economías crecieron más rápidamente después de la independencia que durante el período colonial.[18]

Dentro del espacio rioplatense se ha mostrado en los últimos años que en la campaña de Buenos Aires, luego de la Revolución, se sostuvo una producción agraria diversificada, que iba desde la explotación campesina hasta la hacienda, con una economía pujante que continuo nutriéndose de un flujo de migrantes que ingresaban a ella como productores independientes o trabajadores rurales. Junto con el despegue rural, la ciudad-puerto también era el centro político-administrativo y el eje importante como plaza comercial para las actividades mercantiles de un amplio espacio económico. De ese modo, a inicios del siglo XIX, el área urbana llegó a tener 60 mil habitantes, que consumían unas 100 mil fanegas de trigo anuales. Al mismo tiempo, su rol de único exportador de la Confederación hizo posible que volcara sus producciones rurales, junto a las de otros espacios pecuarios del área litoraleña, al mercado atlántico.[19]

Sobre todo desde 1820 y mediante un ciclo de expansión socioeconómico, denominado "expansión ganadera", Buenos Aires encaminó su patrón productivo pecuario que se consolidó en la década de 1840. Este crecimiento se reflejó claramente en la evolución de los patrimonios rurales de las estancias, pues desde entonces hubo un incremento casi constante del monto casi excluyente que representaba el ganado dentro de las "empresas" rurales. Al mismo tiempo, el segundo rubro en importancia de la era colonial, constituido por los esclavos, fue desapareciendo; el valor de la tierra llegaría a representar, en

[18] Miguel Rosal: "El Interior frente a Buenos Aires: flujos comerciales e integración económica 1831-1850", en *Secuencia* n° 31. Instituto Mora, México, 1993. M. Rosal y R. Schmit: "Del reformismo colonial borbónico al librecambio: las exportaciones pecuarias del Río de la Plata 1768-1854", en *BIHAA* n° 20, Buenos Aires, 1999. Roberto Schmit: "Comercio y mercado en el Litoral argentino durante la primera mitad del siglo XIX, en J. Silva Riquer, J. C. Crosso y C. Yuste (comp.): *Circuitos mercantiles y mercados en Latinoamérica, siglos XVIII y XIX*. Instituto Mora, México, 1995. R. Schmit y M. Rosal: "Las exportaciones del Litoral argentino al puerto de Buenos Aires entre 1783-1850", en *Revista de Historia Económica* n° 3, Alianza, Madrid, 1995. R Schmit y M. Rosal: "Política comercial, flujos mercantiles y negocios: Buenos Aires y Montevideo frente al comercio exterior rioplatense en el siglo XIX", en *Revista de Indias* vol. LIX, n° 215. CSIC, España, 1999. Un balance sobre los cambios comerciales, fiscales y monetarios se puede ver en M. A. Irigoin y R. Schmit (ed.): *La desintegración de la economía Colonial*. Biblos, Buenos Aires, 2003.

[19] Juan Carlos Garavaglia: *Pastores y labradores de Buenos Aires… op. cit.*. Carlos Mayo: *Estancia y sociedad… op. cit.*

promedio, el 21% del capital de los establecimientos rurales. Simultáneamente disminuía el stock yeguarizo porque descendía enormemente la cría de mulas, y mermaba el número de bueyes. En contraste crecía el stock vacuno y, en menor medida, el ovino. Como consecuencia, los hacendados medianos y grandes aumentaron en número y en promedio las cabezas de ganado, pasando en los años finales de la colonia de una media de 7700 vacas por productor a una 12200 en la década de los '20, lo que daba ya a estos productores pecuarios un mayor grado de concentración sobre la propiedad del ganado vacuno y ovino.[20]

Desde el punto de vista institucional, a partir de la Revolución de 1810 y hasta 1852, el actual territorio argentino fue, de hecho, una inestable Confederación de provincias autónomas, envueltas en una larga serie de conflictos armados, lo que imprimió a las trayectorias de la economía y de la política una permanente incertidumbre institucional y una escasez aguda de recursos fiscales genuinos para la administración de los poderes públicos.[21] En este contexto, el Estado de Buenos Aires recurrió a una práctica nueva para el financiamiento de sus crecientes gastos de guerra llamado "impuesto inflacionario", que consistió en emitir papel moneda inconvertible para financiar su déficit público. De hecho esta política convirtió el dinero circulante en una moneda fiduciaria que afectó el desempeño económico de esta época.

Sobre esta última cuestión se ha destacado recientemente la importancia de la emisión de papel moneda inconvertible y de las políticas fiscales porteñas que estipularon que las mercancías importadas fueran gravadas *ad valorem* mientras las exportaciones pagaron derechos específicos, así como también otros impuestos que se pagaban en papel moneda. Los bonos que emitió el Estado, cada vez más endeudado por las guerras permanentes, también funcionaban como moneda con la que se podía cancelar impuestos en la Aduana. Todas estas medidas, cuando en los años '40 aumentó de manera constante el circulante de papel moneda como medio para solucionar el déficit fiscal en el corto y largo plazo, impactaron severamente sobre las expectativas y posibilidades económicas. Pues entonces, a medida que el papel moneda se

[20] Juan Carlos Garavaglia: "Un siglo de estancias en la campaña de Buenos Aires 1751 a 1853", en *HAHR* 79:4, USA. 1999.
[21] Juan Carlos Garavaglia: "Paz, orden y trabajo en la campaña: la justicia rural y los juzgados de paz en Buenos Aires, 1830-1852", en J. C. Garavaglia, *Poder, conflicto y relaciones sociales*. Homo Sapiens, Rosario. 1999. Jorge Gelman: "Crisis y reconstrucción del orden en la campaña de Buenos Aires", en *BIHAA* n° 21. F.C.E., Buenos Aires, 2000.

hizo más volátil, la inflación fue distorsionando los precios relativos de toda la economía, Asimismo, el aumento de circulación y depreciación del papel moneda llevó a preservar más los metales, como moneda buena, lo que encareció los préstamos de dinero; y al mismo tiempo también alteró los cambios o precios de las diversas monedas.[22]

Así, las decisiones políticas alternaron la dinámica económica, ya que en aquel contexto de inversión pecuaria que se había iniciado en los '20 y que se expandió con mucha fuerza en los '40 debido al peculiar contexto de incentivos relacionados con la volatilidad del peso papel, fueron afectadas las posibles tasas de beneficios de las actividades económicas. Por ello los comerciantes encontraron en la cría de ganado y en la compra de tierras una inversión más segura para su capital, y el reaseguro de una renta a futuro contra los permanentes cambios de precios relativos. Aquella lógica habría alentado una expansión de la ganadería y un aumento del precio de la tierra; esa incertidumbre sobre precios relativos y tipos de cambios también afectó el crédito formal en la moneda doméstica. Todo ello impulsó un desempeño muy particular de la economía que privilegiaba a los inversores por asumir riesgos muy bajos, y esperar beneficios a corto plazo al hacer inversiones en la ganadería extensiva o la cría del lanar, en lugar de la agricultura.

Finalmente, la política inflacionaria provocó una enorme transferencia de ingresos entre el sector privado y el sector público. Y también afectó la relación entre los mismos sectores privados, dado que la política fiscal alteró de manera desigual a los intereses de los particulares, pues la depreciación no favoreció a los pequeños ganaderos y agricultores, con o sin tierra, que no tuvieron capacidad de negociación con respecto a los movimientos de los precios relativos, en tanto que las políticas inflacionarias sí fueron subsidios para la expansión rural, por lo cual los comerciantes adinerados que se convertían en hacendados se beneficiaron distintivamente.

En un mismo sentido se ha planteado que el retroceso de la agricultura fue fruto de la competencia de los granos importados, pero además se habría encontrado con otras dificultades para prosperar. Por este motivo y a pesar de que hasta 1850 más de un tercio de la población se dedicaba al cultivo del cereal, la agricultura tenía ocasionales

---

[22] María Alejandra Irigoin: *Finance, Politics and Economics in Buenos Aires, 1820's-1860: the political economy of currency stabilisation*. London School of Economics. Londres. 2000. M. A. Irigoin y R. Schmit (ed.): *La desintegración de la economía Colonial... op. cit.*

altos rendimientos, pero sobre todo la mayor dificultad habría sido obtener financiación que permitiera implementar novedades tecnológicas. De ese modo, frente a lo riesgoso de la agricultura, por los ciclos de sequías y pérdidas de cosechas que la afectaban regularmente, y por los altos costos de la mano de obra, no habría dado incentivos adecuados para invertir de manera significativa en aquellas actividades.

De manera que la producción pecuaria habría crecido como dinamizadora de la economía en relación con varios factores que han sido ponderados de maneras alternativas en los estudios a partir del incentivo de la demanda externa y la apertura al librecomercio, pues a pesar de que las exportaciones pecuarias nunca fueron suficientes para incidir en los precios internacionales y siempre fueron tomadoras de precios, se ha afirmado que el mejoramiento "empresarial" de la gestión, los altos rendimientos de la producción pecuaria y la posibilidad de encontrar nichos para sus bienes en los diferentes mercados internacionales habrían sido factores que empujaron la expansión de la ganadería y de la frontera rural.[23] Las condiciones de oferta y los costos de factores locales, entonces allí habría pesado esencialmente en la disponibilidad de tierras públicas vacías con bajo costo de entrada, en un marco en que la ganadería ya podía tener tasas altas de retornos, con una producción que requería muy poco capital inicial. Aquellas peculiares condiciones habrían atraído a los capitales mercantiles hacia la inversión en la producción pecuaria.[24] Finalmente fue determinante, como ya mencionamos, el peso de las políticas gubernamentales y el particular incentivo institucional como las variables que más determinaron el campo de las posibilidades del desempeño económico-social de la expansión de la frontera.[25]

De esta manera, el Litoral rioplatense experimentó una transición económica relativamente "menos traumática" entre el período colonial y la etapa independiente que tuvo como base una temprana expansión de las fronteras productivas. Los bienes se volcaron hacia el mercado exterior adquiriendo una dinámica creciente, que alcanzó mayor notoriedad luego de las décadas de 1830 y 40. Pero al mismo tiempo aquella situación no significó, de ninguna manera, la desaparición de las producciones agrarias, ni un cambio inmediato en los

[23] Samuel Amaral: *The Rise of Capitalism... op. cit.*
[24] Tulio Halperin Donghi: *La expansión ganadera... op. cit.* José Carlos Chiaramonte: *Mercaderes del Litoral... op. cit.*
[25] María Alejandra Irigoin: *Finance, Politics and Economics in Buenos Aires... op. cit.*

patrones de inversión, rentabilidad y acumulación que mantuvieron su presencia, y en muchas áreas resultaban complementarias a la expansión de las fronteras económicas. No obstante resta mucho por conocer sobre el carácter y alcance espacial de ese proceso económico y sus repercusiones en el campo social y de constitución de los poderes políticos en el Río de la Plata.

Pero, por todo lo expuesto, queda claro que dentro de este amplio espacio de la frontera rioplatense, tanto desde los trabajos socioeconómicos como desde la perspectiva político-estatal, y de los grupos dirigentes se ha avanzado notablemente, en especial a partir de los estudios locales que permiten plantear estos tópicos en una escala que nos revela la dinámica de los actores, así como las lógicas y prácticas de la sociedad rioplatense. De este modo, estamos ante un verdadero movimiento historiográfico que obliga a revisar las explicaciones del proceso ocurrido en la región rioplatense en la primera mitad del siglo XIX, y que también es fundamental para comprender adecuadamente cuál fue el sustrato sobre el que operó, en la segunda mitad de aquella centuria, la construcción del Estado y la Nación Argentina.

No obstante los avances mencionados, aún la producción historiográfica está lejos de haber encontrado respuestas específicas sobre la construcción de los poderes locales, y los patrones económicos y sociales que impulsaron el desempeño histórico en las restantes provincias del Litoral rioplatense. Por ello es necesario conocer: ¿Cómo se conformaron y consolidaron luego de la Revolución las diversas sociedades locales de frontera en el Litoral rioplatense? ¿Qué características asumió la dinámica del crecimiento demográfico, económico y estatal? ¿Cómo interpretar los intereses locales en pugna dentro de los conflictos y los permanentes enfrentamientos bélicos? ¿Cómo se pudieron consolidar en un contexto de guerras las fronteras, la producción rural y el orden social? ¿Qué actores y prácticas sociales fueron centrales en ese proceso? ¿Qué rasgos alcanzaron los grupos hegemónicos? ¿Cuál fue la inserción que lograron las economías en los mercados domésticos y ultramarinos? ¿Qué semejanzas y diferencias tenían entre sí las sociedades de frontera en el Río de la Plata?

Por todo lo señalado el estudio de este período resulta un campo historiográfico en expansión y un desafío abierto para comprender adecuadamente la dinámica de esta etapa, que une la herencia y los legados dejados por la sociedad colonial en la primera mitad del siglo XIX con la sociedad finisecular, posterior a la fundación del Estado nacional, caracterizada por la inmigración europea y la «modernización» económica e institucional.

El Oriente entrerriano poscolonial

Dentro del espacio rioplatense nuestro estudio pretende examinar la transición poscolonial del Oriente entrerriano mediante el análisis de sus patrones de desarrollo socio-económico y las formas de constitución del poder local. Se debe tomar en cuenta que este se trata de un caso muy significativo para la historia rioplatense del siglo XIX, pues allí se construyó desde 1780 una frontera económica, comercial y social en expansión, que luego de la Revolución se convirtió en una de las más importantes economías de la región. También este territorio fue un espacio afectado por los complejos conflictos que desató la crisis colonial, pues en esa región se vivenciaron con gran intensidad los procesos de politización y militarización fruto de la construcción de los nuevos poderes locales dentro de los principales conflictos interprovinciales y de los enfrentamientos bélicos de la época. Fue en el seno de aquella sociedad donde emergieron nuevos tipos de liderazgos que impulsaron como protagonista principal al escenario rioplatense a Justo José de Urquiza, quien inicialmente fue uno de los soportes fundamentales para la consolidación de la Confederación de provincias, que desde 1830 actuó bajo la hegemonía de Buenos Aires. Más tarde, Urquiza en 1852 lidera la caída del sistema confederal manejado por Juan Manuel de Rosas, abriendo el camino hacia la imposición de un nuevo orden institucional, político y económico a través del primer ensayo de constitución de un Estado-Nación en la Argentina entre 1852 y 1862.

Todas aquellas cuestiones, a pesar de ser ejes y referencias permanentes en la historiografía "argentina" aún no han sido adecuadamente analizadas. Esto se debe, en gran medida, a que hasta el presente los estudios sobre Entre Ríos han privilegiado básicamente el análisis político bajo el supuesto de la preexistencia del Estado-Nación, de sólidos e inmutables intereses socioeconómicos y de la preeminencia del caudillismo militar coercitivo, que habría dominado la lógica de comportamiento durante la transición colonial y en la primera mitad del siglo XIX.[26] A partir de estos supuestos las investigaciones no han

---

[26] Existen numerosos trabajos que analizan la historia provincial o local bajo aquellos supuestos, entre los principales se encuentran: Felisberto Reula: *Historia de Entre Ríos*. 3 tomos, Castellvi, Santa Fe, 1963. Beatriz Bosch: *Urquiza y su tiempo*. Eudeba, Buenos Aires, 1968. Oscar Urquiza Almandoz: *Historia Económica y Social de Entre Ríos (1600-1854)*. Banco Unido del Litoral, Buenos Aires, 1978, e *Historia de Concepción del Uruguay*. 3 Tomos, Municipalidad de Concepción del Uruguay, Entre Ríos, 1983.

abordado de manera adecuada e interrelacionada los problemas vinculados con los cambios socioeconómicos y la constitución de los nuevos poderes locales luego de la Revolución de independencia. Por este motivo nos centraremos en este estudio en reexaminar la evolución de la naturaleza y del entramado de vinculaciones de esta sociedad local. Para este análisis descartamos las explicaciones genéricas lineales en tiempo y espacios, así como el cambio automático, pues revisaremos la evolución del surgimiento y alcance de los poderes locales, las lógicas de reproducción de los actores rurales, los incentivos de los múltiples circuitos mercantiles, las prácticas y estrategias de reproducción social y del poder político en un contexto complejo y cambiante de guerras permanentes y de consolidación de la notabilidad local.

En nuestra indagación concebiremos el Oriente entrerriano como una sociedad de frontera donde se produjo el poblamiento y la articulación social sobre la base de un intercambio de factores humanos, institucionales, comerciales y culturales. Es decir que, para nuestro enfoque, estudiar este espacio es analizar históricamente un territorio donde se articularon y convivieron aspectos múltiples. Allí se amalgamaron la sociedad criolla de origen hispano con la indígena guaraní, convivieron actores y producciones ligadas a la ganadería con las tradiciones agrícolas campesinas. Estuvieron presentes los propietarios de títulos de tierras junto a los ocupantes de terrenos públicos; existió un entramado de circuitos mercantiles donde participaban actores locales, porteños, del Brasil y de la Banda Oriental, que vinculaban la producción y el intercambio de la yerba mate, el tabaco, el azúcar o los cereales que se dirigían a los mercados locales y regionales junto a los bienes pecuarios que se destinaban al mercado de ultramar. Finalmente, se encontraba la frontera de las instituciones y la soberanía del Estado provincial entrerriano frente a la de sus Estados vecinos.

A través de nuestro desarrollo postularemos que el proceso histórico de la frontera del Oriente entrerriano contuvo múltiples niveles de interacción que analizaremos a lo largo del libro. De modo que este espacio rioplatense tuvo un campo demográfico, un área "viva", de alta permeabilidad a los contactos, de atracción de población a sus tierras disponibles. Una amalgama de tradiciones y un entramado social amplio como producto de un mestizaje entre las diversas castas existentes en su territorio y entre sus poblaciones vecinas. Una forma de organización del espacio, con sus propio hábitat y formas de explotación diversas de los recursos. Numerosos flujos económicos, institucionalizados y clandestinos, basados en los variados bienes propios o productos de su interacción con otros lugares. Un grupo dirigente que plasmó sus intereses y postuló un imaginario colectivo dentro de la provincia. Múltiples coyunturas de actividades bélicas, que se ligaron plenamente a la vida cotidiana de los habitantes. Un espacio de poder "negociado" particular, en el cual se reprodujeron nuevas formas y prácticas del derecho producto del legado de la época colonial, pero basados en la readaptación de las tradiciones que dieron existencia a una articulación de intereses mutuos en la frontera. En ese mismo sentido también se puede observar un grado mayor de autonomía y flexibilidad no exento de conflictividad en sus instituciones.

Otro supuesto básico a lo largo del período estudiado es que esta sociedad de frontera fue una franja en transición entre un espacio ocupado en forma más estable, en Concepción del Uruguay, que continuó en forma inestable y variable en dirección norte hacia Concordia y Federación, por lo cual dentro del espacio existió, según las coyunturas históricas, un movimiento de desplazamiento y de reestructuración socio-económica, con momentos de avance y retroceso. Por lo tanto en la frontera existieron permanentes reestructuraciones en la relación con el espacio ocupado, con los procesos socio-económicos y con las instituciones. Asimismo, la guerra permanente sostenida durante aquellos años marcó también coyunturas de cambios y permanencias. Más aún, dentro de un lapso a más largo plazo se puede afirmar que el Oriente entrerriano tuvo diferentes ciclos de expansión de su frontera. La primera ocurrió desde 1780 bajo las políticas Borbónicas; la segunda –que estudiamos aquí– fue la desplegada luego de la Revolución de independencia hasta la mitad del siglo XIX y la tercera entre 1860-90 que terminó de modelar la sociedad local con la inmigración europea, el tendido del ferrocarril y el impulso de las instituciones políticas del Estado-Nación. [27]

Entonces el Oriente entrerriano entre 1810 y 1850 como una unidad espacial históricamente diferenciada implicó un sistema socioeconómico propio, con tendencias de cierta autonomía, que inicialmente se hallaba muy vinculada a los espacios y lideres locales con un amplio margen de autogobierno. En función de estas características a lo largo de este libro exploraremos qué sucedió en la sociedad, la economía y las formas de reproducción del poder en estas

---

[27] En este mismo sentido nos parecen acertadas las propuestas formuladas sobre los diferentes momentos de ocupación de la frontera en los estudios de Carlos Reboratti: "Migraciones y frontera agraria: Argentina y Brasil en la cuenca del Alto Paraná-Uruguay", en *Desarrollo Económico* n° 74, vol. 19, Buenos Aires, 1979.

tierras luego de la Revolución de independencia. Pero además este estudio sobre el espacio local durante el segundo ciclo de constitución de la frontera del Oriente entrerriano nos permitirá analizar dos cuestiones importantes. Por una parte nos habilitará a tratar cuestiones trascendentes de la historia latinoamericana pero miradas desde un marco histórico con una clara preeminencia de los intereses de los actores locales, y no desde una visión "nacional" inexistente aún para esta época. Por otra parte, el centrarnos en un estudio micro, nos permitirá abordar una perspectiva de interpretación y descripción más realista y profunda del comportamiento social basado en la acción, el consenso y el conflicto, que en su dinámica nos brinde fundamentos para reconocer una relativa capacidad original de estos actores sociales, que seguramente estarán mas allá, y no al margen de las lógicas impuestas por las prácticas y normativas generales que podamos detectar en una comparación posterior con otras prácticas del Río de la Plata o con otros casos americanos de la época.

En este último sentido resulta importante resaltar el valor sustancial que en las últimas décadas han tenido los aportes que nos pueden ofrecer estas escalas de análisis histórico, y como ejemplo de ello es significativo recordar lo que ha sostenido Levi, al ver que "… en la reducción de la escala de observación, en un análisis microscópico y en un estudio intensivo del material documental … no se trata simplemente de atender a las causas y efectos de que todo sistema social coexistan aspectos diferentes, … (sino de llegar) al problema de describir estructuras sociales de gran complejidad sin perder de vista la escala del espacio social de cada individuo y, por lo tanto, de las personas y su situación en la vida".[28] Quizás luego de entender mejor todas estas realidades contextuales y particulares de las sociedades locales podamos volver a pensar con mejores argumentos y con una comprensión mas ajustada la naturaleza de las grandes transformaciones posrevolucionarias en la América Latina.

---

[28] Giovanni Levi, "Sobre microhistoria", en: Peter Burke (comp.), *Formas de hacer historia*, Alianza, Madrid, 1996. p. 122.

Capítulo 2

Una frontera en movimiento: La ocupación del espacio y la estructura rural

"Si se lleva a los vecinos a los lugares inaptos para la vida,
lo que sucederá señor es que aburridos los vecinos alzarán
sus ranchos y tomarán el camino adonde les diese la gana,
como les he oído antes de ahora a muchos de ellos."
(D. Julián Colman, 1781)[1]

Gran parte del avance en la investigación sobre la sociedad rioplatense posrrevolucionaria se basa en el análisis de las formas de ocupación y puesta en producción de las fronteras rurales bonaerenses.[2] Pero como veremos en este capítulo, existieron otras importantes experiencias paralelas de "ocupación y expansión rural" como la del Oriente entrerriano. Inicialmente resulta significativo indagar puntualmente aquí: ¿Cómo fue sucediendo la ocupación de esta frontera? ¿A qué ritmo y con cuáles actores sociales se fue poblando el espacio rural y urbano? ¿Qué patrón a mediano y largo plazo guió la conformación de la estructura rural de este territorio? ¿Quiénes fueron los principales beneficiarios de la puesta en producción y explotación de las tierras?

Actualmente sabemos que existió desde la época tardocolonial un "modelo" inicial de poblamiento del territorio rioplatense, basado en una intensa movilidad de migrantes atraídos hacia el Litoral desde zonas de temprana ocupación o en decadencia. Esos migrantes empu-

---

[1] Petición del alcalde de Arroyo de la China del 20 de octubre de 1781, Citado por César Pérez Colman: *Entre Ríos Historia 1520-1810*, t. II. Imp. De la Provincia, Paraná, 1937. pp.155.

[2] Tulio Halperin Donghi: «La expansión ganadera…» *op. cit.* J. C. Garavaglia y J. L. Moreno (comp.): *Población, sociedad, familia y migraciones en el espacio rioplatense siglos XVIII y XIX*. Cántaro, Buenos Aires, 1993. R. Mandrini y A. Reguera (eds.): *Huellas de la tierra, indios, agricultores y hacendados en la Pampa bonaerense*. IEHS/UNCPBA, Tandil, 1993. M. Bjerg y A. Reguera (comps.): *Problemas de historia agraria. Nuevos debates y perspectivas de investigación*. IEHS/UNCPBA, Tandil, 1995.

jaron la explotación de las nuevas tierras disponibles en la frontera. También resulta cada vez más claro en las investigaciones que dentro de esos territorios se fueron estableciendo múltiples tipos de actores sociales. Allí se encontraron los «blancos» europeos y criollos, los mestizos, y los aborígenes y otras castas; ya fueran en calidad de propietarios, de avecindados, de forasteros o simplemente como ocupantes del espacio territorial. Todos ellos eran en su gran mayoría productores agrícolas, pastores y ganaderos; convivían en un espacio de permanente intercambio cultural, político y económico. A partir de estas migraciones, el mundo rural a lo largo del siglo XIX no fue estático ni se cristalizó rápidamente, sino que manifestó una dinámica de permanente reformulación de nuevos actores y asentamientos.[3]

Para comprender aquellas experiencias es necesario explorar minuciosamente el proceso temporal de ocupación de las fronteras rioplatenses pues, como hemos señalado estas no tuvieron un avance continuo y uniforme. En particular en el Oriente entrerriano desde 1750 se produjeron coyunturas cambiantes. Hubo ciclos de expansión y de retracción que tuvieron un impacto variable para cada zona. Esos cambios estuvieron asociados en principio a las transformaciones institucionales, políticas y mercantiles desatadas con las Reformas Borbónicas. Pero más tarde, se originaron luego de la «Revolución y guerra» de 1810, con las sucesivas transformaciones sociales, estatales e institucionales que sufrió el Río de la Plata, de las cuales surgieron los Estados provinciales confederados hasta la conformación del Estado nación argentino en la década de 1860. Por lo tanto, para entender la movilidad de esta sociedad es fundamental conocer muy puntualmente las características y ritmos que asumió en el tiempo el desarrollo de sus respectivas fronteras.[4]

---

[3] Oreste C. Cansanello: «Domiciliados y transeúntes en el proceso de formación estatal bonaerense (1820-1832)», en *Entrepasados* n° 6. Buenos Aires, 1994. Oreste C. Cansanello: «Pueblos, lugares y fronteras de la provincia de Buenos Aires durante la primera mitad del siglo XIX», en *Jahrbuch für Geschichte von Staat, Wirtschaft und Gesellschaft Lateinamerikas*. Colonia, 1998.

[4] Juan Carlos Garavaglia: «Crecimiento económico y diferenciaciones regionales: el Río de la Plata a fines del siglo XVIII», en *Economía, sociedad y regiones*. De la Flor, Buenos Aires, 1987. José Carlos Chiaramonte: *Mercaderes del Litoral. Economía y sociedad de la provincia de Corrientes en la primera mitad del siglo XIX*. F.C.E., Buenos Aires, 1991. Julio Djenderedjian: *Economía y sociedad en La Arcadia criolla. Formación y desarrollo de una sociedad de frontera en Entre Ríos, 1750-1820*. Tesis doctoral, UBA, 2004.

En aquel contexto general, aquí nos centraremos en analizar como sucedió el proceso de poblamiento y la organización de las estructuras productivas del Oriente entrerriano luego de la Revolución independentista.[5] Más específicamente, intentaremos comprender de qué manera o con qué modalidad se dio el ciclo de expansión de la frontera a partir de un análisis de cuáles fueron sus principales actores sociales y qué estrategias productivas pusieron en marcha.

El Oriente entrerriano entre 1770 y 1820

Durante el siglo XVII el territorio del Oriente entrerriano tenía relativa importancia política y económica para la corona hispana; dentro de las extensas fronteras imperiales fue uno de los nexos entre la antigua ruta comercial de las misiones orientales con el Río de la Plata. Pero ese interés del Estado colonial recién se hizo más concreto e inmediato luego de la expulsión de los jesuitas, cuando estas tierras y sus poblaciones entraron en la disputa con los portugueses por el dominio de la frontera imperial. No obstante, a pesar de su importancia geopolítica, el poblamiento de la zona recién se hizo efectivo durante las últimas cuatro décadas tardocoloniales.[6]

Sin embargo, más allá de la iniciativa institucional española para la ocupación del Oriente entrerriano, desde tiempos prehispánicos se habían establecido poblaciones indígenas y más tarde en época colonial se agregaron avanzadas de "blancos" criollos con su "gente de servicio". De esa manera la región comenzó a poblarse muy lentamente de manera espontánea, sobre todo debido a la riqueza natural de su territorio, que era fértil y presentaba todas las ventajas necesarias para la explotación agrícola y ganadera. Era una porción de tierra que estaba regada por múltiples arroyos y cursos de agua que la recorrían en dirección este u oeste para desaguar en los ríos Gualeguaychú o Gualeguay y sobre todo

---

5   El Oriente entrerriano es un territorio limitado por el río Mocoretá al norte, que era el límite con la provincia de Corrientes; por el río Uruguay al este, que lo separa de la Banda Oriental; por el río Gualeguaychú al oeste y sur, que era lindero con los distritos vecinos de la provincia de Entre Ríos. Es un territorio que comprende unas 1500 leguas cuadradas.

6   Erich Poenitz: «La ruta Oriental de la yerba. Navegación y comercio en el Alto río Uruguay», en *Cuadernos de Estudios Regionales* n° 1. IRICyT, Concordia, 1981.

en el caudaloso Uruguay.[7] Aquellos arroyos y riachos daban a la zona suficiente agua y humedad para el cultivo de trigo, maíz, mandioca y alfalfa, así como importantes aguadas y pasturas para la cría de vacunos, equinos y ovinos. También, las temperaturas cálidas de la zona permitían la cosecha de algodón y tabaco con relativo éxito.[8]

Las actividades mercantiles podían incrementarse con facilidad debido a las ventajas naturales y a los bajos costos del comercio fluvial a través del río Uruguay. El río se constituyo en una vía de tránsito de los productos locales de «la tierra», sobre todo la yerba mate, el tabaco paraguayo y los productos pecuarios del Paraguay y sur del Brasil. La permanente circulación mercantil por el río Uruguay, desde su naciente en el Brasil hasta el Salto (un desnivel del lecho del río, que provocaba una cascada) se realizaba navegando con embarcaciones "chatas" de poco calado, de 6 a 8 pies. Y a partir del Salto, cercano a Concordia, en buques de hasta 20 pies de calado, por alrededor de 70 leguas de longitud hacia el sur. De esa forma, a través del río se podían transportar los productos para los mercados regionales y de ultramar, y además se importaban los bienes de «Castilla» desde Montevideo y Buenos Aires, que eran los principales puertos rioplatenses.[9]

Desde mediados del siglo XVIII en aquel territorio, accesible y fértil, se originaron los primeros asentamientos hispanos estables provenientes de dos vertientes de pobladores. En el norte, entre el río Mocoretá y el arroyo Yeruá, el avance se vio fomentado por el gobernador de Yapeyú, luego de la expulsión de los jesuitas en 1768.[10] En tanto que en la zona sur, entre el Yeruá y el río Gualeguaychú, desde 1770 el poblamiento fue espontáneo, y luego estuvo dirigido por las autoridades virreinales de Buenos Aires.

Desde la vertiente norte, luego de la salida de los jesuitas del territorio, el gobernador D. Francisco de Bucarelli mandó instalar el fuerte de

---

[7] Bordeando los arroyos y ríos había tupidos bosques de ñandubay, algarrobo, espinillo blanco y negro, quebracho, guayabos y palmera yataí. Estos árboles eran fuente de provisión de combustible y servían para la construcción de casas, muebles, útiles de trabajo y para fabricar navíos.

[8] Alcides D' Orbigny: *Viaje a la América Meridional* t. 1. Futuro, Buenos Aires, 1945. pp. 392. Willian Mac Cann: *Viaje a caballo por las provincias argentinas.* Hyspamerica, Buenos Aires, 1985. pp. 253.

[9] Alfred M. du Graty: *La confederación Argentina.* C.N.M. Histórico, Palacio San José, Entre Ríos, 1858. pp.43-44.

[10] Alfredo Poenitz: «La ocupación espacial misionera al sur del Miriñay (1769-1810)», en *Cuadernos de Estudios Regionales* n° 4. IRICyT, Concordia, 1983.

San Antonio del Salto Chico del Uruguay. Este asentamiento militar español tenía como misión proteger la frontera y el tráfico fluvial entre las misiones y los puertos de Buenos Aires y Montevideo. Pero en 1769 el fuerte del Salto Chico fue totalmente arrasado por una creciente extraordinaria del río; y debió ser reubicado sobre la ribera occidental opuesta, en los predios de la actual Concordia. Desde esta nueva cabecera fortificada entre 1777-1780 se promovió, con el aval del gobernador de las misiones D. Francisco de Abala, la primera ocupación de las tierras realengas que había entre el fuerte y el Salto. Fue a partir de entonces que se pobló la zona con estancias comunitarias de aborígenes, bajo la dirección del teniente gobernador D. Juan de San Martín. De esta ocupación temprana surgieron más tarde los poblados de Mandisoví y Jesús de Yeruá.

San Antonio del Salto Chico fue en principio una capilla y un gran depósito con unos 30 ranchos de pobladores. Desde 1785 tuvo como administrador a D. José Francisco Centurión, al que le sucedió D. Félix M. Britos. Ellos –junto a D. Juan Bautista Dargain, comerciante porteño con amplio giro comercial en las Misiones– obtuvieron en enfiteusis importantes extensiones de tierras para explotar estancias y pasturas pecuarias. De ese modo, junto a las estancias preexistentes comunitarias de aborígenes, se poblaron las estancias «españolas» de Dargain en Jesús de Yeruá y de Britos al lado de Salto Chico. Estos establecimientos agrícolas y pecuarios crecieron modestamente y para 1810 habían logrado reunir unas 20 familias españolas y 76 guaraníes; alcanzarían unas 500 personas en total.

A pesar de la promoción estatal de las autoridades locales la prosperidad del Salto Chico fue muy modesta y seguramente también se vio afectada por los cambios, saqueos y despoblamiento desatados por los sucesos "revolucionarios", pues para 1812 según la opinión de Manuel de Sarratea: «El miserable pueblo de Salto Chico nunca progresará si no se traslada … Situado sobre un cerro, cortado en diferentes partes por derrumbamientos, grandes fosas que lo circundan, lleno de sinuosidades, y arenales inmensos que esterilizan toda la extensión de terreno que comprenden, nunca progresará ni será otra cosa que una triste toldería de indios, como al presente sucede».[11]

Una suerte diferente tuvo a partir de 1777 la instalación de la Estancia del Mandisoví Grande. Este asentamiento contaba inicialmente con una capilla de adobe, una plaza pública y un entorno de

---

[11] Manuel de Sarratea al Gobierno de Buenos Aires, 12-9-1812, AGN, s. X, 1-5-12.

ranchos dependientes de la estancia, con sus galpones, tinglados y corrales. En un principio reunió una docena de familias aborígenes, un procurador, un capataz y un secretario. Pero, para 1780 Mandisoví ya había incorporado más familias guaraníes, a las que se habían agregado unas 25 estancias de españoles arrendadas al Cabildo de Yapeyú, en los partidos de Guayquiraró, Guerreros y Moreyra. Las más importantes eran la del porteño Juan Antonio Uriarte y la del español peninsular D. Francisco González. La mayoría de estos estancieros eran ausentistas y se dedicaban a la cría extensiva de ganado vacuno y sobre todo yeguarizo. Las tareas eran atendidas por capataces y peones criollos e indios guaraníes.

El progreso de los establecimientos rurales de esta última zona fue aparentemente más estable, ya que entre 1809 y 1810 el Cabildo de Yapeyú intentó convalidar la posesión de los terrenos por entonces poblados. Para esa ocasión se presentaron 88 solicitudes, 56 de españoles y 32 de indios guaraníes; entre los españoles hallamos 21 de comerciantes, 14 hacendados y 11 labradores. Todos ellos estaban organizados en unas 137 familias, que agrupaban a unas 650 personas, entre blancos y guaraníes.

En tanto que el poblamiento originado desde la vertiente sur, en las tierras ribereñas al Arroyo de la China, no parece haber tenido pobladores criollos estables sino hasta la década de 1770; cuando se establecieron –sobre las rinconadas de los ríos entre el Yeruá y la desembocadura Gualeguaychú– unos 40 vecinos ocupantes de tierras junto a un número de aborígenes que se dedicaron a tareas agrícolas y de pastoreo.[12] Más tarde, hacia mediados de aquella década habría llegado a la zona un segundo grupo de unas 23 familias de labradores, que luego de ser expulsados como ocupantes de tierras en la zona de Gualeguaychú, se desplazaron e instalaron en las cercanías del Arroyo de la China. De esa manera para 1775 ya poblaban el Oriente entrerriano dos grupos de pastores-labradores asentados en los alrededores del Arroyo de la China; a los que se sumaban otros grupos de familias indígenas en asentamientos dispersos que iban desde el río Mocoretá hasta el Yeruá.

En pocos años, a la par de los pobladores que usufructuaban las tierras realengas, comenzaron a arribar y establecerse los primeros propietarios con títulos de tierras. La presencia de aquellas poblacio-

---

[12] Según Informe de Broín de Osuna, citado por César Pérez Colman: *Entre Ríos, Historia... op. cit.*.

nes movió la voluntad de los párrocos de las zonas cercanas de más vieja instalación para la construcción de las primeras capillas u oratorios donde oficiar el culto y congregar a los fieles pobladores de estos campos. En vista a los pedidos y al incremento de los habitantes en 1778 el Cabildo Eclesiástico de Buenos Aires otorgó permiso para levantar una parroquia en el Arroyo de la China, para la cual se designó párroco permanente a Fray Pedro de Goitía.[13] Así, con un centenar de pobladores y una parroquia instalada, se cerraba esta primera etapa del arribo de migrantes y del establecimiento de caseríos y poblados.

Más tarde, en la década de 1780 el impulso institucional desde el Virreinato del Río de la Plata fomentó e intentó organizar la dinámica de ocupación del Oriente entrerriano. La política virreinal sobre la región estuvo comprendida dentro de los objetivos generales borbónicos para las zonas de frontera. Como se expresa claramente en los escritos del encargado de ejecutar aquella nueva política, Don Tomás de Rocamora, se pretendía recuperar el control sobre zonas que eran marginales en la América Hispánica en pos de una mejor administración y de frenar la creciente influencia portuguesa sobre estas tierras. Fue dentro de estas preocupaciones que el virrey Vértiz tomó la iniciativa de poner en marcha la reorganización institucional y el poblamiento de la zona. Tal empresa de exploración y fomento estuvo a cargo del mencionado Rocamora quien como funcionario delegado recorrió la tierras y elaboró un plan para organizar los pueblos de lo que él llamó las tierras de «Entre Ríos»; el resultado de esta política de expansión fue la fundación en 1783 de las villas de Concepción del Uruguay, Gualeguay y Gualeguaychú.

A partir de entonces, el nuevo diseño administrativo de la zona quedó exclusivamente comprendido bajo la dirección de Buenos Aires y se concretó en la formación de los nuevos pueblos que se levantaron sobre los asentamientos preexistentes, por lo cual el poblado de Arroyo de la China pasó a ser la villa de Concepción del Uruguay. Para reforzar la ocupación de la zona se dotó a estas nuevas villas de privilegios y status significativos en relación con su tamaño y poderío económico, como la formación de un Cabildo y de un cuerpo de milicias que buscaban incentivar y consolidar el surgimiento de grupos con intereses locales, que se afincaran de forma permanente y explotaran la riqueza que ofrecían las tierras realengas. La presencia de los nuevos vecinos no era ajena a la necesidad de defensa militar de los

---

[13] César Pérez Colman: *Entre Ríos, Historia... op. cit.*

límites imperiales. Era preciso, sobre todo, custodiar la entrada y circulación de los ríos, estrategia clave para el dominio de todo el territorio del Alto del Uruguay.[14]

Para la época de las fundaciones, las villas del Oriente entrerriano contaban con unas 140 familias, más todos sus dependientes, un total cercano a las 400 personas. Esta población fue creciendo en las décadas siguientes a un ritmo irregular alimentada sobre todo por la llegada de nuevos migrantes, casi siempre dependientes o segundones de los grupos de notables de Buenos Aires y Montevideo, quienes poblaban por las facilidades de las tierras nuevas y buscaban mejores oportunidades de progreso a partir del auspicio de las aun endebles autoridades coloniales en las fronteras. A fines de la colonia, en 1796, Concepción del Uruguay ya contaba con unas 1000 personas entre vecinos y pobladores.[15]

Tiempos de cambio: Revolución y guerra

Pero aquellos derroteros de lenta consolidación de los pueblos entrerrianos, ejemplos típicos de las fronteras coloniales rioplatenses, se vieron muy afectados por la Revolución de 1810 y la ruptura del vínculo colonial. Desde entonces el Oriente entrerriano vivencio una coyuntura crítica. La causa principal de las mutaciones en la zona fue que su territorio pasó a ser uno de los epicentros de constantes reclutamientos, combates y movimientos de tropas militares «patriotas», realistas y portuguesas que pretendían imponer una nueva "autoridad" sobre la región. Junto a las tropas también se movilizó la población con buena parte de sus recursos materiales, en un intento de resistirse o ponerse a salvo de las sucesivas invasiones militares.

Las primeras consecuencias negativas de las guerras se sufrieron en abril de 1811 cuando las tropas "patriotas" conducidas por Manuel Belgrano pasaron en retirada desde el Paraguay por Mandisoví y Concepción del Uruguay para sitiar Montevideo. En aquella oportunidad los portugueses aprovecharon para invadir la zona que había quedado desguarnecida. Al mando de Joaquín da Fonseca ocuparon Mandisoví y saquearon la riqueza de ganado alzado de la zona rumbo

---

[14] Las principales ideas del programa de poblamiento están incluidas en «El plan Económico» y «El plan militar» ambos oficios elevados al virrey Vértiz en 1782.

[15] Censo de Arroyo de la China de 1781 y Padrón de compañía de milicias del partido de 1792. Reproducidos por César Pérez Colman: *Historia de Entre Ríos... op. cit.* t II.

a la Banda Oriental. Permanecieron en la región hasta noviembre de 1811, en que fueron expulsados por los contingentes de milicianos del comandante de frontera de Curuzú Cuatía y las tropas de Artigas.

Luego de la salida de los portugueses del norte entrerriano se produjo la llegada de los migrantes del «éxodo Oriental», que escapando de las tropas lusitanas desde Paysandú y el Salto cruzaron el río Uruguay para instalarse en las cercanías de Concepción del Uruguay y Mandisoví. Este enorme contingente se movió siguiendo a su líder Artigas, y se estableció en un gran campamento en el Salto Chico en torno a tres leguas cuadradas, entre el arroyo Ayuí al norte, el Yuquerí Grande al sur y el cerco al Palmar por el oeste. Entonces, «toda la costa del Uruguay está poblada de familias, que salieron de Montevideo, unas bajo de carretas, otras bajo los árboles, y todas a la inclemencia del tiempo…».[16] Desde diciembre de 1811 hasta mayo de 1812, por casi 6 meses permanecieron los orientales en la zona del Salto Chico. Más tarde, esa zona fue ocupada por las tropas llegadas desde Buenos Aires, y los migrantes orientales pasaron a instalarse desde la barra del río Gualeguaycito hasta la barra del arroyo Ayuí Grande.

En el éxodo oriental habrían participado unas 10 mil personas, entre milicianos y sus grupos familiares. Según un padrón que se levantó en la zona, la migración agrupó a 880 familias, que sumaban unas 4031 personas, que se movían en 845 carruajes; pero con la salvedad de que «no se ha comprendido un número considerable de familias por hallarse distantes los carruajes ni los hombres agregados a ellos y empleados en las caballadas; por un cálculo arreglado ascenderán a cien las carretas que no se han expresado además de otras que van llegando de nuevo a varios puntos de la costa del Uruguay».[17]

La llegada de aquella masa de población móvil al departamento de Concepción del Uruguay afectó su funcionamiento, pues esta gente dependió para vivir del consumo que le suministraban las sementeras y los ganados de la zona, produciendo –a partir del abastecimiento de los migrantes temporales y de los saqueos abruptos– cambios ruinosos en la economía local. Tal como lo señalaban los propios portugueses: «El sustento de esta gente (4500 hombres y 1900 familias) ha sido y será para el mismo Artigas un objeto de mayor embarazo, en razón

[16] Francisco Bartolomé Laguardia a la Junta de Paraguay, Salto Chico, 3-3-1812. *Archivo Artigas* t.V. Imprenta Monteverde, Montevideo, 1953.
[17] Padrón de familias que acompañaron a Artigas, Cuartel General del Salto Chico, 16-12-1811, *Archivo Artigas* t. VI. *op. cit.* pp. 98-154.

de la falta de ganado y gran destrucción en que se hallan las estancias de la parte occidental del Uruguay...».[18]

La situación general de Entre Ríos para 1812 era analizada por Sarratea en términos de calamidad, afirmaba que «los clamores de todas partes afligen y puede decirse casi, que desde el Arroyo de la China a Mandisoví, no ha habido Pueblo que no haya sido saqueado de un modo más o menos estrepitoso; casa que no se haya invadido; y familia que no haya quedado condenada a la miseria. Todos concuerdan que se pasaron a este lado del Uruguay sobre treinta mil y más caballos; se han destruido éstos, y a más cuantos se han sacado por requisiciones repetidas de las riberas del Gualeguay, Uruguay y campos de la Bajada. Es inconcebible el número de ganado que se ha destruido, no hay más caballos que montar y es preciso destacar las partidas a diez y seis y veinte leguas de distancia a buscar reses para provisiones de las tropas, y el inmenso vecindario que se ha incorporado a los del general Artigas».[19]

En los años siguientes a la Revolución, la sucesión de episodios bélicos y el intenso movimiento de la población conllevaron el arreo y consumo desmesurado de ganado y el abandono de muchos cultivos. Esta situación provocó un daño significativo en el progreso colonial que había sostenido hasta entonces la economía del Oriente entrerriano. En medio de la crisis posrevolucionaria muchos estancieros ausentistas de Mandisoví abandonaron definitivamente sus explotaciones rurales, mientras otros pobladores migraron hacia zonas más seguras. Otros hacendados de Concepción del Uruguay como –los porteños de Buenos Aires y Montevideo– Centurión, Dargain, Barquín, Mármol, Insiarte, Díaz Vélez, De Elía, Wright, Ormaechea y Alcorta, perdieron sus ganados y cosechas, y muchos de ellos tampoco lograron conservar o reivindicar sus derechos coloniales de propiedad y posesión de usufructo de tierras, por lo cual luego de 1821 esos campos pasaron a manos del Estado provincial.

Aquellos primeros productores pecuarios de la zona soportaron durante la primera década posrevolucionaria que las tropas, por ejemplo: «Primeramente ocuparon por mes y medio la estancia con 200 hombres, éstos disfrutaron a su arbitrio de ella; después estuvieron 40, últimamente estuvieron en el mismo rincón del campo lo menos 500,

[18] Francisco da Chagas Santos a Thomas da Costa Correa Rebelo e Silva, cuartel de San Borja, 6-2-1812. *Archivo Artigas* t. VI. *op. cit.*
[19] Manuel de Sarratea al gobierno de Buenos Aires, Salto Chico occidental, 23-6-1812. *Archivo Artigas*, t. IX. *op. cit.* p. 6-7.

por espacio de mes y medio, entre los dos arroyos hay una invernada de 6000 caballos, éstos son cuidados por una porción de soldados que se mantienen de su hacienda con bastante desprecio; éstos y otros que a su sombra están charquean carne, hacen vejigas de grasa de jabón y vienen a comerciar a ésta, y hasta el ejército... las familias de Belén... como sabe usted estuvieron tres meses en su rincón a 10 reses mal contadas (consumidas) por día...».[20]

De esta manera, para 1820, cuando ya se había consolidado la independencia y se habían estabilizado los poderes en las provincias del Litoral rioplatense, el Oriente entrerriano comenzaba una nueva etapa en un contexto de ruina económica y despoblamiento de su territorio. Los gobiernos provinciales emergentes de la posrevolución debían intentar imperiosamente una rápida resurrección de la sociedad entrerriana reimpulsando la dinámica de ocupación del espacio, que había sufrido un fuerte retroceso en su poblamiento. Era preciso restituir las bases de una retraída pirámide de población y reconstruir la economía rural, que se había visto afectada por la merma considerable en sus stocks de ganado y el trabajo en las sementeras.

La ocupación del espacio y la reformulación de la estructura rural en las décadas posrevolucionarias

Para investigar los cambios sucedidos desde la década de 1820, además de los informes oficiales y de viajeros, disponemos de información cuantitativa que nos permitirá un análisis mucho mas ajustado sobre las características del poblamiento y la estructura rural del Oriente entrerriano posrevolucionario.[21] Sin duda, a partir de los censos podemos conocer con bastante precisión la ubicación y la organización de las unidades censales (UC) . Esta información nos habilita para evaluar como se reorganizaron los asentamientos y las actividades rurales de esta población luego de la Revolución, y nos ilustra sobre las transformaciones producidas en la primera mitad de la centuria. Asimismo,

---

[20] Eusebio Manuel Cálcena y Echeverría a José Alberto Cálcena y Echeverría, Mandisoví, 13-8-1812. *Archivo Artigas*, t. X. *op. cit*. p. 129.

[21] Censo de la Provincia de Entre Ríos de 1820, APC, Sala 1, legajo 4. El de 1849 se encuentra en el AHER, Sección Gobierno, Serie VII, estadística. Para más información sobre las características de los censos y su utilización en este trabajo se debe consultar el apéndice del capítulo tres.

presentaremos por separado el análisis de los cambios ocurridos en el ámbito urbano y en la campaña para el caso de Concepción;[22] esta división nos permitirá observar mejor los alcances del desarrollo del mundo rural así como las actividades comerciales y artesanales de carácter más citadino. Estas diferencias también serán útiles para dar cuenta de los variados contextos de ocupación del espacio local, pues veremos por separado la zona de más antiguo poblamiento colonial y la de los nuevos asentamientos de Concordia y Federación.

Concepción del Uruguay

Luego de los violentos cambios ocurridos en la primera década revolucionaria, en 1820 el Departamento contaba con 2129 habitantes, de los cuales poco más del 57% vivía en el ámbito urbano y en las zonas de cercanías de chacras y quintas mientras el restante 43% residía en la campaña. Esto nos muestra cómo los sucesos del decenio anterior habían afectado significativamente sobre todo el ritmo de expansión de la campaña, frenando visiblemente la ocupación de tierras nuevas y la atracción de migrantes, que en tiempos tardocoloniales habían impuesto una constante dinámica para poner en producción nuevas "explotaciones" en estas tierras.

La villa de Concepción del Uruguay parece haber sido menos afectada por los nuevos tiempos y para entonces reunía casi el 66% de las unidades censales UC del distrito, con un total superior a las doscientas UC que contenía un modesto promedio de 5.9 integrantes por cada una. Asimismo se observa otro fenómeno típico de la posrevolución ya que en la pequeña urbe había una presencia creciente de jefas de UC, que llegaba al 35%; en contraste la campaña era un ámbito dominado por jefes masculinos de UC y el promedio era más alto, de 8.4 personas, por establecimiento.

Aquella situación de retracción de la ocupación del territorio de los años 20 fue quedando en el pasado y para mediados de siglo las estadísticas muestran cómo, tres décadas después, la ciudad de Concepción del Uruguay era muy diferente; la población se había duplicado como producto de un intenso flujo migratorio. Asimismo, también había aumentado la complejidad de su estructura ocupacional, porque se incorporan nuevos sectores de manufactura, artesanías y servicios. Estos datos nos permiten afirmar que para entonces Concepción

---

[22] Por decreto de la Legislatura provincial de 26-8-1826 la villa de Concepción del Uruguay fue elevada al rango de ciudad.

era una modesta ciudad rioplatense de tamaño promedio para la época. Por lo tanto es claro que la mayoría de unidades censales estuvieron siempre en el ámbito de la ciudad y sus cercanías, y acumulaban más del doble de población que la zona rural, aunque ellas contaban con un menor promedio de personas por unidad censal.

Para 1849 la novedad destacable era que la situación de las UC en la ciudad no se presentaba tan uniforme, sino que existía una marcada variabilidad y distinción entre los diversos cuarteles. Ésta iba desde el cuartel 1 con 6.78 personas de promedio por UC a 4.77, 4.82 y 5.03 por UC en los cuarteles 2, 3 y 4. Esa diferencia estaba relacionada sobre todo con el status social de los jefes de UC. Así, el mayor número que presenta el cuartel 1, corresponde con el "corazón" citadino de las casas de buena parte de los sectores notables más encumbrados del ámbito local, integrado por las familias de los hacendados y comerciantes. Mientras que el número es menor en los cuarteles 2 y 3, conformados una zona nueva y más "plebeya" donde se ubicaban las residencias de artesanos, dependientes y la mayoría de los hogares cuyas jefas eran mujeres viudas, solteras o concubinas que generalmente se ocupaban como costureras y lavanderas o gente que no tenía inserción laboral determinada. En muchos casos se trataba de migrantes muy recientes que componían un grupo familiar más pequeño.

Cuadro 1. Población y jefes de UC del Departamento de Concepción del Uruguay

Concepción del Uruguay	Total de personas	Total de unidades censales	Promedio personas por UC	Jefes de UC Masculino	% Jefe de UC Masculino	Jefes de UC Femenino	% Jefe de UC Femenino
Villa 1820	1.217	205	5.93	134	65.0%	72	35%
Ciudad 1849	2.556	483	5.29	221	45.8%	262	54.2%
Campaña 1820	912	108	8.44	94	87.8%	13	12.2%
Campaña 1849	1.834	224	8.18	186	83.1%	38	16.9%

Aquella situación también queda expresada en los promedios de jefes de UC. En la ciudad, en correlación directa con el fuerte peso de las mujeres descripto para los cuarteles 2 y 3, hay un predominio de jefas de UC, que como aclaramos, estaban conformados por hogares modestos de jefas con un promedio de 2 a 3 hijos. Allí residía un pequeño ámbito femenino; casi siempre se trataba de mujeres "castigadas" por la guerra, viudas o concubinas que habían perdido a sus esposos y también el acceso a la explotación de recursos rurales. Como consecuencia han migrado incorporándose como trabajadoras con mano de obra familiar, dependientes o sirvientas a la zona urbana del Oriente Entrerriano. Por estos motivos encontramos un conglomerado de jefas de hogar conformado por misioneras, correntinas y de la Banda Oriental que, como veremos más adelante en detalle, alimentan un variado e inestable sector de mujeres de "servicios". Aquello contrasta con los cuarteles 1 y 4 donde hay mayoría de UC encabezadas por hombres de vieja raigambre local y que tienen en casi todos los casos un cierto número de sirvientes y dependientes.

En tanto la situación de la campaña a mediados del siglo también había sufrido notables mutaciones, pues igualmente allí se había duplicado la población, debido a una sólida tradición de recepción de migrantes. Pero, a diferencia de la urbe, encontramos que los nuevos pobladores rurales eran peones o dependientes y no habían alterado demasiado la situación de jefes de UC que eran en su mayoría hombres, con un promedio de personas por UC bastante estable, un poco mayor que los de la ciudad. Allí había muy pocos casos de mujeres jefas de UC, y se trataba generalmente de personajes de vieja raigambre local de más de 40 años, viudas de hacendados y estancieros, que vivían con sus hijos. Pero lo más notorio ocurrido en los campos de Concepción del Uruguay fue sin duda la mayor diferencia en el tamaño y la estructura interna de las diferentes UC del mundo rural. Este dato resulta muy significativo pues está relacionado directamente con el crecimiento que experimentó durante los años 30 y 40 un pequeño grupo de hacendados: los más importantes de la zona, como fueron Urquiza, Alzaga Elía o Urdinarrain.

Aquellos cambios generales experimentados en el mundo rural y urbano durante la primera mitad del siglo XIX se comprenden mejor si relacionamos la distribución de la población y de los hogares con los diferentes tipos de estructuras de producción que presentan las UC.

Entonces para el ámbito urbano vemos que en 1820 tanto los hacendados como algunos comerciantes de la ciudad tenían esclavos y dependientes en el seno de su UC; por lo cual sus casas llegaban a albergar unas 10 personas. En tanto que la mayoría de los comerciantes y el amplio conjunto de los labradores y los jornaleros eran sectores mucho más modestos en términos cuantitativos, compuesto generalmente por una pareja y sus hijos. Unas décadas más tarde, en 1849, la ciudad nos muestra nuevamente que los hacendados y los comerciantes son los que presentan el promedio más alto de integrantes por UC. Aquellos ya se caracterizaban por contar con un mayor número de sirvientes, dependientes y conchabados, pero ahora casi han desaparecido los esclavos. Aquí también emergieron actores nuevos en tres grupos de cabeza de hogares, milicianos-militares, mujeres y artesanos, conjunto bastante heterogéneo fruto de la posrevolución, que contaba con una cantidad que apenas supera las 4 personas por cada UC, lo que nos habla esencialmente de un grupo familiar reducido, que carecía casi de dependientes y constituye junto a los jornaleros uno de los principales sectores subalternos urbanos.

Por lo tanto podemos afirmar que, tal como había sucedido en las ciudades tardocoloniales, comerciantes y hacendados mantenían un papel hegemónico en el ámbito urbano. Prácticamente para mediados de siglo XIX la totalidad de los comerciantes importantes vivían y tenían sus «casas» de negocios en la ciudad. Se destacaban, entre otros, Salvador Barceló, Patricio Roca, Agustín y Miguel Rector, Antonio Palomares, Nicolás Jorge, Jacinto Cossy y Jorge Espiro. Todos ellos realizaban los principales giros comerciales de la zona y eran prestamistas habituales del Estado provincial. Los hacendados, en cambio, residían tanto en la ciudad como en la campaña. Los mayores o más poderosos vivían en la campaña, mientras que en el ámbito urbano encontramos un grupo minoritario entre los que estaban: Fidel Sagastume, Petrona Pañelo, Mariano Calventos, Felipa Campomanes y Petrona Benitez.

Otra característica socioeconómica de la ciudad a mediados de siglo era el nutrido grupo de milicianos y militares que residían en ella. En tiempos de guerra superaban largamente en cantidad al resto de los oficios, sus rasgos predominantes eran su condición de solteros y migrantes. Sólo el 20% era jefe de UC, el resto vivía o trabajaba temporalmente en diferentes tipos de establecimientos. Estos hombres pertenecían al ejército de línea, de reserva y sobre todo a las milicias, que por entonces gozaban de licencia, y formaban parte de las tropas que había enrolado Justo J. Urquiza para sus enfrentamientos bélicos con los correntinos y los orientales desde fines de la década de 1830 hasta 1847.

Finalmente queda por puntualizar que la ciudad también había consolidado un núcleo amplio de oficios y artesanos que desempeñaban

variadas tareas para el abasto y mantenimiento. Alcanzaban al 12%
de todas las categorías socio-profesionales repartidos así: 20 carpinteros, 12 albañiles, 8 horneros, 3 panaderos, 6 sastres, 11 zapateros,
5 plateros y varios empleados en establecimientos de vapor, hornos
de ladrillos, fabricación de sombreros, cigarros y jabón. Este sector
se había desarrollado en función del consumo urbano y de las actividades crecientes de los comerciantes y prominentes hacendados
locales, que demandaban buena parte de los servicios ofrecidos por
aquellas profesiones. De ese modo el ámbito urbano había alcanzado
mayor actividad a mediados de siglo, ya que para entonces contaba
con sectores de producción, comercio y servicio; incluyendo también
nuevos espacios de sociabilidad, pues tenía 32 tiendas de comercio,
16 pulperías, 2 almacenes de zapatos, boticas, curtiembres y hornos
de cal, 7 hornos de ladrillos y una sala de reñidero de gallos y billar.[23]

**Cuadro 2. Cantidad, porcentajes y promedio de personas por UC de
las principales ocupaciones en la ciudad de Concepción del Uruguay**

| | Hacendados | | Comerciantes | | Labradores | | Jornaleros | |
	1820	1849	1820	1849	1820	1849	1820	1849
UC	20	12	29	29	42	15	17	8
% de UC sobre el total	9.7%	2.5%	14%	6%	20.4%	3.1%	8.2%	1.6%
Cantidad de personas	207	104	144	236	256	73	106	36
% de personas sobre el total	17%	4%	11.8%	9.2%	21%	2.8%	8.7%	1.4%
Promedio de personas en cada UC	10.3	8.6	5	8.1	6.1	4.8	6.2	4.5

Como ya afirmamos, en la década de 1820 el mundo rural de Concepción del Uruguay había sufrido los graves perjuicios de los conflic-

---

[23] Establecimientos de Concepción del Uruguay,14-1-1852, AHER, Gobierno,
serie VII, carpeta 1, legajo 7.

tos bélicos posrrevolucionarios y mostraba una amplia mayoría de labradores-pastores, que trabajaban en base a la mano de obra familiar y un conjunto de haciendas y estancias que disponían de una mínima dotación de esclavos, peones y agregados. Pero a partir de aquel universo emergente de los tiempos tardocoloniales surge una importante transformación, de modo que para 1849 la presencia de haciendas y algunas industrias (en especial los saladeros) se habían transformado y fortalecido, concentrando un número muy significativo de peones, agregados y capataces. Pero buena parte de las estancias y de los labradores restantes sólo contaban con el trabajo del núcleo familiar y en unos pocos casos con la presencia de algunos agregados.

En aquella campaña residían los personajes que seguramente habían usufructuado los beneficios de la expansión rural, más precisamente en los distritos tres, cuatro, cinco y seis se concentraba buena parte de los principales hacendados de la zona, que además para esta época ostentaban algunos de los principales roles militares y políticos de la provincia: el gobernador Justo J. Urquiza, Petrona Perez, Holler y Fink, Miguel Galarza, Venancio Villavicencio, María Zabala e Isabel Elía de Alzaga. Los establecimientos de estos hacendados contaban con una organización que incluía varios puestos y un numeroso personal, compuesto por capataces, encargados, agregados y peones. También sobresale la importancia que tenía el saladero de J. J. Urquiza; contaba con 1 mayordomo, 3 encargados, 4 capataces, 130 peones, agregados y trabajadores especializados como albañiles, herreros, comerciantes, engrasadores, etc. Finalmente, en el otro extremo de los productores rurales, en los distritos uno, dos y siete, encontramos a los muy modestos estancieros y labradores que presentaban un bajo promedio de personas por UC, lo que indica la presencia de una unidad de producción con un núcleo familiar con algunos peones y agregados (1% y 2.4% de promedio) en los estancieros y (0.6%) en el caso de los labradores.

**Cuadro 3. Cantidad, porcentaje y promedio de personas por UC
de los principales establecimientos rurales de la campaña
de Concepción del Uruguay**

	Hacendados 1820 - 1849		Estancieros 1820 - 1849		Puestos 1820 - 1849		Labradores 1820 - 1849		Industrias 1820 - 1849	
Establecimientos	16	14	4	22	5	29	73	78	0	3
% de UC sobre el total	15%	6.2%	3.7%	9.8%	4.6	12%	68.2%	35.4%	0	1.3%
Cantidad de personas	176	356	37	158	26	191	493	478	0	208
% de personas sobre el total	19.3%	19.4%	4%	8.6%	2.8%	10%	54%	26.1%	0	11.3%
Promedio de personas por UC	11	25.4	10.3	7.2	5.2	6.5	6.75	6	0	69.3

La frontera de los pueblos nuevos: Concordia y Federación

Ahora bien, más allá de lo sucedido en la zona de antigua ocupación, ¿qué ocurrió en la posindependencia en las tierras de los pueblos nuevos? El departamento de Concordia –que hasta mediados del siglo XIX incluía a Federación– era un territorio de poblamiento muy reciente, ya que la fundación de la villa de Concordia data de 1831, y la dinámica de ocupación de su campaña se remonta a aquellos grupos que se habían asentado en la zona del Salto Chico en época tardocolonial.[24] En el caso de Federación era por aquellos años una verdadera línea de máxima avanzada fronteriza en el espacio entrerriano, y constituía el territorio limítrofe con la provincia de Corrientes. Otra característica común entre Concordia y Federación era que sus asentamientos urbanos no llegaban al status de villas, sino que eran poblados poco desarrollados, en los que se asentaban las autoridades administrativas y políticas locales junto a una serie de oficios típicamente citadinos.

[24] Eduardo Moulia: *Así se hizo Concordia*. De Entre Ríos, Entre Ríos, 1978. Heriberto M. Pezzarini: "El proceso fundacional de Concordia", en *Cuadernos de Estudios Regionales* n° 1. IRICyT, Concordia, 1981.

Esta zona de la frontera norte del Oriente provincial, como vimos al comienzo de este capítulo, fue quizás la más duramente afectada en su expansión territorial y consolidación del poblamiento, por las guerras desatadas luego de 1810 y lo siguió siendo mas tarde desde fines de los años 30 y hasta mediados de la década siguiente, por lo cual en todos estos años hubo momentos en los cuales tuvo movimientos de retracción o avances temporales de la frontera. Por ello luego de consolidar el avance sobre estas tierras a través de la fundación de la villa y el puerto de Concordia en los años 30, a partir de 1841 sucedió una retirada temporal de la población tras el ingreso de las tropas "unitarias", primero al mando de Lavalle y más tarde de Paz. El punto culminante se vivió a mediados de 1842 cuando emigraron los pueblos de Mandisoví y Concordia hacia el sur del territorio, en tanto la villa de Concepción del Uruguay era sitiada. Recién en diciembre de aquel año cuando las tropas de Urquiza pudieron retomar el control de la zona fueron lentamente restableciendo en sus antiguos sitios a las poblaciones.

De todos modos, entre 1843 y 1846 los pueblos de la frontera fueron un campo de batalla y buena parte de sus pobladores se mantuvo en constante desplazamiento junto a las tropas del ejército. Pero para agosto de 1846, tal como informaba el comandante Urdinarrain, "la población de la Concordia en su mayor parte se encuentra ya acomodada en sus casas", no obstante todavía se evaluaba la posibilidad de tener que movilizar nuevamente a los habitantes, frente a lo cual se comentaba que "sería un trastorno, sino por otra cosa, por las muchas cargas (mercantiles) que allí se están recibiendo...".[25] Finalmente, a pesar de las mudanzas la situación del poblamiento terminó de afianzarse y potenciarse a fines de aquel año cuando el dominio militar entrerriano sobre la zona resultó totalmente efectivo, con lo cual además de asegurar Concordia, se repobló la villa de Mandisoví (ahora llamada Federación) en un nuevo asentamiento mas conveniente para las actividades militares y comerciales. Entonces desde 1845 las familias pudieron reinstalarse, pues, como comentaba el comandante militar, los habitantes clamaban por "ir a sembrar".[26]

Para mitad de siglo el poblado de Concordia debía buena parte de su éxito a las actividades pecuarias de sus campos y a la prosperidad

---

[25] Manuel Urdinarrain a Justo José de Urquiza, Yuquerí 30-9-1846, AHER, HAC. carpeta 9, legajo 32.

[26] Manuel Urdinarrain a Justo José de Urquiza, Yuquerí 30-9-1846, AHER, HAC. carpeta 9, legajo 32.

de su puerto, un lugar de reexportación de mercancías regionales y ultramarinas. Había un número interesante de casas y tiendas de comercio, y una serie de actividades de servicio realizadas por troperos y carreteros que vinculaban los tráficos del puerto de los Herreros, en las cercanías de la villa, los depósitos de aduana y las introducciones de efectos hacia otros mercados locales. Junto a aquellos también había un conjunto de chacras que abastecían el tráfico fluvial y un grupo de jornaleros y peones que ofrecían sus brazos para diversas actividades.

En tanto los datos de las UC de la campaña de Concordia, que sumaba 208 núcleos con 1266 personas, indican la presencia de unidades compuestas básicamente por un grupo familiar, con un promedio de 6.08 individuos, al que eventualmente se le agregaban algunos dependientes. Asimismo, se comprueba, que al igual que la zona rural de Concepción del Uruguay, había un amplio predominio de 72.6% de jefes masculinos de UC.

La zona rural de Concordia estaba poblada por una mixtura de haciendas, estancias y labradores que contaban con un promedio muy modesto de personas por UC. A ellos se sumaba un pequeño grupo de criadores de ovejas y un grupo numeroso de UC que no declaran oficio. Allí a diferencia de la campaña de Concepción del Uruguay, no había distancias tan grandes entre los integrantes de las unidades de producción. Así si bien los hacendados y estancieros ya contaban con una dotación un poco mayor de peones y agregados, los labradores y criadores no estaban muy lejos de aquellos en la cantidad de recursos laborales. No obstante, como veremos mas adelante y en el capítulo cuatro, sí había notables diferencias en los stocks y tipo de ganado que poseía cada uno de ellos. Pero sobre todo, esas diferencias se acentuaban por el tipo de actividad, ya que no era igual la situación que tenían las haciendas y estancias ganaderas dueñas de la mayor parte del ganado vacuno y ovino, que la de los labradores que tenían actividades estacionales de labranza y poseían un buena parte de los bueyes y carros.

Cuadro 4. Cantidad, número y promedio de personas por UC de las principales ocupaciones en la campaña de Concordia en 1849

	Hacendados	Estancieros	Labradores	Criadores	Peones
UC	22	42	44	10	10
% de UC	10.5%	20.2%	21.1%	4.8%	4.8%
Cantidad de personas	161	298	270	53	41
% de personas sobre el total	12.1%	23.5%	21.3%	3.2%	3.2%
Promedio de personas por UC	7.3	7.18	6.13	5.3	4.1

Finalmente, en Federación había un pequeño caserío con 38 UC que reunía a 168 personas. Unos cuantos comerciantes, artesanos, funcionarios y agregados constituían los habitantes de este poblado. En tanto en la campaña había un núcleo de mayor consideración, allí residían bastantes dispersas 143 UC con 964 individuos. Aquí la situación del poblamiento se aproximaba a una avanzada en pleno territorio de frontera abierta, cuyos hogares tenían un promedio modesto de 6.7 personas por UC y la mayoría de sus jefes, el 77.6%, eran hombres.[27]

Esta zona de frontera muestra claramente lo que podríamos llamar una imagen de tierras de reciente ocupación con un amplio predominio de labradores que disponían esencialmente de la fuerza laboral del grupo familiar y contaban con la presencia de algunos pocos agregados. También encontramos un grupo muy reducido de estancias y una hacienda, que tenían bastantes residentes dependientes, agregados o peones. Por último, se da cuenta de un conjunto de hogares que no declara ningún oficio; se trata de mujeres jefas de unidades censales, la mayoría migrantes, viudas o solteras con hijos.

---

[27] Federación y su *"hinterland"* rural tenían relación con los antiguos asentamientos de Mandisoví, que luego de 1810 sufrieron permanentes migraciones y traslados a causa de las guerras y saqueos que realizaron los españoles, portugueses y correntinos sobre esta zona. Sobre la creación del Departamento y sus derroteros ver Varini y Eguiguren: «La creación del Departamento de Federación», en *Cuadernos de Historia Regional*. Entre Ríos, 1986.

Cuadro 5. Cantidad, número y promedio de personas por UC de las principales ocupaciones en la campaña de Federación en 1849

	Labradores	Estancieros	Hacendados
UC	103	4	1
% de UC sobre el total	72%	2.8%	0.7%
Cantidad de personas	666	54	11
% de personas sobre el total	69.1%	5.6%	1.1%
Promedio de personas por unidad censal	6.5	7.5	11

La estructura ocupacional del Oriente entrerriano

La estructura de ocupación del Oriente entrerriano durante la primera mitad del siglo XIX nos muestra en orden decreciente la presencia singular de labradores, sirvientes, peones y jornaleros, agregados, hacendados, estancieros, comerciantes y militares.[28] No obstante, el peso relativo de esa población fue variando a lo largo del tiempo; para 1820 los trabajadores independientes (labradores, comerciantes, estancieros y hacendados) sumaban el 40% y los dependientes (esclavos, peones, jornaleros, agregados) llegaban al 45.8%, en tanto el resto estaba compuesto por diversos tipos de artesanos. Pero dos décadas más tarde dentro de esta sociedad local se había fortalecido y diferenciado la distancia en patrimonio y estructura productiva de un grupo de productores pecuarios sobre el resto, por lo cual los dependientes alcanzaban el 63% y los independientes habían descendido al 22.8%. Esta tendencia era muy visible en la zona de antiguo poblamiento, y resultaba casi inexistente en la zona de frontera abierta de Federación, donde aún había supremacía absoluta de pastores-labradores.

Si analizamos por separado los oficios en las tres zonas, observamos que en Concepción del Uruguay en 1820 el paisaje se correspondía todavía con el perfil de una sociedad joven de reciente poblamiento y sin grandes distancias socioeconómicas, donde un tercio se dedicaba a la labranza y el pastoreo, pero casi la mitad de ellos no encabezaba

---

[28] En el censo de 1820 se registró una ocupación del 88% de hombres y del 26.4% de mujeres de entre 14 y 90 años. En el censo de 1849 figura la ocupación del 63.3% de personas de entre 14 y 99 años en la ciudad y la campaña. Claro que en el caso de los hombres es del 86%, mientras que las mujeres llegan al 32%.

UC, sino que eran hijos que vivían con sus padres o estaban agregados a otro grupo familiar. Hacendados y estancieros reunían un poco más del 9% de los oficios, y es notable que buena parte de estos, más de la mitad, eran hijos de hacendados que residían en la misma UC que sus padres. Dentro de los dependientes, un significativo 42% correspondía a esclavos, peones y agregados. Los primeros eran muy importantes en la ciudad y los restantes se distribuían entre el ámbito urbano y la campaña.

Para fines de la década de 1840 la supremacía de los labradores en Concepción había desaparecido, y pasaron a representar apenas el 6%. Estos, junto a los hacendados y estancieros se habían consolidado como el grupo propietario de la región. Además, todos registraban un alto porcentaje de jefatura de UC, con la diferencia de que una parte de los hacendados habitaba en la ciudad, en tanto que los otros lo hacían en la zona rural. En tanto, entre los dependientes se había experimentado un gran crecimiento proporcional: los peones con 16.4%, los milicianos con un 14.5%, los agregados con 8.4 y los sirvientes con un 5.6%. Mientras creció la presencia de peones y agregados en la campaña, los sirvientes, agregados y jornaleros fueron reemplazando a los esclavos en el ámbito urbano. Entre los dependientes, como es de esperar, se registraban muy bajas proporciones de jefaturas de UC. En cambio, los milicianos estaban en mejor posición ya que eran jefes en casi un 50% de las UC, seguidos por los jornaleros que llegaron a casi un tercio.

Cuadro 6. Principales ocupaciones de Concepción del Uruguay

Ocupación	Año 1820	% sobre el total	Año 1849	% sobre el total
Labrador	214	25.1%	106	6.1%
Esclavo	138	16.2%	14	0.8%
Peón	131	15.4%	285	16.4%
Jornalero	28	3.3%	54	3.1%
Agregado	92	10.8%	146	8.4%
Capataz	5	0.5%	32	1.8%
Sirviente	1	0.1%	98	5.6%
Conchabado	1	0.1%	57	3.3%
Miliciano	6	0.6%	253	14.5%
Total	616	72.1%	1045	60.0%

En Concordia la situación a mediados del siglo XIX era algo diferente, ya que esta zona, repoblada desde la década de 1830, combinaba de manera más equilibrada la presencia de un grupo modesto de hacendados, de labradores y estancieros. En tanto, la distinción era en la presencia de un grupo de pastores y de puestos que se dedicaban casi por completo a la explotación lanar. Por su parte, los oficios dependientes (peones, jornaleros y agregados) apenas alcanzaban el 22% sobre el total de los oficios.

En esta zona también es significativa la presencia relativamente importante de un núcleo de comerciantes, (con sus dependientes, esclavos y sirvientes urbanos) relacionados con el crecimiento de las actividades mercantiles del puerto de Concordia desde los años 30 como punto clave en los negocios de intermediación comercial del Alto del río Uruguay. Aquel rol, que analizamos en otro capítulo, se desarrolló a partir de 1846, fue un verdadero auge del comercio de reimportación y exportación como consecuencia de los bloqueos al puerto de Buenos Aires. esta situación dotó a la zona de nuevas posibilidades para manejar parte del flujo comercial procedente del Paraguay y del Brasil; así como del ingreso de bienes europeos a través de Montevideo y Buenos Aires hacia todo el Litoral.[29]

Para finalizar y llevando nuestro análisis a los extremos de la frontera del Oriente entrerriano, había algunos pocos hacendados y estancieros modestísimos. En cambio encontramos una abrumadora presencia de labradores-pastores, que agrupaba al 70% de los que declaran oficios. Es interesante observar que estos labradores, en gran parte aborígenes, estaban en su totalidad instalados en tierras públicas de la campaña y que más de la mitad de ellos no eran jefes de UC sino que convivían con otro grupo familiar. Estos labradores de la frontera que producen para el consumo familiar no son comparables a los radicados en el cinturón que rodeaba a la ciudad de Concepción que producían a otra escala para el mercado urbano. Otro rasgo importante es la naturaleza de los lazos existentes entre los escasos dependientes de la zona de frontera abierta; se destacaban aquí los agregados y domésticos, y casi son inexistentes los peones y jornaleros, formas predominantes de obtención de mano de obra en la zona de antiguo poblamiento.

---

[29] Erich Poenitz: «La ruta oriental de la yerba…» *op. cit.*

Cuadro 7 . Principales ocupaciones en Concordia y Federación en 1849

Ocupación	Concordia	% sobre el total	Federación	% sobre el total
Labrador	214	25.1%	106	6.1%
Labrador	57	8.5%	270	70.1%
Agregado	16	2.4%	29	7.5%
Sirviente	48	7.6%	37	9.6%
Esclavo	12	1.8%	1	0.2%
Peón	74	11.1%	1	0.2%
Jornalero	57	8.5%	3	0.8%
Miliciano	56	8.4%	1	0.2%
Capataz	23	3.4%	0	0.0%
Dependiente	14	2.1%	0	0.0%
Encargado	7	1.0%	0	0.0%
Pastor	7	1.0%	0	0.0%
Total	371	55.8%	342	88.6%

La dinámica de la ocupación del espacio y la propiedad de la tierra

En el análisis de esta sociedad de frontera es necesario poner especial énfasis en las características peculiares que tuvo durante la primera mitad del siglo XIX la propiedad de la tierra en el Oriente entrerriano. Para este periodo, cuando hablamos de propiedad nos referimos a los ocupantes de tierras con títulos de compra entre particulares o de concesión de posesión reconocidas por el Estado a través de documentos públicos; aunque esos documentos no significaban que la propiedad estuviera definitivamente consolidada. Esta situación se debió a que hubo un reconocimiento de diversos tipos de derechos de usufructo de la tierra y que a pesar de los múltiples intentos del Estado provincial por regular e imponer un nuevo tipo de control sobre el territorio. No había en la provincia en esta época catastros ni títulos oficiales que dieran una garantía institucional real y definitiva sobre la propiedad y el dominio perfecto sobre la tierra.[30]

[30] Martín Ruiz Moreno: *La provincia de Entre Ríos y sus leyes sobre tierras* t. 1. Paraná, 1890.

La preocupación por regularizar los diversos tipos de títulos y derechos de la propiedad fueron una deuda pendiente de los gobiernos posrevolucionarios, pero como veremos en este y en otros capítulos, las circunstancias bélicas y el poder material del Estado resultó insuficiente para llevar adelante ese proceso, que recién se hizo efectivo a partir de 1861. No obstante, en numerosas ocasiones las autoridades del gobierno intentaron una definitiva mensura y legalización de los títulos y posesiones para regularizar la propiedad. Aquellos proyectos comenzaron en la década de 1820, cuando se procuró resolver el problema de las tierras confiscadas y terminar de adjudicar y legalizar la tenencia de la tierra baldía y poblada, aunque tal objetivo nunca fue alcanzado.[31] Unos años más tarde, en 1825 el gobernador Sola retomó la cuestión e intentó fomentar el poblamiento y al mismo tiempo realizar los deslindes y asegurar los títulos de propiedad. Un año después se promulgó una ley de garantía para los poseedores con títulos registrados ante notarios, y se abrió un registro público para anotar los títulos y dar una posibilidad de reconocimiento oficial, pero más allá del decreto del gobernador, en la práctica no pudo llevarse a cabo.[32]

Para 1838 el gobierno promulgó una nueva ley de tierras que permitía, entre otras cuestiones, la aplicación de viejos criterios normativos y consuetudinarios como el reconocimiento de aquellos que explotaban campos sólo en posesión, por lo que habilitaba a considerar con derechos reconocidos a todos los que luego de poblar la frontera habían prestado servicio militar en la provincia.[33] Estas medidas crearon una práctica, como veremos con mayor detenimiento en el capítulo 6, de respeto y derechos a la posesión de tierras, para aquellos que habían prestado servicios de "poblamiento" y de "sangre" al Estado. Por lo cual, aun sin títulos de compra o sesión pública, aquellos derechos de posesión y usufructo se mantuvieron por lo menos hasta 1861, en que se abandonó este criterio para reconocer únicamente los derechos de compra formal de las tierras a particulares o al Estado provincial.

Aquel aprecio de los funcionarios por los distintos tipos de derechos sobre las tierras se puso en práctica regularmente, y fue esencial, por ejemplo, cuando en 1848 se estudió la posibilidad de "hacer las mensuras y arreglo de los campos" con la finalidad, una vez más, de reconocer de manera definitiva todos los derechos de propiedad

---

[31] Ley de 23-10-1823, *Recopilación de Leyes y Decretos de la Provincia de Entre Ríos* t. I. Concepción del Uruguay, 1875.

[32] Ley de 26-7-1826. *RLDER...* t. III. *op. cit.*

[33] Ley de 8-2-1838. *RLDER...* t. IV. *op. cit.*

existentes, para lo cual incluso se proyectó seriamente crear un departamento topográfico. Desde entonces también se estableció que toda venta fuera fiscalizada con la intervención y aprobación de un juez de primera instancia; pero nuevamente todas estas medidas no concretaron en un nuevo sistema regular de propiedad.[34] Todavía en 1850 se solicitaba a los ocupantes de tierras que regularizaran sus títulos o posesiones presentándolos a la brevedad ante los funcionarios judiciales para declarar y registrar si sus derechos provenían de la "legitimidad de títulos" por compra o sesión estatal o bien porque eran "patriolengas".

Entonces, en función de la organización espacial de las UC, de su relación con las actividades ocupacionales y de las características peculiares de la propiedad de la tierra podemos respondernos sobre cómo sucedió la ocupación del espacio en el Oriente entrerriano. Hemos visto que el poblado de Arroyo de la China, luego ciudad de Concepción del Uruguay fue el epicentro desde fines del siglo XVIII de la vida comercial, política, administrativa y económica de la zona. A partir de ella se fueron consolidando, en un proceso no lineal, un conjunto de actividades urbanas, al tiempo que se fue desplegando a lo largo de su campaña la producción agrícola-ganadera. Para 1820 la ciudad apenas pasaba el millar de habitantes, y su vida económica estaba basada esencialmente en un núcleo de algunos pocos hacendados, un núcleo mayoritario de labradores junto a unas cincuenta casas comerciales de todo tipo, con sus dependientes y unos pocos carpinteros y panaderos. Dos décadas después la ciudad había duplicado su población y para entonces ya contaba con un conjunto mucho más sólido de hacendados, múltiples actividades artesanales, comerciales y de servicios. Al tiempo que había un sector "popular" de trabajadores temporales, que estaba integrado básicamente por milicianos que gozaban de un período de licencia en sus actividades militares. Junto a los cuales se encontraban un conglomerado de mujeres jefas de hogar que constituían un sector de servicios muy variados, representado en actividades domésticas y artesanales.

Pero el fenómeno relevante y más interesante ocurrió en el campo. Hacia 1820 había una mayoría de labradores y una serie de modestas estancias y haciendas; pero veintinueve años después desapareció buena parte de los labradores, quedando sólo el 30% en un cinturón alrededor de la ciudad; asimismo se concentró a menos de la mitad la

---

[34] Ley de 12-2-1849. *RLDER...* t. V-VI. *op. cit.*

propiedad de las estancias y haciendas. Así, para mediados del siglo se consolidó un grupo reducido de haciendas grandes con numerosos puestos y un número de estancias que abastecían las exportaciones pecuarias y parte de los granos del consumo citadino. Existían también algunos pocos establecimientos «industriales», entre los que estaban las graserías y los saladeros que empleaban un gran número de peones y se ligaban por entero al sector exportador. En aquel contexto habían quedado relegadas a un peso menor las actividades de los modestos labradores y chacareros en los hornos de ladrillos y las jabonerías que muy probablemente proveían al mercado urbano.

Paralelamente a la transformación del paisaje de los establecimientos agrícola-ganaderos de Concepción del Uruguay, se fue dado un cambio fundamental en la oferta de mano de obra. En 1820 la dotación de trabajadores dependientes estaba compuesta por 50% de peones, 8% de jornaleros y 42% de esclavos. Para mitad de siglo, la mano de obra esclava casi había desaparecido y el 90% estaba compuesta por peones, en buena parte migrantes que se fueron integrando en esta zona desde 1830 y que resultaron el soporte básico para abastecer la demanda laboral de los hacendados y saladeristas.

Además de la concentración de las actividades en manos de estancieros y hacendados, otra característica saliente para mediados del siglo fue que la "propiedad" de la tierra, a través de compras, posesión o usufructo reconocido en la zona vieja de Concepción del Uruguay, estaba ya muy consolidada. Analizando el ámbito urbano en su conjunto, vemos que el 72% de las UC estaban habitadas por los que se reconocían como sus propietarios mientras que en la zona rural este porcentaje llegaba al 93%. Esta fuerte presencia se verifica en las diferentes actividades: eran propietarios de diverso tipo el 100% de los hacendados y estancieros, el 80% de los labradores y personas que no declaran oficios y el 54% de los comerciantes. El acceso a la propiedad parece bastante extendido entre los diversos grupos que residen en la ciudad, ya que incluso el 76% de las costureras, lavanderas y planchadoras y el 81% de los "sin oficio" declarado, que representan a los sectores más humildes de la ciudad se reconocían como poseedores de solares urbanos. En la campaña parece concentrarse mucho más el acceso a la propiedad de la tierra en los distritos 3, 4, 5 y 6 dominados por las haciendas, puestos y estancias. Quedan espacios de tierras públicas vacantes solo los distritos 1, 2 y 7 con un conjunto más heterogéneo de propietarios y no propietarios, que contaban con una presencia mucho mayor de labradores y chacareros.

Por otra parte en la zona norte del Oriente entrerriano, en el departamento de Concordia, se dio una compleja transición en las tierras nuevas de frontera. Concordia desde 1830 fue una «villa» de mediano tamaño que como vimos concentraba las actividades comerciales y artesanales y una zona rural en la que crecieron con bastante equilibrio haciendas, estancias y labradores. Se agregó un reducido núcleo de pastores que comenzaron a poblar con ovejas y en menor medida con vacunos una parte importante del territorio. En esta área se dio una combinación de pocos propietarios de la tierra y una mayoría de asentados en tierras fiscales de «pastoreo», por lo cual el usufructo de las tierras públicas sin reconocimiento de dominio parece ser predominante. La mayoría de los propietarios estaban ubicados en los distrito 1 y 2 conformados por varias haciendas y sus puestos. En los distritos 3, 4 y 5, con mayor cantidad de tierras públicas, estaban más representados los estancieros, los labradores y los pastores.

Finalmente, en Federación se llegaba a los bordes de la frontera; esta zona carecía de un núcleo urbano, ya que el poblado reunía un caserío que albergaba a unos cuarenta hogares. En este territorio, como ya señalamos, predominaba la zona rural que contaba con algunas escasas estancias y sobre todo con un importante conjunto de familias de pastores-labradores y agregados, asentados todos en tierras fiscales de pastoreo. Es en este lugar donde se ha «trasladado» la fuerte presencia de individuos dedicados a la labranza y el cuidado de pequeños rebaños. De ese modo si en 1820 la frontera productiva nueva aún los ubicaba en Concepción del Uruguay, el corrimiento de la misma a fines de los años 40 hacia el norte se ha llevado consigo al grueso de las familias de pastores-labradores hasta las confines de las tierras públicas de Federación.

Podemos concluir entonces que el poblamiento y la constitución del orden social del territorio fronterizo del Oriente entrerriano iniciado a fines de la colonia fue afectado por las secuelas negativas de la primera década "revolucionaria"; pero desde 1820 fue recuperándose con un mayor impulso de la ocupación del espacio y el desarrollo de la economía rural. Desde entonces esta zona experimentó un proceso con múltiples vaivenes, propios de las coyunturas bélicas, caracterizado con la consolidación de un núcleo productivo en la zona de antiguo asentamiento; al mismo tiempo sostuvo el arribo de nuevos migrantes y el corrimiento de la frontera productiva hacia tierras nuevas. De ese modo se fueron afianzando un grupo de haciendas, estancias y algunos labradores en Concepción del Uruguay y fue «empujando» al grueso de los labradores-pastores hacia los terrenos de nueva ocupación. Dentro de esta dinámica, a mediados del siglo XIX todavía hallamos en esta frontera una convivencia de diferentes tipos de estructuras productivas, relacionadas con un registro social complejo.

El área «vieja» siempre tuvo su epicentro en la ciudad de Concepción, donde residía parte del grupo dirigente local de comerciantes y hacendados, que contaban con los servicios de un número interesante de dependientes y sirvientes. Aquí también se había desarrollado un sector de producción manufacturera de saladeros, fábricas de ladrillos, jabonerías y carpinterías; de servicios de carreteros locales y de fletes terrestres y fluviales de alcance regional. A su alrededor, en el ámbito rural, estaban instalados gran parte de los mayores productores propietarios e importantes líderes políticos-militares, que explotaban los establecimientos dedicados a la producción agrícola-ganadera, donde se conchababa un importante número de peones, jornaleros y capataces.

Unas leguas al norte de Concepción, se abría la transición hacia los «pueblos nuevos» del noroeste; en Concordia había una gran fluctuación o movilidad de medianos y pequeños productores, en su mayoría ocupantes de tierras públicas, dedicados a la cría de vacunos y ovinos y sobre todo a la agricultura. Se destacaba también un grupo de comerciantes que explotaba el puerto de Concordia por donde pasaba parte del flujo comercial de los productos locales y del Paraguay y el Brasil, en su tránsito hacia los mercados rioplatenses. En tanto, en los confines del Oriente entrerriano, abría surcos en las tierras casi vírgenes una multitud de labradores-pastores, muchos de ellos aborígenes, que sobrevivían pobremente explotando esas propiedades fiscales con mano de obra familiar y de agregados.

Vemos entonces de qué manera la Revolución y la independencia de la década de 1810 produjeron, en esta zona de reciente ocupación, un impacto muy profundo a partir de los sucesos bélicos y las guerras que se extendieron sobre el territorio. Esta situación marcó en principio una retracción en la avanzada del poblamiento desarrollada en tiempos tardocoloniales, al mismo tiempo que alteró el patrón de acceso y asentamiento de los migrantes, que desde 1780 y hasta entonces, habían arribado procedentes sobre todo desde Buenos Aires y Montevideo. Pero más tarde, a partir de 1820, comenzó una etapa de recuperación del ritmo del poblamiento, al compás de las coyunturas bélicas en los años 30 y 40. En todo este período hubo un registro social amplio de tipos de productores y convivencia de diferentes formas de ocupación de las tierras. Ese movimiento se consolidó a mediano plazo a través de un nuevo patrón de asentamientos de migrantes.

Al mismo tiempo se fueron acentuando tendencias de diferenciación en las zonas mas viejas de la frontera, representadas sobre todo por el desarrollo de las estancias pecuarias de Concepción del Uruguay y Concordia. Pero como vimos, hasta mitad de siglo este patrón todavía permitió la compatibilidad y la coexistencia de distintas estrategias de asentamiento y de producción rural.

Mapa 1
El Oriente entrerriano en la cuenca del Río de la Plata

Fuente: mapa readaptado de Reber Vera Blinn. *British mercantile houses in Buenos Aires, 1810-1880*. Harvard University Press, Londres, 1979.
Escala 0 a 100 km ———

Capítulo 3
Poblar las tierras: Migraciones y familia

"Terminada la comida, los hijos del dueño de casa se
pusieron de pie y recitaron algunas oraciones, pidiendo
después al padre la bendición. Es una costumbre muy
general en esta región, que estuvo bajo influencia jesuítica.
Hombres de toda edad, a veces encanecidos, acostumbran
a recibir diariamente la bendición de sus padres."
(William Mac Cann 1847)[1]

Otra característica fundamental del Oriente entrerriano poscolonial
fue la evolución singular de sus bases poblacionales y de sus estructuras familiares.[2] Para analizar estos tópicos debemos recordar las conclusiones del capítulo anterior, donde demostramos la existencia de
una sociedad con variados ciclos de poblamiento y con múltiples actores. El tejido social entrerriano, como vimos, se relaciona plenamente con un entramado que no estuvo cristalizado, ni registró una tendencia única y lineal en su evolución desde los tiempos
tardocoloniales.[3] Así, luego de la Revolución, estos pueblos

---

[1] William Mac Cann: *Viaje a caballo por las provincias argentinas.* Hyspamerica,
     Buenos Aires, 1985. p.258.
[2] Para los estudios Latinoamericanos de este tópico se destacan, entre otros,
     Nicolás Sánchez Albornoz: *Población y mano de obra en América Latina.* Alianza,
     Madrid, 1985. Pilar Gonzalbo Aizpuru: *Familias novohispanas, S. XVI al XIX.* El
     Colegio de México, 1990. D. Balmori, C. Voss y M. Wortman: *Las alianzas de
     familias y la formación del país en América Latina.* F.C.E., México, 1990. P. Gonzalbo
     y C. Rabell (comp.): *La familia en el mundo Iberoamericano* UNAM, 1994. Metcalf
     Alida: *Family and frontier in colonial Brazil: Santana de Parnaíba, 1580-1822.* U.C.
     Press, 1992. Eni Mesquita Samara: *As mulheres, o poder e a família, Sao Pablo
     seculo XIX.* San Pablo. 1989. Para los estudios europeos están los clásicos
     trabajos de: Peter Laslett (ed.): *Household and Family in past time,* Cambridge
     University Prees, London. Peter Laslett: *El mundo que hemos perdido, explorando
     de nuevo.* Alianza, Madrid, 1987. Jack Goody: *La evolución de la familia y del
     matrimonio en Europa.* Herder, España, 1986. Michael Flinn: *El sistema demográ-
     fico europeo 1500-1820.* Critica, Barcelona, 1989.
[3] Ver por ejemplo: Eduardo Azcuy Ameghino: «Economía y sociedad colonial en
     el ámbito rural bonaerense», en Mario Rapoport (comp.): *Economía e Historia.
     Contribuciones a la historia económica Argentina.* Tesis, Buenos Aires, 1987. Eduardo

rioplatenses registraron complejos procesos de expansión y cambios en sus adaptaciones a las transformaciones ocurridas luego de la caída del orden colonial.[4]

Por lo tanto y a partir de esas conclusiones es relevante evitar el análisis de la dinámica social de manera simplificada. Algunos estudios históricos rioplatenses que presentan un escaso conocimiento sobre la evolución demográfica, familiar y ocupacional de la primera mitad del siglo XIX, han sesgado erróneamente la mirada casi siempre en torno a la dinámica entre dos estereotipos sociales, representados solamente por los grandes estancieros y por los gauchos. Es necesario entonces superar esa visión esquemática que resalta la presencia de una dualidad social y la analiza fuera del alcance de las coyunturas demográficas y migratorias.[5]

Al mismo tiempo que tomamos en cuenta los procesos sociales y migratorios más generales que se registraron en la región rioplatense, en este capítulo pretendemos distinguir con mayor precisión cómo evolucionaron las bases demográficas y familiares del Oriente entrerriano, pero también resulta fundamental no extender arbitrariamente las características ni las coyunturas de un territorio hegemónico como era el de Buenos Aires a otras áreas del Río de la Plata.[6] En función de estos nuevos parámetros abordamos el estudio del tejido social del Oriente entrerriano, donde la resultante fue la construcción de una sociedad compleja y variable a lo largo del período en estudio que fue adaptando su dinámica poblacional, sus estructuras familiares

---

Azcuy Ameghino: *El latifundio y la gran propiedad colonial rioplatense*. García Cambeiro, Buenos Aires, 1995.

[4] Los principales aportes sobre la historia rural para la zona rioplatense se encuentran resumidos en: Garavaglia JC, y Gelman J, «Rural history of de Río de la Plata... *op. cit.* J. C. Garavaglia y J. Gelman «Mucha tierra y poca gente: un nuevo balance historiográfico de la historia rural platense (1750-1850), en *Historia Agraria* n. 15, SEHA, 1998. AA.VV.: «Cambios y permanencias: Buenos Aires en la primera mitad del siglo XIX», en *Anuario IEHS* n° 12. Tandil, 1997.

[5] Para una visión de ese tipo se puede ver el libro de John Lynch: *Juan Manuel de Rosas*. Emece. Buenos Aires. 1982.

[6] Entre otros: Oreste C. Cansanello: «Pueblos, lugares y fronteras de la provincia de Buenos Aires... *op. cit.* Raúl Fradkin: «'Según la costumbre del pays': costumbre y arriendo en Buenos Aires durante el siglo XVIII», en *BIHAA* n° 11. Buenos Aires, 1995. J. C. Garavaglia y J. L. Moreno (comp.): *Población, sociedad, familia y migraciones.. .op. cit.* Carlos Mayo: *Estancia y sociedad... op. cit.* Jorge Gelman: *Campesinos y estancieros... op. cit.* Juan Carlos Garavaglia: *Pastores y labradores... op. cit.*

y sus prácticas sociales, a través de la recepción de migrantes y a los desafíos y posibilidades que le ofrecieron las condiciones cambiantes en el territorio de la frontera.[7]

El crecimiento de la población entrerriana

La población entrerriana en la primera mitad del siglo XIX puede ser analizada en términos cuantitativos a partir de los censos provinciales efectuados en 1820 y 1849 y el primer censo nacional de 1869. Una primera lectura de los datos globales nos permite comprobar que esta población tuvo un incremento importante entre 1820 y 1869.[8] Pero podemos tener una ponderación más ajustada de la magnitud de este incremento si lo comparamos con el verificado entre comienzos de la década de 1820 y finales de los '60 en las provincias rioplatenses de mayor importancia. De esta contraposición se desprende claramente que la *performance* de Entre Ríos fue la de mayor vitalidad en el Río de la Plata.

Cuadro 8. Evolución de la población de las principales provincias argentinas entre 1820 y 1869

Año	Entre Ríos	Corrientes	Año	Buenos Aires	Córdoba
1820	20 056	36 697	1822	118 646	78 199
1869	134 271	61 782	1869	495 107	210 508
Tasa de crecimiento intercensal	3.95	1.06		3.09	2.12

---

[7] Otros trabajos recientes son los de: J. L. Moreno y J. Mateo: «El 'redescubrimiento' de la demografía histórica en la historia económica y social», en *Anuario IEHS* n° 12, Tandil, 1997. C. Cacopardo y J. L. Moreno: «Cuando los hombres estaban ausentes: la familia del Interior de la argentina decimonónica» en H. Otero y G. Velásquez (comp.): *Poblaciones argentinas*. PROPIEP-IEHS, Tandil, 1997. José Luis Moreno: «Sexo, matrimonio y familia: la ilegitimidad en la frontera pampeana del Río de la Plata, 1780-1850», en *BIHAA* n° 16/17. Buenos Aires, 1998.

[8] La población entrerriana ha sido analizada entre otros por: Ernesto Maeder: *Evolución demográfica Argentina desde 1810 a 1869*. Eudeba, Buenos Aires, 1969. María Varini: «Evolución demográfica del departamento de Federación», en *Cuadernos de Estudios Regionales* n° 6. IRICyT, Concordia, 1983. María Varini: «El censo provincial de 1849. El departamento de La Paz y sus distritos», en *Cuadernos de Estudios Regionales* n° 8. IRICyT, Concordia, 1985.

No obstante lo significativo de las tasas de crecimiento globales de la población podemos precisar aún más el alcance a nivel local del crecimiento entrerriano. Para ello vamos a distinguir la evolución de dos regiones dentro de la provincia, por un lado el área mucho más extensa de la costa del Paraná y el centro y por el otro la zona nueva de la costa del Uruguay. De esta división se desprende que el incremento más notable de habitantes dentro de una franja del territorio mas reducida, se registró en la costa del Uruguay. Por lo tanto resulta claro que durante la primera mitad del siglo XIX Entre Ríos fue una de las provincias que experimentó un importante aumento demográfico. En términos relativos el incremento en el área del Uruguay fue mayor que el de la zona de la costa del Paraná.

Cuadro 9. Evolución de la población de la provincia de Entre Ríos entre 1820 y 1869

Año	Costa del Paraná	%	Costa del Uruguay	%	Total	Tasa de crecimiento
1820	14 848	74%	5 208	26%	20 056	
1849	32 657	68%	15 079	32%	47 736	3.03
1869	82 557	61%	51 714	39%	134 271	5.30

La zona de la costa del Paraná y el centro comprende los actuales departamentos de Arroyo Grande, Villaguay, Feliciano, La Paz, Gualeguay, Tala, Paraná, Diamante, Victoria y Nogoyá. La zona de la costa del Uruguay comprende Concepción del Uruguay, Colón, Concordia, Federación y Gualeguaychú.

También el cuadro nos permite constatar que la tasa de crecimiento anual intercensal de la población entrerriana entre 1820-49 es significativa; claro que, sin alcanzar la magnitud que se registrará entre 1849-69. En consecuencia, este primer impulso de la población entrerriana fue una sólida base sobre la cual se asentó –luego de 1857– la llegada masiva de la inmigración europea.

Una vez planteadas aquellas constataciones generales abordaremos el estudio de las características y cambios que sufrió la estructura de la población, de las familias y el peso que tuvieron las migraciones interregionales en el Oriente entrerriano.

La estructura de la población y las migraciones

La estructura demográfica del Oriente entrerriano muestra en sus pirámides una población relativamente joven con plena capacidad reproductiva, donde la franja poblacional menor de 30 años alcanza el 70.6% en 1820 y un 70% en 1849 (cfr. Pirámides I y II). Estos rasgos se explicarían probablemente por altas tasas de natalidad y de mortalidad; y por la influencia en estas estadísticas de la llegada de un alto porcentaje de migrantes.

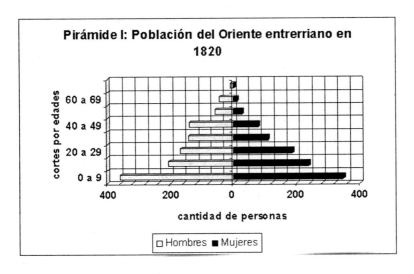

Pirámide I: Población del Oriente entrerriano en 1820

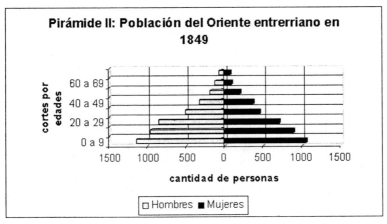

Pirámide II: Población del Oriente entrerriano en 1849

Se observa la gran influencia que tuvieron las migraciones sobre las pirámides, sobre todo se destaca el peso que tienen sobre el total de los individuos, en los intervalos de edades de 20 a 29 y de 30 a 39 años. Allí se concentra un porcentaje muy elevado de migrantes, que presentan un desfasaje en favor de los hombres (cfr. Pirámides III y IV).

Está claro, entonces, que el crecimiento de la población no responde sólo a un aumento natural, sino que estaba alimentado por el arribo de los forasteros. Sobre el total de habitantes de la región, en 1820 el 44.4% de los hombres y el 33.4% de las mujeres eran migrantes. Estos porcentajes se mantendrán con ligeras modificaciones en 1849, donde el 42.9% de los hombres y el 35.2% de las mujeres habían nacido fuera de la provincia.[9]

Si tomamos a los migrantes por grupos de edades, vemos que los residentes en 1820, en su mayoría, ya llevaban más de dos décadas de asentamiento en la zona, por lo cual su presencia era notable en la franja entre 30 y 50 años; en cambio hacia mediados del siglo XIX, los que habían arribado desde mediados de los años '30 estaban agrupados en edades más jóvenes de entre 20 y 40 años, llegando a representar el 50 y 66% de la población (cfr. Pirámides III y IV).

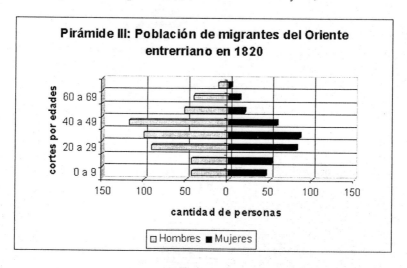

[9] Por estos rasgos el Oriente entrerriano es un territorio, que al igual que el de Buenos Aires, experimento un importante proceso migratorio. Vease José Mateo: «Migrar y volver a migrar. Los campesinos agricultores de la frontera bonaerense a principios del siglo XIX» y Juan Carlos Garavaglia: «Migraciones, estructuras familiares y vida campesina: Areco en 1815», en: J. C. Garavaglia y J. L. Moreno: *Población, sociedad, familia y migraciones.. op. cit..*

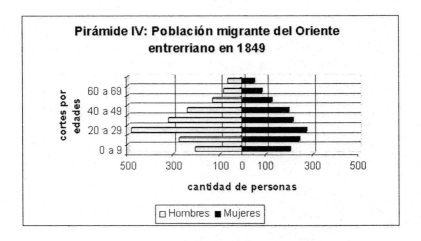

Pirámide IV: Población migrante del Oriente entrerriano en 1849

En cuanto a la distribución de los migrantes en el espacio se fue estableciendo un patrón que muestra un orden decreciente en la recepción de nuevos pobladores. La zona de mayor incidencia estaba en Federación, donde los migrantes eran el 50% de los hombres y el 44% de las mujeres. En Concepción del Uruguay alcanzan al 47% de los hombres y el 38% de las mujeres; y finalmente el área de Concordia muestra porcentuales mas bajos, agrupando el 32% de los hombres y el 27.7% de las mujeres.

El origen de los migrantes en términos porcentuales muestra un claro predominio de las áreas limítrofes al Oriente entrerriano. Aunque están presentes individuos de diversos lugares de Europa, América y de otras regiones del Río de la Plata, la gran mayoría provenía de los territorios vecinos, ríos de por medio, de la Banda Oriental, Corrientes y Misiones.

Cuadro 10. Origen de los migrantes del Oriente entrerriano

	Total	Corrientes	Banda Oriental	Misiones	Buenos Aires	Africanos	Europeos	Otros
1820	833	9%	20.5%	16.7%	12.7%	10.8%	7.6%	22.7%
1849	3 151	25.3%	29.9%	10.9%	6.7%	5.8%	9.3%	12.1%

Asimismo es claro que gran parte de los orientales se instaló preferentemente en la zona de Concepción y Concordia, lindante con pueblos orientales de Salto-Paysandú y mas cercana a Montevideo. Mientras que los correntinos y misioneros –que incluían muchos grupos aborígenes– se instalaron de modo inverso poblando preferentemente desde la zona norte de Federación y de allí en forma decreciente hacia el sur.[10]

El origen y momento de arribo de la mayor parte de los migrantes sugiere que estos se desplazaban debido a dos causas fundamentales: la situación de permanentes guerras e inestabilidad institucional y las carencias de oportunidades económicas que sufrieron los correntinos, orientales y misioneros. Llegaban a la zona vecina atraídos por la creciente situación de hegemonía política regional y fundamentalmente por el posible acceso a la tierra o al mercado de trabajo que les ofrecía el Oriente entrerriano.

Los migrantes de la Banda Oriental fueron movilizados y en muchos casos directamente expulsados de la zona rural del Estado Oriental por las acciones bélicas de la llamada «guerra grande» que lideraron las fuerzas de Rivera y Oribe. Por este motivo los sectores rurales de la costa uruguayense oriental sufrieron una permanente movilización, que en muchos casos terminó por formar contingentes de familias que cruzaban el río y se instalaban en territorio entrerriano, donde ya tenían parientes o contaban con la protección de los comandantes militares de Concepción del Uruguay y de Concordia.

Un ejemplo de esta situación es lo sucedido en junio de 1832 con un contingente de aborígenes, cuando el entonces comandante militar del Oriente entrerriano Justo José de Urquiza informaba al gobernador: «recibo la nota de S. E. de fecha 19 del corriente para hacer marchar las familias sin esepción de uso, clases, ni edades pertenecientes a la colonia Cuareín que se habían trasladado a este territorio. En cumplimiento a ello, el que suscribe no perdió tiempo en así ordenarlo al Comandante de Mandisoví, para que sin demora facilitara los auxilios precisos para la marcha encargando la expedición al Cap. D. Dgo. Alvares que debía conducirlos con todo esmero...».[11]

Para la década de 1840 las migraciones hacia la costa entrerriana, a causa de las guerras desatadas en la campaña oriental, fueron casi una constante que alimentó los contingentes de población de

---

[10] Al igual que otras zonas bonaerenses, las tierras de Federación fueron lugares de asentamiento de grupos aborígenes migrantes. Ver Judith Farberman: *Famiglia ed emigrazione. Dal pueblo de indios al villaggio creolo*. Tesis doctoral. San Marino, 1995.

[11] Justo J. Urquiza al Gobernador Pascual Echagüe Concepción del Uruguay, 29-6-1832. AHER. Gob. 1. carpeta 20, legajo 2 b.

Gualeguaychú, Concepción del Uruguay y Concordia. Por ello resultó frecuente que desde Concepción se comentara: "en estos cuatro días que estoy en este pueblo he visto llegar tantas familias de Paysandú a él, que no dudo creer que a la vuelta de ocho días no habrá quedado una sola en aquel. Esto comprendo emana de la falta de política... en aquel País."[12]

Asimismo la migración de orientales a causa de la guerra generaba preocupación entre los Comandantes del Oriente entrerriano, por ello se aconsejaba "el cuidado que debo tener porque no se nos introduzcan algunos malvados [unitarios] entre la continuada inmigración que tenemos del Estado Oriental... sin embargo que he recomendado a todos los empleados la investigación prolija que deben hacer sobre la conducta y antecedentes de los que se nos vayan presentando, no por esto dejaré yo personalmente y con el mayor empeño de hacerlo para admitirlos o no...".[13]

Así, casi a diario luego de 1846, cruzaban el río nuevos migrantes orientales, que intentaban reinstalar sus medios de vida, por lo cual a menudo ellos traían "... consigo los restos de un negocito que han tenido por ahí en su peregrinación, y vienen firmemente resueltos a establecerse en este mismo punto, mediante la clemencia con que acoge y protege VE. a todos los desgraciados".[14] De esta manera, solamente entre junio de 1846 y febrero de 1847 arribaron a Gualeguaychú más de 700 migrantes orientales que eran: de Carmelo 66 personas, de Mercedes 450, de Paysandú 33, de Dolores 95 y de Soriano 58, a los cuales se los había auxiliado con algunos artículos de primera necesidad.[15]

Para esa misma época en otros puntos del Oriente entrerriano era intenso el flujo de migrantes, así en el Arroyo Grande habían arribado numerosas "... personas de Mercedes, huyendo del infame Pardejón y su gavilla... sensibles son las desgracias de las familias de mi país, pero me consuela ver la generosa hospitalidad con que se les acoje en Entre Ríos".[16]

---

[12] Manuel Urdinarrain a Justo J. de Urquiza, Concepción del Uruguay, 3-6-1846, AGN, Archivo J. J. Urquiza, tomo 18, legajo 1490.

[13] Comandante Rosendo Fraga a Justo J. de Urquiza, Gualeguaychú, 30-9-1847. AHER, Gob. II, carpeta 1, legajo 6.

[14] Comandante Rosendo Fraga a Justo J. de Urquiza, Gualeguaychú, 30-9-1847. AHER, Gob. II, carpeta 1, legajo 6.

[15] Comandante Rosendo Fraga a Justo J. de Urquiza, 28-2-1847, AGN, Archivo J. J. Urquiza, tomo 20, legajo 1482.

[16] Gral. Eugenio Garzón a Justo J. de Urquiza, Cuartel General de Arroyo Grande, 23-1-1847. AHER, Gob. II, carpeta 2, legajo 4.

En tanto, los correntinos y los misioneros parecen haber migrado fundamentalmente en busca de mejores oportunidades económicas, sobre todo con el objetivo de ocupar tierras públicas en donde estos labradores-pastores, muchos de ellos aborígenes, intentaban reinstalar su producción doméstica. La migración de las zonas vecinas habría aumentado a partir de 1840, cuando a los rigores bélicos en la región golpearon con más fuerza a los pobladores rurales, con un paulatino acrecentamiento del predominio de las fuerzas militares entrerrianas.

En este contexto la zona sur-oriental de Corrientes sufrió la consolidación y control de la propiedad de la tierra en manos de un conjunto de hacendados, que tuvo como resultado la expulsión de numerosos grupos de ocupantes y arrendatarios de esas zonas. A partir de entonces, resultó frecuente que las autoridades rurales correntinas informaran sobre la expulsión de familias o mujeres con hijos que "es gente pobrísima que no tiene ni aún para subvenir sus primeras necesidades, y de estos algunos son soldados que continuamente prestan sus servicios, ya en la plaza y ya en las diferentes campañas que ha hecho esta milicia, que no han tenido lugar para socorrer a sus familias...».[17] Con el correr del tiempo la situación correntina fue empeorando para los labradores pobres y los estancieros sin tierras de la campaña, de tal manera que algunos funcionarios rurales afirmaban que «se conduelen los corazones al ver diseminadas en todo el Departamento varias familias de indigentes que intentan emigrar a suelo extranjero en considerables grupos buscando un pedazo de tierra donde vivir y trabajar ...[pero también hay] pequeños hacendados, que poseyendo un número de ganados, capaces de sostenerlos y careciendo de un campo donde establecerse, se habían instalado en propiedades ajenas, abandonadas durante la guerra por sus verdaderos dueños, los que habiendo vuelto a sus heredades, obligan al desalojo a esos intrusos, que no han encontrado pedazo de tierra donde establecerse y pastorear su pequeño plantel de estancia, e intentan ir a buscarlo en algunos países vecinos».[18]

De este modo el asentamiento de los migrantes en las tierras del Oriente entrerriano durante las décadas de 1840-50 fue un movimiento considerable de nuevos pobladores, evidente para las autoridades políticas locales, que con razón sostenían que «toda la frontera de la

---

[17] Comandante militar de San Roque al Ggobernador Atienza, sobre la imposibilidad de cobrar el arriendo. AHPC, Correspondencia oficial. t. 77. f. 151.
[18] Nota de la Junta Municipal de Esquina al gobernador, 9-11. Citado por J. Pujol: *Corrientes en la organización nacional*. Buenos Aires, 1911. pp. 258-59.

provincia vecina de Entre Ríos se halla poblada de familias correntinas que van allá a buscar asilo de que carecen en esta»[19] Para entonces ya era muy claro que la causa principal de la migración se debía a que «El valor que van tomando los campos de este Departamento, y la circunstancia de haberse presentado los dueños de algunos que se creían de propiedad pública hace cada vez más difícil su adquisición por aquellos vecinos de cortos recursos, que se ven en la necesidad de pasar a la Provincia de Entre Ríos, donde es fácil obtenerlos».[20]

En lo relativo a las características étnicas de la población del Oriente entrerriano para mediados del siglo XIX sólo podemos realizar una aproximación parcial a través de los datos cuantitativos de los censos y cualitativos de las descripciones de época.

Buena parte de los testimonios cualitativos señalan que el perfil de los habitantes rurales de la zona se mantuvo de manera similar que en los tiempos tardocoloniales, es decir con una importante presencia de indígenas y gente de color. En una de esas conocidas descripciones, desde una mirada europea, se comentaba que los llamados "gauchos" entrerrianos eran, todavía a mitad del siglo pasado, individuos como hijos de las llanuras y selvas sudamericanas "medio salvajes y medio cristianos...".[21]

Por su parte, la información cuantitativa que nos ofrecen las planillas del censo de 1849 en la villa de Concordia incluye la descripción de la categoría étnica de sus habitantes, y estos datos nos servirán como un indicador para aproximarnos a la cuestión. Para Concordia, su área urbana y cercanías población fue clasificada en cuatro grupos: blancos, negros, pardos e indios.[22] De ella se desprende en primer lugar que los considerados blancos alcanzan el 80.9%, en tanto las otras castas acumulan el 19.1% de los habitantes. Esto nos indica que había un "blanqueamiento" y que la proporción de mestizos y aborígenes era un dato significativo en esta zona. Y dentro de esos grupos los indígenas representan el 12%. Por lo expuesto, la presencia de

[19] *Registro Oficial de la Provincia de Corrientes*. Mensaje anual del Gobernador José M. Rolón, 30-11-1860.

[20] Correspondencia oficial, Juez de Paz Lagraña de Curuzú Cutía al Ministro de Gobierno, 18-8-1863. t. 190. f. 53 AHPC.

[21] Woodbine Parish: *Buenos Aires y las Provincias del Río de la Plata*. Hachette, Buenos Aires, 1958. p.327.

[22] Es indudable que los funcionarios que relevaron los datos tuvieron un claro criterio blanqueador de la población, ya que no incluyeron como categoría a los mestizos. Así es notable que los hijos de blancos y otras castas, salvo los pardos, fueron considerados casi siempre como blancos.

mestizos, negros e indios fue muy importante sobre todo en la zona más nueva de la frontera, como lo sugieren también los apellidos aborígenes que encontramos en la campaña de Concordia y en toda Federación, donde ellos superan el 40% de los habitantes.

Otro dato interesante sobre los grupos étnicos que habitaban la villa de Concordia es que tanto los indígenas como los negros libres (el 65% del total) tenían una clara inserción ocupacional; los negros estaban vinculados al ejército, a la policía y a la labranza; mientras que los aborígenes eran principalmente jornaleros y se desempeñaban también en el ejército y como policías. En cambio en la zona rural se ocupaban sobre todo en las tareas de labranza y pastoreo. Algunos de aquellos negros y mulatos eran esclavos fugados desde el Brasil, que tras pasar por la Banda Oriental habían logrado instalarse en el Oriente entrerriano. Así lo muestran los reclamos cada vez más insistentes de los amos brasileños quienes denunciaban reiteradamente en Río Grande del Sur que los esclavos eran protegidos en aquellos lugares. De ese modo Laureano Dias Ferreira declaraba que su esclavo mulato Geraldo se había fugado en 1839, a los 18 años, y que desde entonces se había unido a las tropas del general Echague, cuando este había hecho la campaña militar al Uruguay. Otro caso es el del esclavo mulato Vicente, que fugó de su amo en 1837, para servir como cabo en el batallón de Paysandú, luego de allí pasó a Entre Ríos, donde se enroló en el ejército que más tarde asistió al combate de Pago Largo. Este esclavo resultaba muy valioso para su amo pues sabía leer, escribir y además se desempeñaba como un carpintero óptimo, y hablaba castellano bastante bien. Asimismo, otro grupo de negros fugados vivía en la frontera nueva del Oriente. Así lo comentaba Geronimo Serpa quien declaró que su esclavo Ignacio de 42 años estaba desde hacía 22 años instalado en Mandisoví. Lo mismo había hecho Benedicto, que había fugado en 1844 y estaba instalado en ese mismo pueblo explotando una chacra.[23]

Relación de masculinidad y estado civil

Dentro de la población del Oriente entrerriano tan permeable a la inserción de migrantes encontramos que en su relación de masculinidad (RM), que mide la paridad y disparidad de sexos por edades, el índice promedio entre los sexos es de 112 en 1820 y de 109 en 1849. Es

---

[23] AHPA, Documentación estadística, avulsa y códices, mazo 1.

decir que se mantuvo una relación bastante pareja entre hombres y mujeres. Pero se observa variabilidad en los tramos de edades, destacándose en 1820 el bajo promedio de hombres entre los segmentos de 10 a 29 años, en contraste con uno más elevado entre los 30 a 70 años. En el primer caso fruto de los episodios bélicos de la década de 1810 y en el segundo segmento por la llegada de forasteros de esos rangos de edades. En cambio, tres décadas después el índice es alto entre los 20 y 40 años y bajo entre los 40 y 60 años, seguramente debido a la llegada de migrantes cada vez más jóvenes.

Estas variaciones de la RM muy probablemente hayan tenido importancia a la hora de constituir pareja o familia, ya que en los años '20 las parejas muestran edades muy diferentes entre los cónyuges, con una alta frecuencia de uniones de hombres mayores de 30 años con mujeres de entre 14 y 18 años. En cambio a medida que la RM fue cambiando, los matrimonios o concubinatos presentaron un promedio de edad más bajo (sobre todos en los hombres) y de mayor paridad entre los cónyuges.

Cuadro 11. Relación de masculinidad de la población del Oriente entrerriano

	0 a 9 años	10 a 19 años	20 a 29 años	30 a 39 años	40 a 49 años	50 a 59 años	60 a 69 años	Más de 70 años
1820	103	86	89	130	177	207	346	275
1849	108	108	119	113	88	94	136	108

En cuanto al estado civil declarado en los censos, se observa un importante contraste a lo largo del siglo XIX. Es notable en 1820 el alto índice del 92% de uniones legalizadas y un bajo peso del 8% de amancebamiento o relaciones «ilícitas» no reconocidas por la iglesia. En tanto, hacia mitad de la centuria se presenta un cambio brusco cuando el porcentaje de amancebamientos alcanza casi al 30%. Obviamente, esta situación también va acompañada de un incremento de la ilegitimidad en los nacimientos, que para la década de 1820 era del 10% alcanzando a mitad de siglo el 30.6%.

Ahora bien, ¿cómo leer estos datos que en principio nos proporcionan los censos? Estamos frente a un verdadero cambio en cuanto a las prácticas de las uniones entre hombres y mujeres, ¿han variado las pautas culturales o estamos ante una coyuntura de debilidad del control eclesiástico? [24] Sin duda el incremento del amancebamiento y la ilegitimidad no se debió solo al «ojo de los censistas», sino que fueron fenómenos crecientes en el Oriente entrerriano, ya que también se observan claramente en los registros de los libros parroquiales; en una primera aproximación a esos registros se nota que al mismo tiempo que crecía la población de la región, la capacidad de registro de las parroquias se debilitaba, por este motivo, el número de matrimonios decrecía y los bautismos se estancaban.

Los datos parroquiales de matrimonios nos muestran, también, que además de la tendencia decreciente, los mismos fueron afectados por las coyunturas bélicas. Es notable observar que en los años más intensos de bloqueo naval, guerra y reclutamiento militar, como 1829, 1839, 1842-45, los enlaces cayeron considerablemente. Asimismo, aparece con claridad el nuevo impulso parroquial a partir de 1853, fruto de una nueva política de los eclesiásticos y del gobierno, con el propósito de reforzar el rol institucional de la iglesia en Concepción del Uruguay.

Entonces es claro que a partir de 1810 el amancebamiento y la ilegitimidad se incrementaron en el Oriente entrerriano, registrando sus porcentajes más elevados durante la década de 1840 y los primeros años de los '50. En el caso de los bautismos, al mismo tiempo que disminuía su número, bajaba el promedio de edad de los niños que recibían el sacramento, de modo que en los años '20 eran bautizados casi al año de vida, en tanto para los años 40-50 era sólo de cuatro meses; por ello tampoco parece haber un retardo importante en el ritual. Otro dato significativo es el aumento de la presencia de huérfanos, sobre todo para algunos años críticos de guerras y grandes movimientos de población, que podría estar asociado a la alta mortalidad, el permanente movimiento de población y al abandono de recién nacidos.

Los porcentajes de amancebamiento e ilegitimidad del Oriente entrerriano alcanzan niveles similares a los registrados en otros trabajos sobre el período tardocolonial y de la misma época para otras

---

[24] La información que relevan los censos sobre estado civil están ordenadas de manera uniforme, identificando primero en una columna a cada persona mayor de 14 años si es soltera/o, casada/o o viuda/o, a lo que se agrega en otra grilla de observaciones con la relación de parentesco, es decir se afirma: vive con, es hija/o, nieta/o, sobrina/o, entenada/o o agregada/o. Pero no aparece en los censos una categorización explícita de amancebamiento, por lo cual nuestros porcentajes surgen de lo que deducimos poniendo en relación los datos aportados por las grillas de estado civil y de observaciones.

áreas rioplatenses, y otras regiones del continente americano.[25] En cuanto a su evolución, los valores que hemos encontrado en porcentuales son muy asimilables a los de otras zonas cercanas, como Córdoba, y Tandil y Lobos en la provincia de Buenos Aires.[26] Creemos que la capacidad de control y presencia de la iglesia parroquial sea quizás, una de las claves más importantes para entender el súbito aumento del amancebamiento y la ilegitimidad. Sabemos que durante la expansión territorial y demográfica que se dio en algunas áreas del Río de la Plata durante la segunda mitad del siglo XVIII hubo una relativa correspondencia entre la expansión de la sociedad de frontera y de las parroquias en dichos espacios. Entonces los párrocos rurales se convirtieron en una suerte de funcionarios regios, como mediadores entre el mundo urbano y el mundo rural, como una bisagra entre la cultura popular y la urbana más "ilustrada".[27] Pero ese rol efectivo de imposición de pautas sociales a la sociedad de frontera parece haberse debilitado mucho después de la Revolución, como consecuencia de la ausencia de nuevos párrocos o del desinterés de estos en instalarse en áreas rurales pobres; también por las dificultades de imponerlos en los frentes de guerra y en ciertas provincias, ya que los obispados sufrieron un creciente parcelamiento acorde con la nueva situación estatal de las soberanías provinciales, hecho que radicalizó los pleitos entre las jurisdicciones parroquiales.[28]

---

[25] Véase, por ejemplo, Robert McCaa: «Calidad, clase and marriage in colonial Mexico: the case of Parral 1788-90», en *HARR* vol. 64, n° 3. USA, 1984, y «Female and family in nineteenth century Latin America», en *JFH* vol. 16, n° 3, Londres, 1991. Ricardo Cicerchia: «Vida Familiar y prácticas conyugales. Clases populares en una ciudad colonial, Bunos Aires 1800-1810», en *BIHAA* n° 2. Buenos Aires, 1990. José Mateo: «Bastardos y concubinas. La ilegitimidad conyugal y filial en la frontera pampeana bonaerense (Lobos 1810-1869)", en *BIHAA* n° 13. Buenos Aires, 1996. José L. Moreno: «Sexo, matrimonio y familia…" *op. cit.*

[26] Otros estudios muestran un índice del 35% de ilegitimidad en Tandil en 1860, un 31.3% en Córdoba entre 1810-1839 y un 23.3 en Lobos entre 1810-1839. Ver José Mateo: «Bastardos y Concubinas...», *òp. cit.* pp.17. Para un período posterior ver C. Cacopardo y J. L.Moreno: «Cuando los hombres estaban ausentes:…" *op. cit.*

[27] Ver Roberto Di Stefano: «Abundancia de clérigos, escasez de párrocos: las contradicciones del reclutamiento del clero secular en el Río de la Plata (1770-1840)», en *BIHAA* n° 16/17. Buenos Aires, 1998. Una relectura de la politización revolucionaria del clero secular en el Río de la Plata», Seminario del Programa de Historia Argentina Siglo XIX, Instituto Ravignani, (Mimeo) 1998.

[28] Desde fines del siglo XVIII hubo conflictos entre los párrocos del Oriente entrerriano acerca de las jurisdicciones que le correspondían a las parroquias

Según estudios recientes la falta de párrocos habría llegado a tal punto que en la década de 1830 el número de sacerdotes ya no era suficiente ni siquiera para hacer frente a las necesidades mínimas de la pastoral por lo cual en muchos lugares la situación se volvió insostenible. La situación estaba agravada por el hecho de que el clero estaba formado, es su mayoría, por párrocos ancianos y muchas veces enfermos. La Iglesia contaba con pocos jóvenes para llevar adelante su tarea misional.[29] Como ejemplo citamos: «en el Arroyo de la China hay dos sacerdotes, y aunque es verdad que el cura puesto por mí esta imposibilitado para el mejor desempeño por sus achaques y al efecto me ha pedido o su relevo o un ayudante, yo lo tengo muy presente para proporcionárselo luego que haya...».[30]

Esta situación preocupante se manifestó tempranamente en el gobierno entrerriano de Mansilla que sostenía que había resuelto «promover en ella una reforma radical, fue una de mis primeras atenciones llamar al cura de esta villa (Paraná), separado violentamente en el anterior gobierno. El se halla desempeñando su ministerio pastoral con todo el zelo que le es propio, pero con el fruto lento, y acaso dudoso que únicamente permiten las circunstancias. En el mismo caso se halla el de Arroyo de la China. Más al acercarme a los otros diferentes puntos de la Provincia, he palpado todavía existentes por algunas partes los desordenes arriba expresados. El Gualeguaychú está sin cura, el de Gualeguay está inútil por su vejez, y los pueblos y las capillas están a cargo de religiosos que cuando menos no miran el ministerio, sino como un principio de subsistencia, y no con todo el interés que demanda la causa pública».[31]

A la par del debilitamiento institucional se producía también una notable disminución en los ingresos de la iglesia. A comienzos de la década de 1830 la situación de las parroquias era tan preocupante que el Gobierno entrerriano, buscando paliar la situación, logró en 1833 que la Legislatura de la provincia reinstale el cobro de los diezmos, que había eliminado en 1821. Los argumentos del Congreso provincial para aprobar la ley fueron muy claros: «considerando, [...] que cada día se hace más difícil el sostén del culto por los embarazos

---

de Concepción del Uruguay, Gualeguaychú y Paraná. Ver César Pérez Colman: *Entre Ríos.* t. II. *op. cit.* pp. 157-181. Juan J. Segura: *Historia eclesiástica de Entre Ríos.* Nogoyá, 1969.

[29] R. Di Stefano: «Abundancia de clérigos escasez...» op. cit. pp. 26- 27.
[30] Juan J. Segura: *Historia Eclesiástica... op. cit.* p. 109.
[31] Juan J. Segura: *Historia Eclesiástica... op. cit.* p. 82.

insuperables que se presentan, aun para reparar el estado ruinoso de los templos, y la construcción de los que son necesarios por el aumento de la población. Considerando que el servicio del culto necesita mayor número de sacerdotes, que las rentas eventuales apenas pueden bastar para la decente manutención de los párrocos, y que las entradas en la caja general del Estado no ofrecen un sobrante con que poder rentar a dichos sacerdotes...» se acordaba permitir nuevamente la recolección de los diezmos a la producción rural, según lo estipulaban las leyes de Indias.[32]

La situación de escasez del clero para desarrollar las tareas misionales y de enseñanza continuó durante las décadas de 1830-40; en su transcurso «la población se aumenta con rapidez, haciéndose sentir cada día más la necesidad de obreros evangélicos y si en breve tiempo habrá de ser preciso adoptar medidas para llenar ese vacio...».[33] Lo mismo ocurría con los recursos materiales de las parroquias que a fines de los años 40: «Hallándose parte del edificio de esta iglesia, prosimo a desplomarse; como también las paredes del cementerio; y no teniendo fondos como remediar tan urgente necesidad por las mesquinas entradas que tiene esta iglesia ... La misma necesidad tiene el pueblo de Federación...».[34]

Pero además del debilitamiento de las parroquias locales también influyó en las prácticas sociales (durante la coyuntura de guerra y las levas masivas de fines de los años '30 y de la década de 1840) la movilización de grandes contingentes de hombres, hecho que seguramente fomentó el crecimiento de las "amistades ilícitas" y el crecimiento del número de hijos ilegítimos. Así también lo entendía el gobernador interino de la provincia, quien pedía a Urquiza que licenciara por un tiempo las tropas ya que "Lo visible es que la ausencia de los hombres ha emprendido el hembraje; y cuando menos vienen a encontrar [los soldados] un par de muchachos en casa que ellos no dejaron cuando se fueron, o la mujer hinchada".[35]

[32] Circular del 4-6-1833 del delegado Eeclesiástico de Paraná. José Nadal Sagastume: *Nuestra parroquia*. Concepción del Uruguay, 1974. pp. 85.

[33] *Recopilación de Leyes y Decretos de la Provincia de Entre Ríos*. t. IV. Plan de estudios del gobernador P. Echagüe, 1837.

[34] Archivo del Arzobispado de Paraná, legajo de la villa de Concordia, 1849.

[35] Antonio Crespo a Justo J. de Urquiza, Paraná 21-3-1846. AHER, Gob. II. Carpeta 1. Legajo 5.

Las estructuras familiares

A pesar de las múltiples referencias e imágenes que muestran las fuentes de viajeros y en la literatura histórica entrerriana sobre la presencia de gente "suelta", viviendo semiaislada y solitaria en la inmensidad de la zona rural o en medio de los montes de la frontera podemos afirmar que en este espacio estamos frente a un mundo social básicamente estructurado a partir de núcleos familiares simples y complejos. [36]

En los cuadros siguientes mostramos como el 81.7% de las unidades censales UC en 1820 y el 77.8% en 1849 estaban formadas por núcleos familiares; es decir que se trataba de una sociedad con sólidos vínculos familiares. Dentro de estas UC se puede ver una evolución que marca una merma en las estructuras familiares complejas que pasan del 15.7% en 1820 al 14.6% en 1849.

Cuadro 12. Tipos de familias del Oriente entrerriano en 1820 [37]

Familia no nuclear el 18.3% del total

Tipo	Distribución	Jefe masculino	Jefe femenino	Tamaño medio
Unipersonal	3.9%	83.·%	16.7%	1
Unipersonal con esclavos	1.3%	25%	75%	4.2
Familiar	0.6%	50%	50%	6
No familiar	12.1%	81.1%	18.9%	5
No familiar con esclavos	0.3	100%	0%	9

[36] Bosch Beatriz, *Historia de Entre Ríos*, Ed. Plus Ultra, Bs. As. 1980. Una visión más compleja ha sostenido Poenitz Enrich, «Inmigrantes ovejeros y labradores en el desarrollo del Oriente entrerriano», en: *Cuadernos de Estudios Regionales*, N. 8. IRICyT. Concordia. 1984.

[37] Para elaborar los cuadros de tipología de familias hemos seguido una variante similar a las utilizadas por C. Cacopardo y J. L. Moreno, «Cuando los hombres estaban ausentes..» op. cit. Estas a su vez remiten a tipos adaptados de las propuestas por Peter Laslett en Pilar Gonzalbo (comp.): *Historia de la familia*, Instituto Mora-UAM, México, 1993.

Familia nuclear simple el 66% del total

Nuclear simple completa	21.9%	97%	3%	5.1%
Nuclear simple completa con esclavos	2.3%	100%	0%	10
Nuclear simple incompleta	10.8%	12.1%	87.9%	4.4
Nuclear simple incompleta con esclavos	2.3%	0%	100%	8.3
Nuclear simple con agregados	28.8%	76.1%	23.9%	8

Familia nuclear compleja el 15.7% del total

Nuclear compleja extensa	3.9%	66.7%	33.3%	9.1
Nuclear compleja múltiple	11.8%	75%	25%	11.4

Total de casos: 306. En el apéndice de este capítulo explicamos con mayor detalle como hemos elaborado cada categoría de tipo de familia.

Pero a pesar de lo señalado hay que resaltar que, junto al aumento de las familias nucleares simples formadas por estancieros, pastores y labradores, también van creciendo –aunque en proporciones menores– las UC no familiares. En esta tendencia está jugando un papel importante la zona de más antigua ocupación de Concepción, donde a mediados de siglo ya había un importante número de UC no familiares, representadas por las haciendas o saladeros con una fuerte presencia de peones solteros. Ese peso creciente de los peones, sirvientes y agregados en la ciudad y la campaña de Concepción está asociado a las principales «industrias» que suplen la desaparición de los esclavos, que en 1820 aún era significativa, alimentando de ese modo la demanda cada vez mayor de los grandes establecimientos rurales ganaderos de mitad del siglo XIX.

Cuadro 13. Tipos de familias del Oriente entrerriano en 1849

Familia no nuclear el 22.2% del total

Tipo	Distribución	Jefe masculino	Jefe femenino	Tamaño medio
Unipersonal	5.3%	69.2·%	30.8%	1
Unipersonal con esclavos	0%	0%	0%	0
Familiar	5%	32.2%	69.8%	4.1
No familiar	11.9%	74.2%	25.8%	8.2
No familiar con esclavos	0%	0%	0%	0

Familia nuclear simple el 63.2% del total

Nuclear simple completa	28.5%	90.4%	9.6%	4.7
Nuclear simple completa con esclavos	0%	0%	0%	0
Nuclear simple incompleta	18.4%	16.7%	83.3%	4.3
Nuclear simple incompleta con esclavos	0%	0%	0%	0
Nuclear simple con agregados	16.4%	71.8%	28.2%	7.3

Familia nuclear simple el 14.6% del total

Nuclear compleja extensa	5.1%	63.1%	36.9%	8.1
Nuclear compleja multiple	9.4%	62.8%	37.2%	9.7

Total de casos: 1270. No se incluye las UC comprendidas por la cárcel de la ciudad de Concepción del Uruguay, el cuartel militar de Concepción y de Federación, la Comandancia militar de los suburbios de Concepción y el destacamento de policía de Concordia; todas ellas suman 163 personas.

Es claro que el predominio de las estructuras familiares está vinculado a la presencia mayoritaria de unidades de producción de labradores y pastores, que desde la época colonial fueron poblando la frontera entrerriana. Por ello es notable que al relacionar el tipo de estructura familiar con la ocupación del jefe/a de cada UC se observa que gran parte de los labradores tenían hogares constituidos por familias completas simples y por familias completas con agregados y completas múltiples.

En cuanto a su asentamiento espacial, la mayoría de las familias completas simples están tanto en las zonas de antiguo como de nuevo poblamiento. Mientras que las complejas extensas y múltiples son más frecuentes en las tierras de reciente ocupación. Estas últimas estaban compuestas en gran parte por migrantes aborígenes dedicados a la agricultura y el pastoreo de pequeños rebaños y seguramente dependían casi por completo de los vínculos de parentesco y ayuda mutua para asegurarse el éxito económico y social.

Un ejemplo común de aquellas modalidades de UC múltiples puede ser ilustrado para la década de 1820 con el caso de la familia de Félix Pavón. Este labrador, natural de Buenos Aires, estaba radicado en la zona del Tala y convivía con su grupo familiar extenso constituido por sus hijos casados Martín, Julián José y sus mujeres e hijos, a los que se sumaba otro importante número de hijos adultos solteros:

José Dionisio, José Gregorio, José Fernando, Félix José, María Victoria y Marina. La unidad familiar contaba para las tareas agrícolas con un total de once pares de brazos, además de un esclavo y de un peón. Hasta mediados del siglo fueron habituales aquellas modalidades. Así era el caso de la familia Miño, residente en la zona nueva de frontera, del tercer distrito de Federación. Ermenegildo Miño era un labrador-pastor natural de Corrientes; sus hijas Bartola y María estaban casadas con unos compadres correntinos y vivían con sus familias, que también incluían parientes directos de sus maridos. De ese modo, todo el grupo contaba para sus actividades con al menos quince trabajadores adultos.

Otro caso frecuente en la frontera era el de UC que incluían varios núcleos familiares. Un ejemplo era la encabezada por el labrador Manuel Muñoz y su mujer Pascuala, que residían junto a su hija Lucía de 20 años y su marido Valentín Garreta, mas otros 4 hijos de Manuel con edades de 1 a 18 años. Además convivían como agregados Isidro Mandí con su mujer y 4 hijos y Asencio Zárate con su mujer y 1 hijo, todos ellos dedicados a la labranza.

Casos similares, aunque en menor número, se dieron en esa época en tierras de asentamientos más antiguos. Así por ejemplo estaba el de la familia de la UC de Dolores Paz de Benites, una viuda que era natural de la provincia y estaba radicada en Concordia, donde era co-propietaria del usufructo de un campo junto a José Gómez. Ella, como cabeza de familia, convivía con su hija María de 25 años y su concubino, el ya mencionado José Gómez, labrador de 24 años, y sus tres hijos menores. Con ellos vivía una hermana menor de Dolores y sus cinco hijos varones que tenían entre 7 y 19 años, más un varón agregado de 16 años. Vecina a esta UC estaba la propiedad de Inocencio Benites, que era cuñado de Dolores. Este, junto a su mujer Micaela Pereira, encabezaba un núcleo familiar integrado además por sus cuatro hijos María, Benito, Brigida y Serapio mayores de edad y dedicados a la labranza, junto a otros cinco individuos agregados. En la zona lindera se encontraba la posta de otro cuñado de Dolores (hermano de Inocencio), Juan Benites, que residía junto a su concubina Andrea Cano, dos hijos adultos y dos agregados. De esta manera en tres UC vecinas encontramos que, a través de la parentela y el agregamiento, están relacionadas treinta personas dedicadas básicamente a las tareas agrícolas.

Hasta en Costa del Molino, una zona muy cercana a Concepción del Uruguay encontramos algunos ejemplos de familias extensas. Una de ellas era la encabezada por Juan Ruis Diaz, labrador natural del Paraguay, que residía junto a su mujer Elifonsa y sus 6 hijos que tenían entre 2 y 32 años; conviviendo también un hermano de Elifonsa con sus cuatro hijos.

Era muy común que estas UC contiguas de labradores tuvieran lazos de parentesco directo y cooperación y se relacionaran en tres generaciones de abuelos, padres e hijos o a través de la formación de parejas de dos núcleos familiares diferentes o de vínculos de compadrazgo. Es sabido, como ya han postulado otros estudios, que estos labradores movilizaban sus múltiples grados de relaciones familiares, de vecinos y de paisanos para enhebrar lazos de ayuda mutua.[38]

Estos vínculos y prácticas se reflejan muy bien en los relatos y cuentos populares de la zona, que a través de narraciones camperas nos marcan las antiguas formas sociales y laborales que utilizaban frecuentemente los labradores-pastores. Veamos un relato: «Tome algo amigo. ¡Prendale un beso a la limeta que esto quita el calor! Sirvase un matecito. Pite un negro... con confianza, caballeros, que hay reserva... Eran las exclamaciones con que a cada instante el rumboso *paisano* obsequiaba a sus huéspedes; porque aquellos hombres *no eran peones sino amigos*, convidados que venían hasta de pagos lejanos para ayudarlo en la recolección de las sementeras sin interés alguno, por simple espíritu de aparcería, de recíproca ayuda, creyéndose largamente compensado con la celebración de la alegre minga... con su inevitable carne con cuero, pasteles, beberaje en abundancia y un bailecito hasta la salida del sol [y al terminar el trabajo] vióse entonces a un grupo de jinetes alejarse del rancho... que bien pronto no es más que una manchita inmóvil, solitaria, perdida en la esmeralda de la llanura... la minga había terminado...».[39]

Pero, más allá de las antiguas prácticas y las regularidades sociales de tradición colonial, si vinculamos el tipo de familia con la ocupación, encontramos que detrás de las continuidades presentes en el predominio cuantitativo de labradores-pastores y pequeños estancieros, hay que destacar claramente que se estaba operando el fortalecimiento de un grupo de hacendados que manejaban las UC no familiares. Si tomamos las principales «empresas» ganaderas vemos que se distingue entre ellos un grupo reducido de grandes productores. Son fundamentalmente, como ya habíamos marcado en el capítulo anterior, los establecimientos rurales y el saladero de Justo José de Urquiza

---

[38] Juan Carlos Garavaglia: «De 'mingas' y 'convites': la reciprocidad campesina entre los paisanos rioplatenses», en: *Anuario IEHS* nº 12. Tandil. 1996.

[39] Martiniano Leguizamón: «La minga», en *Recuerdos de la tierra*. Solar-Hachette, Buenos Aires, 1957. pp. 44-47.

donde residían mas de 400 personas; o el de Isabel Alzaga de Elía que entre dependientes, empleados y arrendatarios ocupaba a más de 190 individuos; o las actividades de cría lanar de Campbel Comp., de Concordia, que contaba en sus tierras con más de 60 trabajadores. Luego había una segunda línea de productores pecuarios que empleaban una treintena de personas como Venancio Villavicencio, Fidel Sagastume, Miguel Galarza, Manuel González o Manuel Urdinarrain. Eran los que manejaban el «mercado de trabajo» y además integraban las filas de los notables locales del Oriente entrerriano, que en muchos casos, para la década de 1840, ya se destacaban nítidamente también por sus cargos políticos y militares dentro de la provincia.

También, para mediados de siglo, comenzaban a darse otras formas productivas ligadas al mundo urbano de Concepción del Uruguay; crecía un nuevo sector que podríamos llamar de «servicios», que se refleja en el aumento de UC simples, muchas veces incompletas, de oficios femeninos como las costureras y de lavanderas o dedicadas al abasto citadino, como carreteros, abastecedores, negociantes, u otros rubros como albañiles y carpinteros. Asimismo, es visible la presencia de una parte del gran «aparato militar» urquicista, que a mediado del siglo había regresado a la provincia luego de terminar un largo ciclo de guerras iniciado en los años 30, y se instalan en los campamentos y en viviendas de los suburbios de la ciudad.

De modo que, como hemos visto, el Oriente entrerriano fue una sociedad de frontera dinámica, que registró desde fines del siglo XVIII movimientos de expansión y retracción. Constatamos que luego del reajuste institucional poscolonial, con la formación del Estado provincial entre 1820 y 1850 hubo un considerable incremento de su población a través del arribo de migrantes. Como consecuencia, esta zona –al igual que la campaña bonaerense– se transformó en un área de atracción. Por su disponibilidad de tierras y la demanda de trabajo fue un territorio de oportunidades para los habitantes de zonas vecinas mucho menos afortunados, principalmente orientales, correntinos y misioneros.

El estudio de la población del Oriente entrerriano también nos indica que esta sociedad de frontera rioplatense no era del tipo «minero» o «militar», donde se encuentra una gran migración temporal o permanente de hombres solos. Sino que, por el contrario, estamos ante una sociedad que se fue conformando mayoritariamente a través de estructuras familiares, en su mayoría nucleares simples, pero también con un importante componente de las formas complejas, ligadas a los numerosos grupos de labradores-pastores, que asentados en tierras «nuevas» tenían relaciones ampliadas de parentela, de agregamiento, poseían criados y en algún caso esclavos.

Pero el predominio cuantitativo de las familias de pastores-labradores de ninguna manera significó la inexistencia de otras estructuras no familiares, donde encontramos mujeres y sobre todo hombres solos. Ellas existían en una proporción menor, pero en grado creciente hacia mitad del siglo en las zonas de más antiguo poblamiento. Se insertaban en un ya más extendido «mercado de trabajo» de las principales haciendas, así como en algunos «servicios» esenciales que se desarrollaban en la ciudad y las villas. De ese modo, el predominio de familias nucleares simples y de estructuras no familiares se daba sobre todo en las zonas más viejas, junto a la consolidación de las «empresas» locales, donde la presencia de peones era cada vez mas importante a medida que fueron desapareciendo los esclavos. Allí los nuevos migrantes llegados a la zona rural de Concepción ya no encontraban acceso disponible a tierras públicas y en cambio sí podían ingresar a los establecimientos rurales de carácter privado y del Estado provincial.[40] Esta convivencia de estructuras familiares simples, complejas y no familiares que presentan las UC fueron opciones funcionales a las diferentes necesidades de los actores sociales en relación con sus actividades económicas y al interés estatal. Fueron óptimas para el desarrollo de las actividades agrícolo-ganaderas de muy diversa escala y en coyunturas bélicas con alto grado de reclutamiento e incertidumbre, como ocurrió en las décadas de 1830 y 40. También resultó adecuado como brecha abierta para desarrollar ciertas estrategias consensuadas entre las autoridades locales y los migrantes, como veremos más adelante, que ayudaban al ingreso temporal, al afincamiento o al avecindamiento dentro de la sociedad local.

Podemos decir que las estructuras de las UC representaron alternativas diversas. Los pastores-labradores lograron, a través del parentesco, el agregamiento y la cooperación, ciertos márgenes de éxito en las actividades económicas para la supervivencia del núcleo familiar y para su reconocimiento social. Los nuevos migrantes alcanzaron un lugar dentro de la sociedad local, fueron aceptados por los agentes del Estado por tener lazos parentales, estar agregados o en dependencia de un cabeza de familia; también por vincularse al servicio de la

---

[40] Desde la década de 1840 el gobierno comenzó a expandir las actividades que desarrollaban las estancias del Estado, que como veremos, se convirtieron en otro resorte del ingreso de las finanzas públicas y del abasto para las tropas.

"Patria" en las milicias, o en las estancias públicas o estar conchabados en una hacienda. Otro gran número de migrantes que ingresó al "mercado" de trabajo de las haciendas, saladeros y estancias. Vemos entonces cómo los actores sociales, nativos y foráneos tuvieron diferentes alternativas en las zonas «viejas» o «nuevas» de la frontera según se acumularan recursos materiales e inmateriales que pudieron utilizar según su conveniencia a lo largo del ciclo de vida, de acuerdo con las coyunturas económicas y militares.

El Oriente entrerriano también parece haber tenido una alta flexibilidad en sus prácticas sociales a la hora de llevar adelante la constitución de sus grupos familiares, con gran permeabilidad de adaptación a las diferentes coyunturas bélicas, económicas e institucionales de la época. Quizás podríamos interpretar –dada la variación de relación de masculinidad o la movilidad de los migrantes y el acceso a los recursos– una relativa facilidad para concretar las uniones entre hombres y mujeres, que sumado a la presencia menos reguladora y controladora de los párrocos locales habría favorecido el crecimiento del amancebamiento y la ilegitimidad. Esto no supone necesariamente que esas uniones –no legitimadas por la iglesia– no pudieran haber sido en muchos casos estables y exitosas, y que también resultaran prácticas bastante aceptadas y frecuentes entre sus contemporáneos. Incluso habría que pensar si ellas, en esta época, no fueran comunes solamente a los sectores populares, ya que –con características mucho menos expuestas– parecen incluso haber alcanzado a hombres poderosos de la región.

Podemos concluir que, luego de la Revolución, la población del Oriente entrerriano registró una importante tasa de crecimiento, fruto de la recepción de migrantes, que sin duda encontraron en la familia la célula primaria que dio basamento a todos los actores sociales. La familia como soporte de las relaciones sociales tuvo convivencia de diversos tipos, desde las formas nucleares hasta las formas complejas según fueran las necesidades de reproducción socio-económica. Hombres y mujeres de diferentes orígenes y castas que se fueron integrando a la sociedad local se transformaron en pobladores arraigados en el seno de una sociedad provincial de frontera abierta. Las distintas formas familiares sin duda estuvieron al servicio de diversas estrategias productivas tanto de los sectores de hacendados notables como de los variados actores del mundo campesino. A medida que crecieron las escalas de los establecimientos pecuarios cobró mayor importancia la existencia de unidades no familiares, que a mediados de siglo lograron cada vez más peso a medida que crecía la demanda de peones en las haciendas y los saladeros.

Apéndice

Las fuentes censales y parroquiales

El censo de 1820 fue el primero realizado en el territorio de Entre Ríos durante la época independiente, se levantó durante la llamada «República Entrerriana» bajo el gobierno de Francisco Ramírez. Luego, hubo otros censos realizados en los años 1824-1825 y en 1844, que no se llegaron a completar por las dificultades políticas, administrativas y militares que atravesaba la provincia en esas fechas. Finalmente en 1849, bajo el gobierno de Justo José de Urquiza se realizó el cuarto censo provincial.

Tanto el censo de 1820 como el de 1849 tuvieron como objetivo principal conocer la disponibilidad de fuerzas militares con que contaba la provincia, al tiempo que –como se verá mas adelante– también interesaron a las autoridades otras características de la población. El censo de 1820 se encuentra en el Archivo Histórico de la Provincia de Corrientes, sala 1, legajo 4. Y el de 1849 está disponible en el Archivo Histórico de la Provincia de Entre Ríos, Sección Gobierno, Serie VII, estadística.

El empadronamiento censal de 1820 se realizó a mediados de noviembre de ese año. Se censó a la población de Entre Ríos y Corrientes en ciudades, villas y campaña rural. La zona que estudiamos fue censada en los siguientes partidos: villa de Concepción del Uruguay y su recinto, Tala, Costa del Gualeguaychú, Yeruá, Perucho Verna, Arroyo Grande y parte de Lucas.[41]

La información censal se efectuó por partidos, distinguiendo si era villa o campaña. Refiriendo nombre completo del jefe/a de unidad censal, patria, estado civil, edad, oficio, y observaciones. Luego, para cada caso se aclara el grado de parentesco o si eran agregados y esclavos. Los hijos y esclavos suelen tener solamente los nombres de pila. Los registros separan con una raya el final de cada unidad censal del comienzo de la siguiente. Y distingue claramente cuando comienza y termina cada partido o villa.

---

[41] El censo de 1820 no registró una parte de la zona norte de Mandisoví, pues Ramírez había incluido esos territorios poblados por aborígenes dentro de la Comandancia de Misiones.

El censo de 1849 se llevó a cabo durante el mes de abril de dicho año. Se censó a la población de la provincia en todos los Departamentos, por cuarteles en las ciudades y por distritos en la campaña.[42] Los encargados de fiscalizar la tarea en la ciudad fueron los jueces de Paz y los tenientes alcaldes y en la campaña los jueces comisionados. Por entonces la provincia estaba dividida en diez departamentos: Paraná, La Paz, Diamante, Victoria, Nogoyá, Gualeguay, Villaguay, Gualeguaychú, Concepción del Uruguay y Concordia.

El censo recoge, tal como lo solicitaban las instrucciones elevadas por el gobierno, la información de manera bastante homogénea. Se releva el nombre de la ciudad, número de cuartel o distrito, si es ciudad, suburbio o campaña, número de unidad censal, nombre completo de cada individuo que habita cada unidad, sexo, edad, patria, oficio, nombre completo del propietario de la unidad, grado y lugar de servicio para los militares, milicianos o policías, número de marcas de ganado, y observaciones varias sobre parentesco, enfermedad, tipo de establecimiento o si es emigrado, prisionero de guerra, etc. También se estipula para el caso de los niños de 7 a 14 años si asisten a la escuela. En el caso de Concordia los censistas también tomaron datos sobre el stock de vacas, caballos, yeguas, ovejas, bueyes y carros que poseía cada unidad censal.

Las planillas que analizamos, que comprenden los departamentos de Concepción del Uruguay y Concordia, están divididas de la siguiente manera: en Concepción del Uruguay, la ciudad tiene cuatro cuarteles y la campaña siete distritos. La ciudad de Concordia tiene un cuartel y la campaña con cinco distritos. Federación contaba con un solo cuartel y la campaña con cuatro distritos.

Las fuentes parroquiales están compuestas por libros de bautismos, matrimonios y defunciones desde 1782 en adelante; y se encuentran en la parroquia de la Inmaculada Concepción de la ciudad de Concepción del Uruguay. La calidad de los registros es adecuada, las hojas están foliadas y los asientos guardan un adecuado orden cronológico, sin que se presenten pérdidas o lagunas significativas de información.

---

[42] El censo se levantó durante el mes de abril de 1849, por lo cual pensamos que al ser una época de demanda baja en el ciclo anual de las tareas agrícola-ganaderas no debía haber una movilidad muy importante de personas. Así también es un año de relativa tranquilidad de los movimientos militares y de milicias en la provincia.

En relación con los cuadros sobre tipos de familia hemos considerado unipersonal a la UC habitada por una persona. Familiar a la UC habitada por personas, que sin constituir parejas, tienen lazos familiares entre sí. No familiar a la UC habitada por personas que no tienen lazos familiares entre si. Familiar simple completa a la UC habitada por una pareja y sus hijos. Familiar simple incompleta a la UC habitada por un hombre o mujer y sus hijos. Nuclear completa con agregados a la UC habitada por una pareja, sus hijos y personas agregadas, que suelen presentar diversas características. Nuclear compleja extensa a la UC habitada por una pareja, sus hijos y su parentela, ya sea hacia arriba o hacia abajo. Nuclear compleja múltiple a la UC habitada por varias parejas con o sin sus hijos.

Capítulo 4
La producción rural: Entre el mercado y las instituciones

"Todas las fronteras del norte, del lado del Guayquiraró
y del río Miriñay, están cubiertas de llanuras, donde los
pobladores encuentran los mejores pastos de todo el
país. Las orillas del Uruguay se presentan igual, así
como toda la parte sur, en los alrededores del
Gualeguay; toda la provincia ofrece, bajo este aspecto,
fuentes inextinguibles de prosperidad."

(Alcides D'Orbigny, 1827)[1]

Desde los años tardocoloniales la cría de ganado, y en menor medida el cultivo de cereales, fueron los principales caudales de riqueza en las tierras del Oriente entrerriano. El ganado progresó en los establecimientos rurales y en las tierras realengas a través del procreo de los animales alzados y organizados en rodeos en modestas cantidades, tanto de vacunos como de equinos. Según algunas estimaciones, que sin duda son exageradas, en los últimos años del período colonial en las tierras que luego conformarían la provincia de Entre Ríos, se habría llegado a contabilizar unos dos millones de cabezas de ganado vacuno y unos tres millones de equinos.[2] Este stock pecuario constituyó buena parte de lo que sería la primera y temprana riqueza ganadera del Río de la Plata, en lo que Halperin Donghi denominó como el "ascenso del Litoral" en tiempos virreinales.[3]

Pero más allá de las cifras impresionistas citadas por algunos funcionarios coloniales, ¿en qué consistía la producción rural del Oriente entrerriano colonial? Para entonces se podían distinguir de norte a sur, tres grandes espacios de producción. En primer lugar, bien al noreste en plena tierras de nueva frontera, entre el arroyo Yeruá y el río

---

[1] Alcides D' Orbigny: *Viaje a la América Meridional* t. I. Buenos Aires, Futuro, 1945. p. 402.

[2] J. J. Blondel: *Almanaque político y de comercio de la ciudad de Buenos Aires para el año 1826*. De la Flor, Buenos Aires, 1968. pp. 270.

[3] Tulio Halperin Donghi: *Revolución y Guerra...* Primera Parte. *op. cit.*

Mocoretá, había un territorio con abundancia de tierras libres y grupos pequeños de productores dispersos al borde de las aguadas, que en su mayoría eran pastores y productores de pequeñas parcelas de cultivo con producción familiar. Formaban parte de un contexto, como mencionamos en el capítulo dos, donde predominaban los criollos y sobre todo los aborígenes con sus parentelas. Allí pastaban vacunos y yeguas; la producción agrícola era complementaria y se basaba en una combinación de maíz, mandioca y en muy pequeñas cantidades de trigo.

El segundo núcleo de producción era la zona rural cercana a la villa de Concepción del Uruguay; existía un *hinterland* donde predominaban los labradores de trigo y maíz en manos de múltiples productores y también se realizaba el pastoreo de ganado en modestos rebaños de las estancias. En medio de aquel paisaje se distinguían las unidades de producción de algunos establecimientos como los de don Ignacio Sagastume y don Josef de Urquiza, con una significativa producción ganadera y triguera. El resto de los productores estaba dedicado fundamentalmente a la producción de granos y cuidado de un rebaño. Al examinar más detalladamente la distribución de la producción ganadera de la región, Djenderedjian ha señalado en sus estudios, que tenían una media bastante baja, de unas 300 cabezas por unidad de producción. Por ello se ha afirmado, que salvo los casos antes citados, en este territorio de reciente poblamiento predominaba un sector medio y pequeño de productores que cubría mas de la mitad de los titulares de explotaciones rurales. Esos pastores poseían también un número reducido de cabezas de ovejas, caballos y mulas, que combinaban con la práctica de una agricultura de subsistencia o de venta restringida.

Finalmente, hacía el sur del territorio, en los pagos de Gualeguaychú y Gualeguay, además de los pastores-labradores habían progresado unas cuantas estancias de mayor envergadura. Entre las haciendas pioneras más prominentes estaban las de Pedro García de Zuñiga y las de Juan Carlos Wright, en las cuales se criaba fundamentalmente ganado, con un stock de mas de 10 mil cabezas de vacunos, 2 mil equinos y 5 mil ovinos, que alcanzaban un valor superior al 50% del valor total de los establecimientos. Allí había mayores rodeos de ganado y establecimientos con mejoras; contaban con amplias dotaciones de mano de obra y producciones complementarias para el abasto interno de las haciendas. Un claro ejemplo de estas estancias, estudiado por Carlos Mayo, muestra que el gran establecimiento de Pedro García de Zuñiga tenía 5 leguas de frente por 12 leguas de fondo entre los ríos Uruguay, Gualeguaychú y Arroyo de la China, en tierras muy aptas para la ganadería y la agricultura. Había sido comprada como tierra realenga en 800 pesos, y su valor para 1803 era de 48108 pesos. De su capital, el ganado era lo más significativo, pues representaba el 58.7% del valor total, seguido por la tierra y las instalaciones con un 26.8% del valor. Los campos estaban dedicados fundamentalmente a la cría del vacuno, poseía a principios del siglo XIX mas de 31 mil cabezas, parte en rodeo y parte en alzado. Pero también contaba con un stock diversificado de más de 500 caballos, 1500 yeguas, más de 40 burros, 1100 ovejas y mas de 1000 cerdos. De la producción pecuaria, los vacunos eran el principal bien de comercialización, pues se vendían los cueros, el sebo y la grasa al mercado porteño para su exportación a ultramar. Asimismo se producía jabón, frutales y se vendía ganado en pie, productos dirigidos a los mercados locales y al urbano de Buenos Aires. De las ventas de la estancia el 76.3% (10583 pesos) provenía de los cueros, el sebo era el 19.8% (2759 pesos), en tanto el jabón sumaba el 2.1%, el ganado en pie el 1.4% y la grasa el 0.22%.[4]

Podemos afirmar entonces que dentro de aquel "ascenso del Litoral", el Oriente de Entre Ríos estaba constituido por unos pocos grandes productores, sobre todo al sur de la región. En tanto que en las tierras consideradas por entonces como de frontera nueva de Concepción del Uruguay y hacia el norte costeando el río Uruguay había surgido un núcleo de agricultores alrededor de la villa y un nutrido conjunto de pastores-labradores de limitadas capacidades económicas.[5]

Pero durante la década revolucionaria, este conjunto rural se vio afectado de manera negativa por las múltiples demandas de bienes y brazos para las guerras, y sobre todo por los saqueos y la desorganización productiva sucedida en el interior de su territorio. Como ya señalamos y describimos en el segundo capítulo, la entrada de las tropas patriotas, portuguesas y más tarde el éxodo Oriental consumió y movilizó gran parte del ganado de la zona. Así, entre 1810 y 1816 disminuyó notablemente el stock de animales, por una combinación de factores como el aumento de los consumos militares de caballadas y carnes, junto al arreo o el saqueo del ganado fuera de Entre Ríos, a lo que se sumó la liquidación rápida de algunos rebaños de vacunos para la

---

[4]   Carlos Mayo y Amalia Latrubesse de Díaz: "La incógnita comienza a despejarse; producción y mano de obra en una estancia colonial entrerriana (1800-1804)", en *IX Congreso de Historia Argentina, Academia Nacional de la Historia*. Rosario, 1996.

[5]   Julio Djenderedjian: *Economía y sociedad en la Arcadia criolla. Formación y desarrollo de una sociedad de frontera en Entre Ríos, 1750-1820*. Tesis doctoral. UBA, Buenos Aires, 2004.

comercialización de sus cueros, sebos y crines.[6] Como consecuencia, aquella promisoria producción rural surgida en tiempos coloniales fue decreciendo de modo importante luego de la primera década "revolucionaria". Pero desde principios de la década de 1820 la frontera y la campaña circundante a Concepción del Uruguay volvió a experimentar una etapa de reorganización de sus poblaciones y establecimientos productivos. Para esa época, según algunas estimaciones generales, ya estaba muy diezmado el plantel pecuario, y en 1823 solo contaba con unas 40 mil cabezas de vacunos y 60 mil de equinos en toda la provincia,[7] es decir quizás un 20 a 25 % de los *stocks* existentes en la época tardocolonial. Cifras parecidas a estas fueron estimadas también dos años después por el gobernador León Sola, cuando calculó que había en todo el territorio entrerriano solamente unas 50 a 60 mil cabezas de ganado vacuno y unas 6 a 8 mil equinos.[8]

Sin embargo, a pesar de la merma ganadera producida a principios de la era independiente, para fines del 1820 y sobre todo en el decenio siguiente el plantel pecuario del Oriente entrerriano encontró la manera de recuperarse con cierta rapidez. Esta etapa de prosperidad del ganado vacuno no se logró a través del crecimiento natural de los rebaños, sino que fue posible sobre todo por el repoblamiento de animales introducidos desde las tierras vecinas por medio de sucesivos arreos furtivos, favorecidos por la debilidad institucional y los acontecimientos bélicos de la región. Esto también ocurrió a fines de la guerra con el Brasil, con el arreo de importantes cantidades de ganado desde Río Grande del Sur hacía la Banda Oriental, con la captación de vacunos y equinos para la campaña entrerriana. Es muy difícil obtener una estimación fidedigna de estos sucesos, pero existe un amplio consenso basado en múltiples testimonios que señalan que desde 1828, con el ingreso de Rivera y las fuerzas "castellanas" en el sureste de Río Grande del Sur, fue posible alzarse con 60 o 70 mil reses de los hacendados brasileños y unas 20 mil de las haciendas misioneras, con las que también se repoblaron los campos del Oriente entrerriano.[9]

6   R. Schmit y M. Rosal "Las exportaciones del Litoral argentino al puerto de Buenos Aires…" *op. cit.*

7   J. J. Blonel: *Almanaque… op. cit.* pp. 271.

8   León Sola al Ministro de Guerra del Poder Ejecutivo Nacional, Paraná, 27-8-1825. AGN, Entre Ríos, 1820-25, sala X, 5-4-5.

9   Entre otros están los testimonios de: Evaristo Affonso de Castro: *Noticia descriptiva da Regiao Missioneira, na Provincia de São Pedro do Rio Grande do Sul.* Cruz Alta, Brasil, 1887. Robert Avé Lallemant: *Viagem pela provincia do Rio Grande do Sul, 1858.* Universidade de Sao Pablo, Brasil, 1980. p. 281.

Por esta razón, ya a comienzos de los años 30, los productores habían alcanzado una media más elevada de animales por unidad de producción; y desde entonces se fue verificando un cambio significativo en la escala de la producción a partir del procreo natural de los animales. También en la estructura productiva local comenzaba a mostrarse un mayor dinamismo en el crecimiento de la producción ganadera en la zona situada en el *hinterland* de Concepción del Uruguay; ya para mediados de esta década encontramos allí definido al grupo de mayores productores de la zona, que reunía a Urquiza, Jorge, Barú, Barceló, Calvento, Pérez, Alzaga de Elía, Zabala, Espiro y Sagastume. Vemos entonces que si para fines de la época tardocolonial se destacaban solo dos importantes productores, para los años 30 ya había un grupo más nutrido de propietarios, que alcanzaba o sobrepasaban las 5 mil cabezas de vacunos, y al mismo tiempo también comenzaba a vislumbrarse el aumento de los lanares.[10]

Cuadro 14. Principales productores ganaderos del Oriente entrerriano en 1834

Propietario	Vacunos	Equinos	Lanar
Urquiza	18 000	12 000	11 000
Jorge	9 400	6 000	7 000
Barú	6 000	4 000	8 000
Barceló	6 000	7 000	5 000
Calvento	4 493	6 600	1 000
Pérez de Panelo	4 050	6 500	6 000
Alzaga de Elía	5 500	3 600	4 000
Zabala	3 900	7 500	1 500
Espiro	4 000	3 000	2 000
Sagastume	1 800	3 000	1 000

Fuente: Diezmos de cuatropea del Segundo Dpto. Principal. Archivo Obispado de Paraná (en adelante AOP).

[10] Creemos que las cifras del diezmo de 1834 reflejan un piso de mínima del stock pecuario de la zona, y que este se fue acrecentando significativamente en la década de 1840 como lo muestran las cifras de exportaciones ganaderas.

Para entonces también la distribución global de la producción pecuaria indicaba el fortalecimiento de estos hacendados, que ya acumulaban en sus establecimientos mas del 70% del ganado vacuno sobre el total de animales, y eran propietarios de casi la mitad de los equinos y lanares. Entre estos estaban algunos de los instalados y consolidados desde la época tardocolonial como los Urquiza, Calvento, Panelo, Elía y Sagastume, junto a otros nuevos productores provenientes del comercio local, que habían comenzado a invertir sus capitales en la producción ganadera como los Jorge, Barceló y Espiro.

Cuadro 15. Distribución de la producción pecuaria del Oriente entrerriano en 1834

Productores	Vacunos	%	Equinos	%	Lanares	%
22	606 500	74.4	74 470	45.7	119 200	41.7
131	208 840	25.6	88 330	54.3	166 830	58.3

Fuente: Diezmos de cuatropea del Segundo Dpto. Principal (AOP).

La evolución posterior del stock ganadero, a pesar de los nuevos ciclos de guerra, nos muestra que para mediados de siglo, según los datos –algo abultados– recopilados por Serrano, indica un gran crecimiento pecuario alcanzado los 4 millones de vacunos, 1,8 millones de equinos y 2 millones de lanares,[11] es decir que por lo menos se había duplicado el stock vacuno de tiempos tardocoloniales.

Dentro de esas estadísticas, estimamos que el Oriente entrerriano tenía 1,5 millones de vacunos, 100 mil equinos y 500 mil lanares. Los máximos beneficiarios del aumento del ganado en cuatro décadas –desde 1820 a 1860– fue un grupo reducido de productores pecuarios. En términos de producciones para el mercado se pasó de un predominio tardo-colonial agrícola y pastoril a un franca hegemonía de las inversiones en capitales para la ganadería.[12] Pero es importante recordar que dentro de este nuevo ciclo ganadero no todos los distritos del Oriente siguieron este mismo patrón. Tal como vimos anteriormente, en la zona de más viejo poblamiento fue donde se consolidaron las

[11] Pedro Serrano: *Riqueza Entre-Riana*. Concepción del Uruguay, 1851.
[12] Censo ganadero de 1860, informes de Santiago Artigas en Concordia y Ricardo González en Concepción del Uruguay. AHER, Gobierno, eerie VIII, carpeta 8. legajo 7.

haciendas, en tanto en la zona de tierras públicas y de pastoreo de la frontera nueva se mantuvo un perfil productivo absolutamente agrícolo-pastoril basado en la producción familiar, en muchos casos destinada para autoconsumo o para la pequeña participación mercantil en el ámbito local.

Esa distribución desigual del ganado se puede apreciar también en la estadística de los *stocks* ganaderos de Concordia para mitad del siglo XIX. Es importante recordar aquí que en este área rural había una variedad mayor de haciendas, estancias y labradores. También había un reducido núcleo de pastores que comenzó a poblar con ovejas una parte del territorio. Esta combinación de pocos propietarios de la tierra con una gran mayoría de asentados en tierras que eran fiscales de "pastoreo", produjo el predominio del usufructo de las tierras públicas sin reconocimiento de dominio.

Cuadro 16. Distribución del ganado y los carros del distrito de Concordia en 1849

	Cantidad de individuos	% de animales vacunos	% de animales caballar	% de animales yeguarizos	% de animales ovinos	% de bueyes	% de carros
Hacendados	22	64.3%	29.9%	30.2%	63.4%	11.8%	10.7%
Estancieros	42	13.0%	17.9%	17.7%	19.8%	16.4%	12.5%
Labradores	90	6.8%	16.9%	17.1%	2.2%	16.6%	13.4%
Peones, agregados y jornaleros	147	0.6%	4.6%	1.8%	0.0%	3.2%	0.9%
Resto	2 192	15.3%	30.7%	33.2%	14.6	52.0%	62.5%

Fuente: Censo provincial de 1849.

El análisis del cuadro precedente indica con claridad que los hacendados y estancieros en estas tierras ya concentraban la propiedad del ganado vacuno (77%) y ovino (83%). En cambio, la propiedad de los caballos, los bueyes y los carros estaba mucho más repartida. Se puede observar que los labradores conservaban la mayoría de los bueyes y que junto con los carreros de la ciudad (sobre todo ligados al tráfico mercantil del puerto) también poseían buena parte de los vehículos. Esta distribución de la tenencia de los animales nos indica que la mayoría de la producción pecuaria de los bienes exportables (cueros, carne, lana, sebo) estaba casi exclusivamente en manos de hacendados y estancieros que eran solamente el 2.9% de todos los productores de la zona. Pero por otro lado, una parte importante (entre el 70 y 80%) de los animales de tiro para la labranza y el transporte de una zona de intenso movimiento de fletes estaba en manos de otros sectores muy extendidos (80% de los productores) más relacionados con la actividad de los mercados locales o interregionales.

También podemos analizar la composición microeconómica en los establecimientos rurales, que nos permite conocer el tipo y promedio de animales y la mano de obra empleada por los distintos productores rurales para mediados del siglo XIX. Por entonces el distrito n° 1 de Yuquerí en la campaña de Concordia tenía una estructura mixta de productores pecuarios y agrarios de diferente tamaño y naturaleza. Allí encontramos cuatro hacendados, Justo J. Urquiza, Domingo Manzores, Manuel Urdinarrain y los hermanos Campbell, junto a los cuales reside un reducido grupo de pequeños estancieros (dos), criadores de lanares (cuatro) y un conjunto de labradores-pastores (veinte).

Los hacendados disponían de una estructura de producción siempre compuesta por un casco de estancia y puestos. Disponían de capataces y varios peones, y en algunos casos de mayordomos, sirvientes y agregados. Los establecimientos de Campbell contaban con un stock diverso de vacunos, equinos y lanares, aunque es notable que en este caso predominaba la cría de lanares. Disponía de 25 220 ovejas, que sumaban el 54% sobre el total del distrito. En conjunto, los hacendados acumulaban el 47.2% de los vacunos, el 82.7% de los caballos, el 85.7 de las yeguas y el 56.4 de los lanares del distrito. En promedio las haciendas (cuadro n° 17) ocupaban 3.5 capataces y 6.7 peones por establecimiento, quienes estaban a cargo de unos 6 240 vacunos, 600 caballos, 800 yeguas, 33 bueyes y 1.2 carros. Como se puede observar entonces estos productores necesitaban contratar cada año al menos unas diez personas para las tareas rurales básicas. Los peones tenían una edad promedio de 25 años, el 81% eran solteros, más de la mitad eran migrantes y el 48% de los mismos prestaba servicios de milicia. En tanto los capataces tenían una edad promedio de 40 años, en su mayoría eran casados y también cumplían activamente sus obligaciones militares.

En cambio los estancieros y los criadores de lanares apenas utilizaban en sus establecimientos la mano de obra de capataces (0.5 y 0.2 en cada caso) más el trabajo familiar y de agregados. Los estancieros disponían de un plantel de 270 vacunos y unas 4200 ovejas los criadores de lanares. Vemos entonces que lejos del "mercado" resultaba fundamental la mano de obra familiar y se recurría muy poco a la contratación de trabajadores.

Los labradores disponían básicamente de la mano de obra de sus hijos, hermanos y demás familiares junto a otros pocos labradores agregados a las unidades de producción. Allí sin duda el trabajo familiar incluyendo a mujeres y niños resultó fundamental para cumplir con las labores rurales. En promedio estos labradores-pastores tenían unos 100 vacunos, 160 ovejas, más algunos caballos y yeguas, y sobre todo alrededor de unos 6.5 bueyes en promedio. Predomina una estructura doméstica de producción de granos y de pastoreo de pequeños rebaños de animales. Estos productores tienen una edad promedio de 48 años, en gran parte son casados, con un 65% de nativos y una significativa presencia de mujeres, el 45%, jefas de unidades de producción, en su mayoría se trata de viudas que junto a sus hijos y parentela o agregados explotan las tierras.

Entre los labradores encontramos los típicos casos de familias con sus hijos mayores conviviendo con sus progenitores y los agregados. También aquí, al igual que los ejemplos expuestos en el capítulo 3, es frecuente la presencia de familias con vínculos estrechos que explotaban terrenos contiguos, como los de Dolores Benitez, viuda que vivía junto a dos hijas de 24 y 19 años y sus esposos labradores, además de otros cinco hijos menores y un agregado. Colindante vivía su hermano Inocencio Benitez junto a su mujer, dos hijos labradores de 21 y 18 años, 5 hijos menores y una agregada y su hija menor. Vemos en este ejemplo cómo se relacionan un número significativo de brazos a través de distintos lazos de parentela y agregamiento: sumaban cinco hombres adultos, dos agregados, más las mujeres e hijos menores para hacer frente a las tareas agrícolas con 12 bueyes, 2 carros y al cuidado de 190 vacunos, 117 caballos, 88 yeguas y 730 lanares.

Cuadro 17. Promedios de animales por unidades de producción del distrito 1 en Concordia a mediados del siglo XIX

U. Produc.	Vacas	Caballos	Yeguas	Ovejas	Bueyes	Carros
Haciendas	6 242	632	861	6 575	33	1.2
Estancias	275	37	50	0	0	0
Criadores	62	7	0.7	4 266	10.7	0.7
Labradores	104	21	23	160	6.5	0.3

Fuente: Censo Provincial de 1849.

La agricultura

La producción agrícola durante las décadas poscoloniales mantuvo una presencia destacada sobre todo dentro de las pequeñas producciones destinadas para el autoconsumo en manos de pastores–labradores, pero fueron bastantes estrechos los excedentes destinados al mercado urbano local o regional; esto indica que su desarrollo no se dio a una escala "empresarial" semejante a la actividad pecuaria. Los datos sobre la distribución de la producción también nos muestran que fueron los grandes hacendados como Urquiza o Urdinarrain los que producían en sus establecimientos importantes cantidades de trigo y maíz para abastecer a la ciudad de Concepción y sus villas cercanas. Si para fines de la colonia la zona producía unas 400 fanegas anuales de trigo, su progresión posterior fue mucho menor y más aleatoria que la ganadera. A mediados de siglo el promedio de Concepción del Uruguay apenas superaba las 1500 fanegas y la zona de frontera de Concordia y Federación producía unas 500 fanegas más.[13] En términos absolutos la producción total de trigo de la provincia apenas alcanzaba a mediados de siglo las 16 mil fanegas para alimentar a unas 48 mil personas, lo que daba una media de menos de un tercio de fanega *per cápita*. Obviamente el consumo alimenticio de la mayoría de los habitantes rurales de la región no se basaba en el trigo, pues en estas tierras jugaba un rol preponderante una sólida tradición de producción y consumo de maíz y sobre todo, en la zona norte del Oriente entrerriano, por el uso de la harina de mandioca.[14]

Si analizamos, en base a las pocas estadísticas que disponemos, la distribución de la producción en términos del territorio provincial, podemos observar importantes diferencias. Mientras en el Oriente entrerriano se destaca con mucha más fuerza por la producción ganadera, la zona del Primer Distrito Principal de Paraná, que incluía sus seis Departamentos subalternos, se caracterizaba por una mayor producción agrícola, que aportaba más del 70% de la producción de todo el trigo cosechado en la provincia. Esta producción, además de alimen-

---

[13] La producción de trigo de Concepción del Uruguay entre 1849 a 1852 fue de 808, 2 052, 1 349, 1 613 y 926 fanegas en cada uno de aquellos años. En tanto en Concordia y Federación apenas alcanzó en ese mismo período 62, 399, 91, 468 y 1 518 fanegas anuales. AHER, Hacienda. serie VII. carpeta 4, legajo 11; carpeta 5, legajos 2, 7, 23 y 24; carpeta 6, legajos 4 y 5; carpeta 7, legajo 3.

[14] Informe del Jefe de Policía al Gobernador. AHER, Gobierno, serie XII B, carpeta 1. legajo 6.

tar el mercado local, encontraba también algunas posibilidades de llegada en los mercados urbanos de Santa Fe y Buenos Aires.[15]

La producción de trigo para el mercado dentro del Oriente entrerriano, como señalábamos, estaba extendida en su práctica a un número muy elevado de labradores y labradores-pastores, como vimos en el capítulo 2. Pero al mismo tiempo las cantidades para el mercado local estaban muy concentradas en pocas manos. En Concepción del Uruguay, contando solamente los establecimientos de Justo J. Urquiza, se había cosechado el 55.7% y el 34.1% del total de los granos. En tanto otra decena de productores alcanzaba a aportar el restante 10.2%. Estamos en presencia sin duda de una zona que tenía un reducido grupo de productores de granos dentro de las grandes haciendas, y otro conjunto, más amplio, situado principalmente en los distritos de Sesteada y Molino cercanos a la ciudad, que abastecía el mercado local.

A estos productores se sumaba una gran cantidad de pastores-labradores, que desde la zona vieja sobre todo en Concordia y de allí hasta Federación en plena frontera, producían para su propio consumo algunas pocas fanegas o almudes de trigo. Pero además producían cantidades similares de maíz y mandioca. Para estos productores fue muy significativo el trabajo en el cultivo de rosas en pequeñas parcelas de tierra que iban abriendo en diferentes territorios año tras año. Para su explotación se utilizaba el trabajo familiar de mujeres, niños y agregados, en tanto para las cosechas se requería la cooperación entre los vecinos. A este conjunto de productores pobres el fácil acceso a las tierras, el trabajo doméstico, los bajos requerimientos de la mandioca y el maíz junto a la posesión de pequeñas tropas de ganado les permitió sostener un universo de producción activo para abastecer sus necesidades primarias, superando los efectos del reclutamiento permanente de los hombres para las milicias y las condiciones oscilantes de la producción agraria.

En cuanto a los límites de la agricultura comercial, el pobre crecimiento de los volúmenes de la producción a largo plazo no solo estaban vinculados con lo estrecho de la demanda del mercado local. También existieron otros condicionantes que sin duda afectaron la estabilidad y las

---

[15] En 1849 los departamentos del Paraná aportaron 1 235 fanegas de trigo: Nogoyá 4 205, Victoria 3 144, La Paz 2 410, Diamante 1 740, Tala 1 441, Paraná 1 372 y Gualeguay 763. En tanto los del Uruguay aportaban 1 235 fanegas: Concepción del Uruguay 808, Gualeguaychú 329, Arroyo Grande 98, Villaguay 62 y Concordia 62.

perspectivas de rentabilidad a largo plazo. Por una parte, a la ya estructural restricción de la oferta de brazos, desde fines de la década de 1830 los reclutamientos militares masivos y por largos períodos de duración de los mismos dificultaron, como veremos mas adelante, las escalas de producción de los establecimientos rurales, sobre todo de los hacendados. A pesar de que en algunas ocasiones el gobierno pudo otorgar licencias para las labores agrícolas, las autoridades apelaron con más frecuencia a la colaboración mutua entre los productores, ordenando a toda la población que no estaba enrolada que prestara auxilio a sus vecinos. Pero aquellas buenas intenciones no brindaron necesariamente un auxilio laboral concreto para una demanda estacional de trabajo, por lo que la agricultura no resultó en esos años una de las actividades beneficiadas.

Pero mucho mas grave que aquellos problemas de obtención de brazos, fueron las magras condiciones de rendimientos y rentabilidad de los granos. Si bien carecemos de datos cuantitativos para las unidades de producción, fue evidente que estuvieron continuamente afectadas por las magras condiciones naturales imperantes durante el ciclo agrario. Sabemos, a través de los relatos de la época, que la región sufrió permanentes sequías y plagas de langostas. La producción de trigo y maíz se habría visto afectada por lo menos en los años de 1832 a 1836 y luego a causa de las duras sequías que sufrió la zona durante los años 1841, 1842, 1846 y 1847. Enormes mangas de langostas aparecían regularmente, sobre todo en los meses de julio, agosto, septiembre y en ocasiones en octubre, procedentes de las regiones de montes del norte de la provincia y desde el Chaco. Según los informes de Mac Cann, en 1833 hubo importantes y muy dañinas invasiones de langostas y las visitas se repitieron anualmente por lo menos hasta 1844, atacando año tras año los cultivos de la zona.[16]

A mediados de siglo los informes mensuales de los comandantes de Departamentos del Oriente entrerriano coinciden con los testimonios anteriores al mostrarnos la situación negativa que sufrían los granos. Así en 1851 en Concepción del Uruguay y Concordia se comentaba que en el mes de enero "… la langosta voló por el tercer distrito tres días dejando las chacras destruidas [...] la langosta ha concluido casi con la totalidad de todas las sementeras de maíz…" y todavía en agosto las plagas seguían "… haciendo mucho daño en las sementeras en gran abundancia…". Al año siguiente la situación

[16] William Mac Cann: *Viaje a Caballo… op. cit.* p. 254, 255 y 256.

no era muy diferente, así para enero "mucho se ha perdido por la langosta o las abundantes lluvias de diciembre [...] la langosta a pesar de los esfuerzos sigue haciendo estragos a invadido los suburbios de la ciudad." En tanto en diciembre de 1852 y enero del 53 la estación volvía a presentarse "... muy calurosa y lluviosa, con temporales de lluvias..." afectando sensiblemente los rindes de los cereales.[17]

Queda claro que además de los condicionantes por la restringida demanda del mercado y de escasa oferta de mano de obra, también las plagas y las malas condiciones climáticas afectaron de manera regular y significativa la rentabilidad de los granos, caracterizando a la empresa económica cerealera como más azarosa y perjudicial que la pecuaria.

Los saladeros

Asimismo fue significativo para la estructura rural local que en los últimos años del período en estudio comenzaran a funcionar los saladeros en el Oriente entrerriano. La producción de la carne salada, cueros salados, grasa, etc. surgió a partir de la instalación en 1847 del establecimiento de Justo J. de Urquiza en las afueras de la ciudad de Concepción del Uruguay. Varios factores alentaron en esta época la puesta en producción del saladero. Los dos básicos fueron la existencia ya mencionada de un stock significativo de ganado vacuno, yeguarizo y ovino junto con la factibilidad de transportar los productos hacia el mercado Atlántico a través de las vías fluviales, con destino a Buenos Aires o Montevideo.[18]

El saladero Santa Cándida inició sus actividades en mayo de 1847 e integró un complejo de actividades económicas que dirigía el entonces gobernador de la provincia, quién poseía un importante número de estancias y manejaba un tráfico comercial significativo. El establecimiento representaba una inversión inicial que por lo menos habría importado la disponibilidad de un capital en tierra, instalaciones y ganado de unos 300 mil pesos. Para mitad de siglo se calculaba que el capital invertido en el saladero era de 400 mil pesos plata. Ya en esa

[17] Informes de los comandantes de Concepción del Uruguay y Concordia, AHER, Estadística 1851, Gob. VII, carpeta 5, legajo 24; 1852, Gob. VII, carpeta 6, legajos 4 y 5; 1853, Gob. VII, carpeta 7, legajos 2 y 3.

[18] Manuel Macchi: "La actividad de un gran saladero. Santa Cándida en la Provincia de Entre Ríos", en: *Trabajos y comunicaciones* n° 19, Universidad Nacional de la Plata, 1969. pp. 71-103.

época tenía 6 galpones, dos medianos que eran de 37 por 15 varas, en los cuales había vapores, cubos y tachos para refinar grasas. Otro galpón de 124 por 15 varas destinado a salar, con piletas, playas para lavado, salazón y secado de carnes y cueros. El cuarto galpón se destinaba para depósito de la sal, y el quinto sitio tenía una pileta grande y se utilizaba para depósito de sebo; el último de 30 por 11 varas se usaba para la tonelería y la carpintería, es decir para construir pipas y toneles para guardar la grasa y el sebo.

Santa Cándida también contaba con dos corrales, uno de 65 varas para ganado vacuno y otro de 30 varas para yeguas. De allí los animales se pasaban a otro corral pequeño y luego al brete donde se los enlazaba para matarlos. El establecimiento se completaba con varios ranchos para vivienda, cocina, panadería y dependencia de auxiliares. Siempre había un depósito de sal y más de 40 mil estacas para el tendido de cueros. Las piletas eran para la cal y la cascarilla necesarias para curtir. Además disponían de todo tipo de útiles como: tijeras, azadas, cepillos, palas, picos y herramientas de carpintería.

Las actividades en los primeros años tuvieron un ritmo lento pero sin embargo su producción fue aumentando. Así, en el año de 1847 desde el mes de mayo se faenaban sobre todo animales equinos, entrando unas 200 cabezas de promedio mensual, para llegar a más de 400 en diciembre que era la época de mayor actividad del saladero. Al año siguiente aumentó la producción: en enero y febrero, meses de alza, se llegó a faenar unos 1000 animales de promedio. Para 1849 la media de los meses mas activos del establecimiento ya había subido a 1600 vacunos y yeguarizos. En esa época el saladero producía un complejo de bienes: cueros vacunos secos y salados, sebo, grasa, cerda, lana y tasajo.

Por la división y la mayor complejidad de las tareas y por los ritmos que se imponían en la época de alta producción, que eran los meses del verano, el saladero representó un desafío para el todavía errático mercado de trabajo del Oriente entrerriano. Si bien la mayor parte de los trabajadores se concentraba en las tareas simples de arreo, preparación y matanza de animales, otro grupo era mucho más especializado y se dedicaba a carnear, cortar y salar carne y a curtir cueros. Asimismo, los toneleros y los carpinteros resultaban vitales para la producción de sebo y grasa. En su conjunto el establecimiento demandaba más de un centenar de personas, por lo cual resultaron bastantes frecuentes las quejas por la falta de personal adecuado para llevar adelante las tareas en tiempo y forma. Era frecuente que el administrador del saladero comentara que "... los escasos peones, los tiempos sobre todo las circunstancias en la [falta de] sal me impiden a pesar de todos mis deseos de satisfacer VE, idea que constantemente me tiene apesadumbrado y mucho mas cuando veo que una aglomeración tan considerable de novillos [...] advirtiendo yo con pena mi insuficiencia para manejar intereses de tanta importancia sobre todo la responsabilidad sobre los resultados que no pueden ser buenos desde el momento que por falta de gente no puedo metodizar los trabajos...".[19]

La comercialización de los productos también implicaba un entramado de relaciones que estaba en manos de Barañao, quien generalmente lograba vender al exterior por medio de contratistas, los que más tarde practicaban arreglos con las diferentes casas exportadoras de Buenos Aires y Montevideo. Para estas operaciones de contrato se tenía como referentes a Gerónimo Gavasso y a Máximo Elía. En la relación con el mercado, además de habituales oscilaciones y bajas de precios, los vínculos de comercialización resultaron a menudo un serio problema para los beneficios, ya que la intermediación afectaba de varias maneras a la industria. Por una parte aumentaba los costos, ya que entre diferentes tipos de impuestos, gastos de mano de obra y comisiones se perdía el 11%, así como encarecía y dificultaba el acceso a uno de los insumos básicos que era la sal, proveniente de Cabo Verde o Patagones. Por otra parte, la demora o estancamiento de los bienes en el puerto ponía en riesgo la calidad del tasajo y podía provocar el remate o la liquidación prematura de las carnes a un precio muy bajo.

La evolución de los precios, según la correspondencia mantenida entre los agentes comerciales, mostraba a finales de los años '40 una baja sostenida en los precios las carnes. Según las cartas de Montevideo "... del Sr. Gabazzo por las que verá el triste estado de los precios sobre frutos de saladero, a lo que desgraciadamente me aguardaba que siempre me tenia en un desagrado continuo sobre los intereses de VE...".[20] En tanto otros productos mantenían mejores rentabilidades, como que "... los sebos y grasas siempre conservan a un buen precio motivo porque me permitirá observar a VE que sería muy prudente el hacer menos posible carnes y dedicarse únicamente a las grasas matando las 10 mil que VE tiene, concluida esta llega la buena estación que no dudo ...".[21]

Además de la baja rentabilidad y la inestable evolución de los precios se planteaban otras dificultades surgidas a consecuencia de las

---

[19] Deschamps a Justo J. Urquiza, abril-1848, AHER. Gob. II, carpeta 12, legajo 16.
[20] Deschamps a Justo J. Urquiza, 9-5-1848, AHER. Gob. II, carpeta 12, legajo 16.
[21] Deschamps a Justo J. Urquiza, 17-8-1848. AHER. Gob.II, carpeta 12, legajo 16.

políticas monetarias de Buenos Aires, que prohibían la salida de metálico de la provincia, por lo cual desde 1848 Urquiza comenzó a explorar la posibilidad de llevar directamente el tasajo al Brasil, pero estas operaciones presentaron por esa época escollos significativos. Frente a este potencial negocio del mercado brasileño la respuesta a su agente comercial fue que "...después de impuesto por D. Máximo Elia de la operación propuesta sobre Brasil, cargando de carne el bergantín que ofrece, siendo esta una especulación que sin antecedentes, puede ofrecer un mal resultado, conteste a dicho Sr. Elia, que no me resolvía a efectuarla, sin antes saber si este artículo al cual esta beneficiado en el establecimiento tiene demanda en aquellos mercados...". Pues para Barañao el problema era que "... nos falte saber el valor, que en los puntos indicados del Brasil pueda tener en un caso de regular demanda, sin olvidar de que hoy podemos darle un mercado inmediato, menos riesgoso".[22]

En otras palabras, resultaba muy arriesgado llevar adelante negocios mercantiles sin operadores comerciales propios y permanentes, con la capacidad *in situ* de acumular información sobre el mercado y efectuar ventas rápidas en la plaza de Río de Janeiro. Era preciso evaluar constantemente si la demanda potencial brasileña era adecuada en tipo, tiempo y valor para las características que tenía el tasajo entrerriano. Además, como expresaban claramente algunos operadores de Urquiza, siempre se contaba con un mercado más inmediato (Buenos Aires o Montevideo) y menos riesgoso, pero que en cambio tenía muy baja rentabilidad y la posterior dificultad de recuperar el metálico. Claro que si el tráfico de las carnes al Brasil no era tan seguro, sí en cambio tentaban a Barañao otros negocios paralelos que este comercio podía abrir, pues "... efectuada la expedición con las carnes, yo podría pedir de mi cuenta retornos con el valor de ellas, bien conozco cuanto me beneficia SE en este caso seguro que esto seria un negocio de más esperanza que cualquiera que proporcionasen las carnes...".[23] Pero en aquel contexto de gran movimiento azaroso de los precios relativos, de bloqueos y de trabas institucionales parece que finalmente lo que primó por estos años en aquellos empresarios fue realizar un trato mas seguro y no un potencial negocio más rentable pero con resultado incierto, por lo cual las carnes continuaron vendiéndose en los puertos rioplatenses.

---

[22] Barañao a Justo J. Urquiza, 4-4-1848. AHER. Gob. II, carpeta 12, legajo 16.
[23] Barañao a Justo J. Urquiza, 4-4-1848. AHER. Gob. II, carpeta 12, legajo 16.

De esa manera vemos entonces que para mitad del siglo XIX la ganadería del Oriente entrerriano había logrado primero revertir la crisis poscolonial, recuperando el crecimiento de los *stocks* de vacunos e iniciado el desarrollo de los ovinos. Aquel perfil pecuario sin duda para entonces constituía la mayor riqueza del mundo rural de la provincia. En segundo lugar la ganadería entrerriana desde fines de los años 40 comenzaba el desafío de superar las restricciones que las nuevas escalas y formas de organización que las empresas demandaban en relación con la mano de obra y en su desempeño en el mercado para alcanzar mejores utilidades; todas estas cuestiones quedarían pendientes de resolución en las décadas siguientes.

La organización de la producción rural de las haciendas, estancias y los saladeros en tiempos de guerra: las complejas relaciones entre el mercado y las instituciones

En aquel contexto de recuperación posrrevolucionaria de los *stocks* ganaderos en el Oriente entrerriano, fue fundamental poner en marcha estrategias capaces de regular al mismo tiempo las tareas productivas y las demandas de brazos y recursos para las guerras.

Desde la época tardocolonial hasta fines de la década de 1820, como ya analizamos, en el Oriente entrerriano se había utilizado a un conjunto de trabajadores que estaba compuesto tanto de mano de obra esclava como libre, es decir que en las estancias coloniales existió una combinación de esclavos, agregados y peones. El personal rural se dividía por lo general en tres grupos; los peones y capataces contratados de manera mas estable, generalmente por mes, y los que realizaban solo tareas estacionales, como los domadores y faenadores. Todos ellos cobraban un jornal mensual o según la cantidad de tareas específicas realizadas. Junto a ellos estaban los agregados y los esclavos; los primeros constituían un conjunto muy heterogéneo de personas, que dedicaban parte de sus labores al pastoreo o al cultivo de rosa, y también ejecutaban tareas rurales para los estancieros durante determinados momentos del ciclo de producción. Finalmente los esclavos realizaban todo tipo de trabajos, pues había desde capataces hasta peones; todos ellos recibían una ración de alimentos y se les repartía un vestuario.

Un ejemplo de este tipo de organización de la producción y utilización de los trabajadores se puede analizar en la ya mencionada estancia de García de Zúñiga, cuyos gastos más significativos eran la remuneración de los trabajadores: entre salarios y trabajo a destajo se cubría un 73.7% de los costos totales. En tanto que fletes y cargas llegaban al 13.7%, y finalmente se invertía en vestuario de esclavos el 7.4%, en útiles 1.8% y el resto en otros rubros varios. Por entonces la mano de obra necesaria para la estancia alcanzaba como mínimo el número de cinco capataces y veintidós peones, que eran distribuidos en varios puestos. Para hacer frente a esa demanda la estancia disponía de ocho esclavos, entre los cuales dos eran capataces, otro tonelero y tres eran muy hábiles para el trabajo de campo.

Los trabajadores libres utilizados eran de tres tipos: peones y capataces contratados mensualmente, y los faenadores que trabajaban a destajo en las tareas del rodeo. Los salarios más altos eran los del mayordomo (12 y 20 pesos), los capataces (8 a 10 pesos), y finalmente los peones (7 u 8 pesos). En el caso de los domadores, el salario subía a 8 o 9 pesos. El salario era pagado en parte en moneda de plata y en gran medida con productos a precios inflados.

Por su parte, de todos los peones conchabados en la estancia, el 54% permaneció trabajando por poco tiempo, entre 1 y 5 meses, en tanto otro grupo tuvo una continuidad de hasta 2 años. Aunque muchos de estos últimos se habían conchabado en diferentes meses, salían y volvían a ser contratados e iban rotando en los diferentes puestos de la estancia. Otro rasgo importante fue el alto ausentismo, pues casi la tercera parte había faltado al trabajo entre 1 y 10 días. Los peones generalmente residían en ranchos de la estancia y recibían ración de yerba. En tanto los esclavos recibían varios tipos de ropas, calzados y sombreros, así como los implementos necesarios para las tareas rurales. El costo promedio de estos últimos era de 2.6 pesos por mes.[24]

Luego de la Revolución, todavía en la década de 1820, los estancieros del Oriente entrerriano utilizaban para cubrir la demanda laboral de sus establecimientos, un conjunto de individuos compuesto principalmente por esclavos (35.4%) y peones (33.6%), que juntos representaban casi tres cuartas partes de todos los trabajadores dependientes. El resto de brazos disponibles se repartía entre labradores dependientes, agregados y jornaleros.[25]

Pero desde los años 30, a medida que cambiaba la escala de la producción ganadera en las haciendas con mayores cargas de ganado, la forma de organizar la producción y el trabajo fue también mudando fundamentalmente por dos cuestiones. La primera es que ya

---

[24] C. Mayo y A. Latrubesse: "La incógnita comienza a despejarse..." *op. cit.*
[25] Los porcentajes han sido calculados en base al censo provincial de 1820.

para esa época era sumamente difícil que los establecimientos pecuarios pudieran expandirse en su número o en sus escalas dependiendo del trabajo de los esclavos, pues estos ya no se podían adquirir en los mercados rioplatenses y los que había desde la época colonial estaban insertos en un medio donde eran cada vez más escasos. Por otra parte, los principales cambios que afectarían los ciclos de producción y la provisión de brazos llegarían de la mano de la guerra permanente y de su demanda de reclutamiento masivo de hombres de la campaña.

Entonces, a partir de aquel contexto, fue creciendo el número de peones libres empleados, sobre todo en la zona de Concepción del Uruguay donde se encontraban las principales haciendas y saladeros. Pero al mismo tiempo estos brazos, como veremos más adelante, no fueron provistos en su mayoría por la oferta espontánea del mercado laboral sino que arribaron a los establecimientos productivos a través de complejas negociaciones entabladas entre los hacendados y los comandantes militares, bajo las prácticas institucionales dictadas regularmente el gobierno de Justo José de Urquiza.

Así, en pleno período en el cual debería haberse emprendido la consolidación de la oferta de mano de obra y la "optimización" de la organización productiva para las actividades pecuarias, los "empresarios" rurales debieron manejar básicamente las herramientas institucionales para llevar adelante un permanente proceso de negociación con el gobierno en pos de lograr el mejor usufructo de los recursos. De esa forma, la oferta de brazos y recursos estuvo al servicio de dos objetivos al mismo tiempo, alimentar puntualmente las exigencias de la maquinaria de reclutamiento que protegía los intereses de los líderes provinciales y organizar la producción rural. Por ello desde fines de los años 30 y sobre todo durante la década de 1840 para realizar el rodeo, la marcación y la matanza de los animales alzados fue necesaria una compleja interacción entre las fuerzas de mercado y el brazo político del gobierno.

Por aquellos años, la situación generada por las coyunturas bélicas y las asiduas prohibiciones del gobierno para realizar las faenas fueron las verdaderas "reguladoras" de la economía pecuaria. Al inicio de los "tiempos de guerra" en apenas un quinquenio, de 1839 a 1844, como resumía el comandante de Concepción, la situación era que: "... los ganados de todas especies estaban en total desorden en los Departamentos, por lo cual su organización se presentaba casi imposible".[26]

---

[26] Domingo Calvo a Antonio Crespo, 7-6-1844, Concepción del Uruguay. AHER, Hac. I, carpeta 26, legajo 1.

El momento más grave se vivió con la entrada del ejército de las fuerzas unitarias, entre 1841 y 1842, que llevó a una temporal emigración de los entrerrianos, hasta que se restablecieron nuevamente las autoridades dependientes del gobierno local. Para entonces, y desde dos años antes, ya había haciendas en su mayor parte "orejanas" y alzadas. En tanto los hacendados se mantenían en el servicio de las armas junto con sus peones. Durante esos años resultó difícil realizar con regularidad los apartes y las marcaciones del ganado.

Más tarde, entre 1843 y 1845, las milicias entrerrianas emprendieron una nueva campaña al Estado Oriental, por lo cual resultó mucho más evidente para los hacendados que todos estarían obligados a mantener por mas tiempo la mayor parte de sus haciendas sin marcar y entreveradas. Por ese entonces, las tropas que hacían las sucesivas campañas militares comenzaron a temer que los pocos hacendados que se habían quedado en la provincia pudieran llegar a faenar buena parte del ganado orejano, que también les pertenecía a ellos. Por esta amenaza el gobierno reforzó una serie de medidas y acentuó sus prácticas de control sobre el área rural, terminando de consolidar una nueva tradición de cómo se debía regular el ciclo productivo pecuario. Los decretos gubernamentales estipularon que nadie podía matar animales orejanos, y tampoco disponer libremente de lo marcado y propio, pues tan solo se podía faenar en cantidades necesarias para la manutención de los pueblos y los ejércitos. De ese modo se proporcionó una contención provisional de corto plazo al potencial conflicto por los ganados.

Pero la guerra y el reclutamiento continuaron durante varios años y las prácticas de regulación de la producción, que en principio eran solo de emergencia, se volvieron casi permanentes y fueron adaptándose a las nuevas coyunturas. A mediados de la década de 1840 el panorama en los campos mostraba una imagen en la cual las rinconadas, las costas con aguadas buenas, los lugares con montes y abundantes pastos contenían al grueso de los animales, que habían abandonado otros campos abiertos o sin suficiente abrigo y agua. En aquellos lugares con mejores recursos naturales las vacas ya habían hecho dos, tres y hasta cuatro pariciones, de tal forma que había toros de "cuenta" y vacas con cría que eran todos "orejanos". Esto motivó entonces que algunos hacendados o pastores no tuvieran dentro de su explotación ni una sola vaca y otros que jamás habían poseído muchos animales, súbitamente disponían dentro de sus tierras de gran cantidad de ganado. En aquellos años, en que no se había marcado el procreo del ganado, todos los productores tenían dificultades para controlar los animales que pastaban en sus establecimientos.

En medio de aquella situación surgían permanentes entreveros de las haciendas, que se expresaba claramente, por ejemplo, en el caso de los animales que el ejército entrerriano había consumido en la estancia de Nicolás Jorge. Para entonces del consumo de las tropas de 401 animales faenados resultaba que solamente 130 eran del propietario del establecimiento, mientras los 271 restantes eran de marcas de los vecinos y de otros animales "orejanos", es decir sin identificación de su dueño.

Con respecto a estos cueros o ganado orejanos, luego de una larga discusión entre los principales vecinos, se resolvió que se vendiesen y que su importe se girara a las arcas del Estado provincial para que el Gobierno resolviera sobre su uso. De esta manera se puso en marcha otra práctica que funcionó de allí en mas, consistente en que los bienes sin marca o dueño reconocido debían quedar como patrimonio del erario público. Se retomó entonces lo que era práctica en tiempos revolucionarios, cuando en medio de las guerras se consideraba que todos los cueros que se habían reunido y aparecían con marcas desconocidas u orejanos iban a cuenta del Estado. En tanto el ejército entrerriano también usaba como criterio esencial tomar siempre animales de las tropillas alzadas o de donde estaban mezclados, y después de consumida la carne entregaban a sus dueños los cueros de las marcas conocidas, en tanto los de desconocidos quedaban a beneficio del erario estatal.

La desorganización y alzamiento de los animales no fue solamente con el ganado vacuno, también ocurrió con los yeguarizos y los lanares. De los equinos se estimaba que estaban casi en su totalidad alzado y solo el ganado lanar estaba más sujeto, por lo cual los propietarios podían disfrutar con mayor probabilidad de las majadas. Inclusive, el propio comandante de Concepción del Uruguay, Domingo Calvo había sufrido, cuando los unitarios ingresaron al Oriente entrerriano, la dispersión y pérdida de control de todos sus rodeos de ganado vacuno. No había sucedido lo mismo con las majadas de ovejas que se encontraban casi enteras pero en poder temporal de otros propietarios, conservando su señal aunque no así el producto de su procreo, que era lo mas numeroso de las majadas.

Por la situación expuesta, luego de 1838 y hasta 1849, el gobierno reglamentó con regularidad cada año las prácticas a seguir con respecto a los ritmos y las formas de explotación de la economía rural, que durante esos años se basaba exclusivamente en la explotación del ganado vacuno alzado. Esta época fue de plena intervención estatal para poner en marcha prácticas que parecen haber contado con la colaboración y el respeto de gran parte de los hacendados. Sin duda el hecho de ser un territorio en cuyo interior ocurrían las contiendas bélicas, llevó a respetar y aceptar las urgentes necesidades coyunturales de protección militar. Este hecho explica también las razones de la enorme presencia de los sectores rurales (con todos sus diversos miembros) dentro de las milicias, lo cual constituyó un ámbito que contenía en el orden militar a los principales actores rurales que al mismo tiempo eran soportes de la guerra y de la economía rural. Quizás por esta doble inserción fue posible alcanzar un alto grado de reconocimiento en las negociación de los intereses comunes, con un cierto consenso entre las autoridades y los estancieros (que a menudo eran las mismas personas) sobre las nuevas formas de reorganización de los recursos y recolección de los patrimonios rurales y los servicios públicos de protección del territorio y de defensa de los intereses políticos locales durante esa larga época de guerras.

En los diferentes pagos para conciliar los intereses dentro de cada Departamento se reunieron los hacendados a quienes se les hizo saber regularmente de las medidas y diferentes normas para marcar y faenar que había ordenado el Sr. Gobernador Propietario, cuya finalidad –siempre se recordaba– era evitar mayores perjuicios de los que ya experimentaban los hacendados que estaban en armas en el frente de guerra. Con aquel objetivo de autocontrol, se levantaron regularmente actas en los distritos rurales donde figuraba lo que iban acordado los vecinos con respecto a los animales faenados para su consumo o para el mercado.

Como en el Oriente entrerriano eran cuatro los Departamentos subalternos debieron actuar cuatro juntas o reuniones de hacendados. Reunidas regularmente estas juntas elaboraban actas que estipulaban todo cuanto se había acordado respecto de las tareas rurales en general, y muy particularmente por una cláusula especial todo lo que podía afectar a los patrimonios de los que estaban ausentes por hallarse en los Ejércitos. En cada reunión había cuatro vecinos (al menos) de probidad entre los pobladores que actuaban como fiscales y tenían potestad de reclamar por lo que pudiera corresponder a los hacendados ausentes.

De todos modos, según las autoridades locales, no hubo entre los hacendados demasiados abusos o desacuerdos pues casi todos respetaban el orden dentro de las prácticas reguladas por el gobierno y fiscalizadas por los vecinos. No obstante, era evidente que no sucedía lo mismo con muchos comerciantes en cuyos negocios se hicieron importantes acopios, tomando cueros de cualquier manera a mano de quien fuera; pues a cambio de un buen precio algunos pulperos acopiaban cueros aunque origen fuera dudoso. Para evitar aquellos abusos, el reconocimiento de los cueros en los mercados fue cada vez más riguroso, sin que se permitiese circular ni vender bajo ningún concepto cueros orejanos o de marcas que no justificasen su propiedad.

Pero la búsqueda de ganancias y los puertos abiertos en medio de la guerra llevaron a menudo a los hacendados a solicitar, y muchas veces a obtener, consideraciones "especiales" de parte las autoridades del gobierno. Así por ejemplo, llegada la época del rodeo en 1844, los más importantes productores pecuarios solicitaron enfáticamente al gobernador delegado Antonio Crespo reconsiderar algunas de las medidas. Ante la potencial permeabilidad de Crespo a la propuesta, fue finalmente el mismo Justo J. Urquiza quien denegó los pedidos, aunque las mismas solicitudes extraordinarias continuaron a lo largo de toda la década de 1840.

De modo que entre 1837 y 1845 las tareas rurales estuvieron organizadas bajo la regulación de las prácticas de los "tiempos de guerra", y recién a partir de 1846 se permitió volver a la faena normal de los animales. Entonces, desde abril de ese año se licenció el ejercito que había hecho la campaña a la Banda Oriental para facilitar las marcaciones y rodeos. Para organizar y reglamentar las tareas continuó funcionando en cada Departamento una Comisión que resolvía sobre las dudas que ocasionaba el entrevero de animales.

Por entonces Urquiza comentaba al gobernador delegado que era consciente de que para la marcación "... el tiempo es corto en que debe hacerse en circunstancia que la gente debe escasear, y mucho más los caballos. Cuando son dos elementos principales para marcar haciendas. Por esta razón soy de la opinión de multiplicar cuanto se pueda a los Comisionados, y si es posible fuese nombrado uno en cada distrito con el interés de abreviar. La elección de 2 o 3 individuos que deben componerlos, sería conveniente lo hiciesen los Comandantes de los Departamentos, a propuesta de los Jueces Comisionados, que deberán hacerlo en personas de 50 años para arriba".[27] El apuro en terminar las tareas pecuarias estaba en que hacia fines de junio habría una nueva reunión general para reclutar nuevamente los cuerpos militares y disciplinarlos en julio y agosto. De ese modo se pretendía que "... los hacendados no se dejaran estar y los soldados por el aliciente del dinero que ganan en esos trabajos no se abandonaran y desmoralizaran, sin hacer caso omiso del servicio militar".[28]

[27] Justo J. de Urquiza a A. Crespo, 19-3-1846. AHER. Hac. s. II. carpeta 1, legajo 5.
[28] Justo J. de Urquiza a A. Crespo, 22-3-1846. AHER. Hac. s. II. carpeta 1, legajo 5.

Luego de julio de 1846 se restableció una nueva prohibición de marcar y faenar animales por cuenta propia, aunque de allí en más se consolidó la brecha de los pedidos especiales de los hacendados, que según los casos habilitó generalmente a los propietarios más prominentes a disponer libremente de parte sustancial de sus ganados. Así lo solicitaba por ejemplo el propio gobernador delegado en 1848, quien pedía autorización para vender vacas, pues estaba vigente la prohibición, pero este necesitaba costear gastos de la estancia, que "se han vuelto un veneno desde que las haciendas han caído de precio...". De ese modo se privilegiaron intereses a través de permisos selectivos, que favorecieron a buena parte de los hacendados mas cercanos al Gobernador.[29]

Al finalizar en 1848 las guerras con Corrientes se restableció un período de licencia más largo de las tropas que llegó hasta 1851. En aquel lapso el gobernador, de regreso en Entre Ríos, tomó como una de sus preocupaciones principales el reorganizar las tareas rurales, para lo cual dictó un nuevo Reglamento para el trabajo rural en agosto de 1849. Para entonces fue notorio el peso que tenían los saladeros y vapores y las necesidad creciente de trabajadores de los hacendados. Por lo señalado entre las preocupaciones principales para disciplinar a los trabajadores, mientras permanecían fuera de las milicias activas, estaban: prohibir los bailes durante la yerra y las cosechas, habilitar el uso de papeletas de conchabo para trabajar y castigar duramente el abandono de las tareas sin previo aviso, con la remisión inmediata al campamento militar de Calá. Todas esas medidas apuntaban a no tolerar la presencia de individuos que no tuvieran un trabajo conocido y estable.

En 1849 Urquiza también dispuso que los animales orejanos que aún quedaban sin dueño, que eran por derecho propiedad del Estado, se adjudicaran a los oficiales y a las tropas. Se otorgó preferentemente a los que habían participado en la campaña militar al Tonelero y en menor medida a los de la campaña Oriental y a la provincia de Corrientes. Esa distribución se hizo "... con preferencia a aquellos más pobres, y que tengan corralitos, para no exponerse a sufrir pérdidas, debiendo Ud. aconsejarlos para que los cuiden con esmero, a fin de que consigan el adelanto de sus procreos". Ese año también se ordenó que "las vacas gordas que hubiere entre las haciendas del Estado las venderá Ud. a los vapores y saladeros, y sus productos recaerán a favor del fisco".[30]

---

[29] Justo J. de Urquiza a A. Crespo, 20-6-1848. AHER. Gob. s. II. carpeta 2, legajo 7.
[30] Justo José de Urquiza al comandante José Ignacio Calderón, Gualeguaychú, 20-10-1848, AHER. Gob. s. II, sección C, carpeta 8, legajo 1D.

De ese modo, para mediados de siglo en la zona vieja del Oriente entrerriano donde estaban las principales estancias, prácticamente había desaparecido el uso de mano de obra esclava (que llegaba al 3.2%), y se contaba en los trabajos rurales con un importante plantel de peones, que en conjunto alcanzaban al 42.8% de los trabajadores dependientes, seguidos por los agregados el 22.7%, por los jornaleros el 13.5% y por los conchabados el 11.1%.[31]

También para 1850, el Oriente entrerriano mostraba un entramado muy concreto en la distribución y explotación de la producción rural en su extenso territorio. En Concepción del Uruguay, la zona de antigua ocupación, se asentaba el área de haciendas que contaba con unos 70 puestos, de los cuales el 31% pertenecían a Justo José de Urquiza y a Isabel Alzaga de Elía el 13%; el resto era propiedad de los de Espiro, Barceló, Sagastume, Galarza, López Jordan y Calvento. Entre todos conformaban un arco productor principalmente de ganado y en menor medida de trigo al suroeste de la zona, que se completaba con el distrito de Molinos paralelo al norte de la costa, en las cercanías de la villa, donde habían pervivido los labradores productores de granos para el mercado urbano (cfr. Cuadro del apéndice).

Al sur de Concordia se situaban los distritos de más antiguos poblamiento que contaban con haciendas y estancias, dedicados a la cría bastante equilibrada de vacunos y ovejas. Reunían unos 30 puestos de haciendas en los que sobresalían los establecimientos de Ignacio Campbell, gran productor de lanares y los de Justo José de Urquiza y Manuel Urdinarrain. En tanto en la zona costera este y norte de los distritos de Chañar, Ayuy, Diego López y Federal estaban reunidos los labradores-pastores (cfr. Cuadro del apéndice). Finalmente en Federación los distritos de Atencio, Gualeguaycito, Mandisoví y Tatutí tenían un perfil muy similar entre ellos, pues todos los productores estaban asentados en tierras públicas de pastoreo y eran grupos de pastores-labradores, que en base a la explotación del trabajo familiar o de otros labradores agregados conquistaban año tras año nuevas parcelas de cultivo o de pasturas a los montes de la frontera todavía casi vírgenes de la explotación rural (cfr. Cuadro del apéndice).

En resumen, hemos visto como la producción rural del Oriente entrerriano a fines de la colonia estaba sustentada por un conjunto modesto de labradores y hacendados, que producían granos para el abasto local y cueros, sobre todo de baguales, para la exportación.

---

[31] Porcentajes calculados en base al censo provincial de 1849.

Pero luego de la Revolución de 1810, con la oferta de factores locales de abundancia de tierras para el pastoreo y con el incentivo de patrones comerciales rioplatenses, se incrementó y consolidó la producción de las haciendas pecuarias, las cuales encontraron un nuevo escenario a partir de las exportaciones ultramarinas.

Pero aquel proceso de incremento de los bienes pecuarios no fue sencillo en un contexto de guerras permanentes. No obstante, desde la década de 1830, a pesar de los traspiés y costos institucionales del desorden posrevolucionario, se consolidó en las tierras del Oriente entrerriano un patrón pecuario que estuvo en manos de un grupo bien definido de hacendados, productores en los distritos del sur de cueros vacunos y abastecedores de carne y corambres para la industria saladeril y las graserías. Más tarde, desde mediados de la década de 1840, también comenzaron a exportar cantidades significativas de cueros curtidos y tasajo. Al mismo tiempo que esas mismas haciendas fueron otorgando un lugar destacado a la cría de ovejas y la venta de lana. Incluso en algunos establecimientos de Concordia y de Concepción del Uruguay los lanares estaban ya en franca expansión dentro de los *stocks* ganaderos. Las haciendas principales cercanas a las ciudades también producían buena parte de los granos que abastecían los estrechos mercados "urbanos" de Concepción del Uruguay y las villas de las cercanías.

Al mismo tiempo que la producción y los hacendados de sur del Oriente entrerriano se consolidaron, fue expandiéndose sin grandes conflictos el poblamiento de la frontera rural por parte de los pastores-labradores dentro del vasto territorio del noroeste de Concordia y sobre todo de Federación. Estos, como hemos visto, sostenían una producción de pastoreo de pequeños rebaños de animales vacunos, equinos y ovinos y un excedente agrícola destinado en gran medida al autoabastecimiento y no al mercado. Dentro de esa multitud de productores, a diferencia de otras áreas del Río de la Plata, la tradición triguera fue bastante limitada volcándose los mayores esfuerzos hacia la producción de maíz y de mandioca.

La dinámica y las características del patrón productivo del Oriente entrerriano estuvieron determinadas e impulsadas solo en parte por los incentivos externos emanados desde los mercados, aunque siempre constituyeron una referencia central para alcanzar una rentabilidad potencial en las plazas del Atlántico. Pero hemos visto que en la definición del patrón productivo y en la consolidación rural fueron más relevantes los factores locales emergentes de la abundancia y los costos de recursos disponibles y de las preferencias por la cría del ganado en el contexto institucional de convivencia con las largas co-yunturas de las guerras. Fue así como el crecimiento pecuario fue consecuencia esencialmente del aprovechamiento de la abundancia de bienes naturales (pasturas y aguadas) y de la protección y fomento de las políticas institucionales, que en un contexto de inestabilidad y con la disponibilidad de una frontera abierta lograron desarrollar a bajo costo una ganadería absolutamente extensiva basada en el aprovechamiento de los pastos y del procreo de ganado alzado. Dichas políticas, junto a la "administración" de los brazos disponibles, regulada por los comandantes militares, para las milicias y el conchabo rural, lograron volcar excedentes rurales crecientes dentro de una política de "puertos abiertos", que analizaremos mas adelante. Todo ello fue clave en determinar el patrón productivo y las lógicas de los empresarios rurales entrerrianos de la primera mitad del siglo XIX.[32]

También se debe enfatizar que durante esta etapa temprana de expansión de la frontera rural, el crecimiento de los principales estancieros todavía era totalmente complementario, aunque muy diferenciado en sus magnitudes y espacios de convivencia, con el poblamiento y la puesta en producción de las tierras nuevas por parte de los pequeños productores familiares, ya fueran aquellos pastores o labradores. Por este motivo existió durante esta época una persistencia y convivencia de diferentes tipos de estrategias productivas, de acceso y usufructo de las tierras (en propiedad, en ocupación reconocida a cambio de servicios al Estado o simplemente en ocupación) y una cierta complementariedad (muchas veces intermediada por las instituciones públicas) entre el trabajo familiar y el conchabo en las estancias. De modo entonces que la producción rural durante las primeras décadas posrevolucionarias probablemente compartió algunas características más cercanas a las economías pecuarias de Corrientes o Río Grande del Sur que a las experimentadas en la campaña bonaerense.[33]

Por lo señalado, queda claro que el dilema fundamental de los entrerrianos luego de la Revolución fue cómo organizar la producción rural en tiempos de guerra, es decir cómo superar los escollos en una época inestable, de escasez de mano de obra, de insuficiencia de capitales y de mercados distantes. En ese marco la economía se volcó hacia

---

[32] R. Schmit y M. Rosal: "Política comercial, flujos mercantiles y negocios…" *op. cit.* pp. 107-112.

[33] Helen Osorio: *Estancieros, lavradores e comerciantes no constituçao da extremadura portuguesa na América: Río Grande de Sao Pedro, 1737-1822.* Tesis doctoral. Universidad Federal Fluminense, 1999.

la explotación de los recursos mas abundantes (las tierras con sus extensas pasturas y la disponibilidad natural de las aguadas) a través de una ganadería extensiva que se reproducía en estancias con rebaños alzados de animales. Estas características definieron las pautas, las escalas de inversión y las estrategias de los "empresarios". Para los productores de las estancias la organización de las tareas tuvo además como característica la combinación de pautas propias de la demanda del mercado exportador (tipos de cueros, tasajo y otros derivados pecuarios). También debieron atender pautas institucionales surgidas del contexto de las necesidades locales, acerca de cómo negociar con las autoridades el acceso a la mano de obra y la organización de los ciclos productivos. La clave para articular esas estrategias fue la poca distancia que existía entre los grupos hegemónicos en la vida política-militar y en la actividad económica local, lo que permitió sin duda efectuar esta conexión con relativo éxito. Pero al mismo tiempo que los empresarios rurales se ajustaban a los negocios en "tiempos de guerra", gran parte de la base productiva rural en tierras nuevas de la frontera giro en torno al trabajo familiar de los grupos campesinos (pastores, pastores-labradores y labradores) que a partir de la autoexplotación familiar y de la mano de obra agregada controlaba modestos rebaños de animales o pequeñas parcelas de cultivos.

Pero el alcance de esta modalidad de combinación de las "empresas" rurales con las actividades de producción doméstica de los campesinos encontró limites en las escalas de producción y sobre todo en las nuevas necesidades de las producciones rurales de las haciendas desde mitad del siglo XIX. Cuando ya estaban consolidadas las estancias y habían surgido los saladeros, se abría una nueva época en la que resultaron poco eficientes los antiguos arreglos de la convivencia de intereses basados en las respuestas institucionales y las nuevas demandas de los mercados. A partir de entonces los patrones para la convivencia entre las distintas formas de producción y de acceso a la tierra, entre los productores campesinos y las estancias, junto con la aceptación de las antiguas prácticas institucionales, fueron cada vez más difíciles de reproducir, planteando las limitaciones futuras para la interacción entre los diversos componentes del mundo rural entrerriano.

Apéndice de cuadros

Cuadro 18. Estructura de producción del Departamento de Concepción del Uruguay a mediados del siglo XIX

	Distrito Molinos	Distrito Arroyo Urquiza	Distrito Gualeguaychú	Distrito Sesteada	Distrito Puntas del Gena	Distrito Costa de Gualeguaychú	Distrito Cupalén
U.Pro.	38	40	23	31	16	21	55
N. Per.	190	264	219	290	149	203	519
P. x U.	5	6.6	9.5	9.3	9.3	9.6	9.4
Labradores	9	28	5	0	2	2	37
Puestos	0	10	7	22	10	10	11
Labra. Dep	4	2	0	0	0	0	2
Peón-Jor	0	11	32	42	11	40	15
Agre-Con	8	0	2	12	11	5	8
Miliciano	18	20	11	16	17	6	14
Capataz	0	7	7	5	4	8	5
Otros	3	1	1	6	1	6	8
S/D	6	1	9	2	5	1	2
%Vacas	7.3	12.5	20.5	17.9	13.3	14.5	13.7
% Caballos	12.2	17.5	19.4	12.5	13.7	12.1	12.5
% Ovejas	5.2	16.9	19.3	23.0	6.8	20.2	14.8
% Trigo	7.9	3.5	0.7	74.1	0.0	0.7	0.2
Hacendados	0	2	5	6	3	2	4
		Espiro Urquiza	Holler-Fink P. Pérez Sagastume Urquiza Zalazar	Gonzalez Urquiza Galarza A. Elias L. Jordan Villavicencio	Urquiza Zabala Caballero	Alzaga Elias Langdon	Calvento Azofra A. Elías L. Jordan

U.Pro.= Unidades de producción. N.Per.= Número de personas. PxU= Personas por unidad de producción. Labra.Dep.= Labradores y dependientes. Peón-Jor= Peones y jornaleros. Agre-Con.= agregados y conchabados. % vacas, caballos, ovejas y trigo son sobre el total del Departamento.

Nota: El número de personas por unidad de producción del Distrito Cupalén incluye el saladero Santa Cándida de 191 personas; sin este establecimiento el promedio baja a 6,1 personas por unidad de producción.

Cuadro 19. Estructura de producción de Concordia a mediados del siglo XIX

	Distrito 1 Yeruá	Distrito 2 Moreira	Distrito 3 Chañar-Compas	Distrito 4 Ayuy Yeguas	Distrito 5 Diego López Federal
U. Pro.	52	35	32	63	26
N. Per.	339	228	225	336	138
P. x U.	6.5	6.5	7	5.3	5.3
Labradores	8	9	0	28	26
Puestos	26	2	0	0	0
Estancias	16	20	28	30	0
Labra. Dep.	0	10	0	0	0
Peon-Jor	30	6	0	20	0
Agre- Con	6	4	8	3	4
Miliciano	23	3	30	6	0
Otros	1	0	0	0	0
S/D	0	0	0	0	0
%Vacas	22.6	18.7	9.5	23.6	25.5
%Caballos	22.6	13.8	17.7	15.3	30.5
%Ovejas	71.5	8.2	2.7	4.3	13.2
%Trigo	53.4	2.6	6.5	6.8	30.6
Hacendados	5 Urquiza Mancores Urdinarrain I.Campbell Estado prov.	2 J. Pavón M. Martinez	0	0	0

U.Pro.= Unidades de producción. N.Per.= Número de personas. P.xU.= Personas por unidad de producción. Labra.Dep.= Labradores y dependientes. Peon-Jor= Peones y jornaleros. Agre-Con.= agregados y conchabados. %vacas, caballos, ovejas y trigo son sobre el total de Concordia.

Cuadro 20. Estructura de producción de Federación a mediados del siglo XIX

	Distrito 1 Atencio	Distrito 2 Gualeguaycito	Distrito 3 Mandisoví	Distrito 4 Tatutí	Distrito 5 Federación
U. Pro.	83	18	14	28	38
N. Per.	549	133	86	178	170
P. x U.	6.6	7.4	6.1	6.3	4.5
Labradores	59	13	12	26	0
Puiestos	0	1	0	0	0
Estancias	0	3	1	1	0
Labra. Dep.	74	18	15	45	0
Peón-Jor	0	2	2	1	2
Agre- Con	6	4	5	3	11
Miliciano	4	0	0	0	0
Otros	6	0	1	1	38
S/D	11	0	0	0	0
% Vacas	20.3	19.6	42.1	15.8	0.2
% Caballos	24.8	24.2	31.2	15.8	4.0
% Ovejas	15.6	28.0	41.2	14.4	0.4
% Trigo	S/D	S/D	S/D	S/D	S/D
Hacendados	0	1 J. Quintero	0	0	0 Villa Federación

U.Pro.= Unidades de producción. N.Per.= Número de personas. P.xU.= Personas por unidad de producción. Labra.Dep.= Labradores y dependientes. Peón-Jor= Peones y jornaleros. Agre-Con.= agregados y conchabados. %vacas, caballos y ovejas son sobre el total de Federación.

Capítulo 5
El comercio "en los ríos": Los caminos al mercado y las guerras

> "... los magníficos ríos de la Plata, Paraná, Paraguay y Uruguay corren como arterias a través del corazón del territorio, proporcionando un ininterrumpido canal de comunicación, a lo largo de muchos miles de kilómetros, entre las regiones fértiles de este vasto continente."
>
> (Willian Mac Cann, 1847)[1]

El comercio entrerriano en tiempos coloniales se hallaba vinculado al complejo entramado de circuitos mercantiles ligados con el espacio económico altoperuano y con el comercio atlántico. Por entonces se importaban a su territorio los bienes de "Castilla" que llegaban al puerto de Buenos Aires y se exportaban los productos de la "tierra", sobre todo de carácter pecuario que como ya vimos habían prosperado desde 1780. Junto a los productos rurales también se reexportaban al interior del virreinato yerba mate, tabaco y maderas procedentes del Alto del Litoral. De esa manera el comercio local se había conectado, aunque todavía con muy modestos valores, dentro del espacio comercial integrado alrededor del mercado minero productor de plata y de las demandas de los mercados urbanos y de las plazas ultramarinas.[2]

Pero luego de la Revolución de 1810, con el advenimiento de las guerras de independencia y la crisis de la producción minera del Alto Perú, ese conjunto de vínculos comerciales que unía el territorio virreinal comenzó a agonizar, para luego desintegrarse. Las consecuencias que trajo la Revolución incluían un largo ciclo de guerras hasta 1860, que con su propia dinámica alteraron las relaciones comerciales. En primer lugar, durante la década de 1810 los frentes de

---

[1]   William Mac Cann: *Viaje a Caballo...*, op. cit., p. 147.

[2]   Carlos Assadourian: *El sistema de la economía colonial.* Instituto de Estudios Peruanos, Lima, 1982. Zacarias Moutoukias: *Contrabando y control colonial en el siglo XVII.* Buenos Aires, CEAL, 1988. Juan Carlos Garavaglia: *Mercado interno y economía colonial.* Enlace-Grijalbo, México, 1983. E. Tandeter, V. Milletich y R. Schmit: «Flujos mercantiles en el Potosí colonial tardío», en: *Anuario IEHS* n° 9, Tandil, 1994. pp. 97-126.

batalla contra los españoles en el noroeste del territorio rioplatense modificaron los circuitos del comercio altoperuano, reduciendo o entorpeciendo los negocios que habían sostenido esas economías durante varios siglos. Pero también, podemos decir que a partir de entonces, la situación no fue tan solo desfavorable para los productores pecuarios, porque a pesar de las pérdidas de esos antiguos circuitos comerciales americanos los bienes rurales comenzaban a encontrar un nuevo rumbo, a través del libre comercio de los bienes pecuarios dentro de la economía atlántica. De este modo la producción ganadera que en tiempos coloniales había comenzado a exportase como un complemento muy secundario de los metales, pasaba ahora a jugar un rol preponderante. Por lo tanto durante el siglo XIX las tierras de la cuenca del Río de la Plata, especialmente las que integran en la actualidad la zona sur del Brasil, la República Oriental del Uruguay y el Litoral argentino, productoras de bienes de exportación y puertos de ingreso de las importaciones, se iban a convertir en centros dinámicos de la producción y del comercio Atlántico en el cono sur.[3]

Pero este desarrollo del comercio tuvo que sortear la notable fragmentación institucional que sufrió esta región con la caída del Estado colonial español, escenario que no fue el mejor contexto para la regularidad y los costos de transacción de los negocios mercantiles. No obstante, los permanentes conflictos entonces desatados no generaron barreras impenetrables a la interacción de las economías regionales ni al comercio atlántico. De esa manera, como veremos en el desarrollo de este capítulo, a pesar de los múltiples conflictos bélicos, de las fuertes competencias fiscales entre los Estados y de la inestabilidad institucional, existió durante la primera mitad del siglo XIX una intensa movilidad fronteriza que dio lugar al nacimiento de relaciones comerciales lícitas e ilícitas de complicidad mutua.

Por todo lo señalado, dentro de ese contexto los ríos del Plata fueron más bien un lugar de encuentro y de actividad económica que una frontera divisoria de las poblaciones.[4] Así, durante los años

---

[3] Tulio Halperin Donghi: *Reforma y disolución... op. cit..* John Lynch: "Las Repúblicas del Río de la Plata», en: Leslie Bethell: *Historia de América Latina* vol. 6. Barcelona, Crítica, 1991. L. Prados de la Escosura y S. Amaral (eds.): *La independencia Americana: consecuencias económicas.* Madrid, Alianza, 1993.

[4] Thomas Whigham: «The back-door approach: the alto Uruguay and paraguayan trade, 1810-1852», en *Revista de Historia de América* nº 109. México, IPGH, 1990, pp. 45-67. Lilia Inés Zanotti de Medrano: «Un ciclo comercial en la Cuenca del Plata (1852-1920)», en *Revista Complutense de Historia de América* nº 18. Madrid, 1992. pp. 219-239.

poscoloniales y en el espacio económico de la cuenca del Plata los ríos Paraná y Uruguay fueron las mejores vías de circulación para los bienes de exportación e importación. No obstante todas aquellas interacciones permanentes se debe ponderar la importancia que también tuvieron las restricciones del tráfico mercantil, pues en las provincias litoraleñas solo se pudo circular libremente para el comercio de cabotaje, ya que Buenos Aires no permitió la libre navegación de los ríos a las naciones extranjeras, manteniendo de ese modo su puerto, junto con el de Montevideo, como las únicas alternativas de vinculación o conexión entre las plazas ultramarinas y el comercio interior rioplatense.[5]

Entonces, a partir del decenio de 1820 y bajo este sistema de circulación e intermediación mercantil quedó planteado un gran desafío para las economías provinciales: ¿cómo enfrentar con éxito las transformaciones operadas en el comercio regional y sortear las restricciones que imperaban en la era posindependentista?

Las economías que ya tenían un potencial pecuario, como la entrerriana, podían encontrar rápidamente nuevos mercados, mientras otras economías del interior que habían formado parte del virreinato debieron intentar reconstruir sus antiguas tradiciones de intercambios.[6] Por esta razón tanto el Oriente entrerriano como el campo del sur bonaerense, por sus recursos rurales locales y por su vinculación con los mercados del Atlántico, fueron dos de los principales beneficiarios de este nuevo contexto comercial.

---

[5]   Mirón Burgin: *Aspectos económicos del federalismo Argentino*. Buenos Aires, Solar/ Hachette, 1960. José Pedro Barrán: *Apogeo y crisis del Uruguay pastoril y caudillesco 1839-1875*. Montevideo, Banda Oriental, 1988. José Carlos Chiaramonte: *Mercaderes del Litoral. Economía y sociedad en la provincia de Corrientes, primera mitad del siglo XIX*. México-Buenos Aires, F.C.E., 1991. Raúl Jacob: «Uruguay: Integración y desintegración de un pequeño mercado regional», en *Siglo XIX* n° 14. México, 1993. pp. 211-238.

[6]   Viviana Conti: «Espacios económicos y economías regionales. El caso del norte argentino y su inserción en el área andina en el siglo XIX», en: *Revista de Historia* n° 3. 1992. pp. 27-40. E. Langer y V. Conti: «Circuitos comerciales tradicionales y cambio económico en los Andes Centromeridionales (1830-1930)», en: *Desarrollo Económico* n° 121, vol. 31 (Abril-Junio). Buenos Aires, 1991. pp. 91-111. Silvia Romano: «Córdoba y el intercambio regional, 1820-1855». *XV Jornadas de Historia Económica*. Tandil, 1996. Silvia Palomeque: «La circulación mercantil en las provincias del Interior 1800-1810», en *Anuario IEHS* n° 4. Tandil, 1989. pp. 131-210. Esteban Nicolini: «Orientación del comercio de Tucumán entre 1825 y 1852: tensión entre el mercado del Pacifico y el del Atlántico». *DATA* n° 2. La Paz, Bolivia. pp. 63-95.

El comercio rioplatense

Dentro de las nuevas relaciones de intercambio luego de la Revolución trataremos de responder cuál fue el ritmo del comercio de la región. Nuestros estudios recientes sobre el Litoral marcan un ciclo con dos momentos diferentes, el primero marcado por la «crisis» desatada por las guerras de independencia, acompañada por la inestabilidad política y el cambio de patrón productivo que parece haber afectado la circulación mercantil solo hasta 1825. Luego se inicia un largo ciclo hasta la mitad de siglo, que si bien tuvo varias fluctuaciones cambiantes impuestas en 1826-28, 1838-40 y 1845-47 por los bloqueos comerciales, registró un alza sostenida del comercio en el área bonaerense-litoraleña. Claro que esta visión de conjunto no debe ocultarnos el hecho de que dentro de este universo mercantil cada provincia tuvo una participación diferente y que su adaptación a las nuevas condiciones fue dispar.[7]

Como ya señalamos, el caso más notable fue el de Buenos Aires que a partir de 1820 comenzó su proceso de expansión de la frontera rural.[8] La gran disponibilidad de tierras y de capitales locales para volcar a la producción, le permitiría a la provincia poner en acción nuevas áreas para la explotación rural con el fin de proveer al mercado urbano y sobre todo a su puerto de grandes cantidades de cueros, sebo, carne salada, lana y cereales. Según nuestros recientes análisis sobre el comercio exterior, el campo bonaerense aportaba desde 1820 cantidades crecientes de productos ganaderos para el mercado atlántico. Sobre todo desde comienzos del decenio de 1830 se mantuvo el flujo exportador de la producción pecuaria volcando cada año a las exportaciones ultramarinas un promedio de 500 mil cueros vacunos. Pero será durante la década de 1840 cuando alcanza un verdadero despegue sostenido y su promedio se multiplicaba notablemente llegando a 1.5 millones de cueros vacunos anuales.[9]

Esta evidencia permite sostener que, más allá de los efectos negativos que provocaron los bloqueos comerciales al puerto bonaerense, es

---

[7] Claudia Wentzel: "El comercio del Litoral de los Ríos con Buenos Aires 1783-1821", en *Anuario IEHS* n° 3. Tandil, 1987, pp.161-210. Miguel Rosal: "El Interior frente a Buenos Aires…" *op. cit.*. Roberto Schmit: "Comercio y mercado en el Litoral argentino…" *op. cit.*. R. Schmit y M. Rosal: "Las exportaciones del Litoral argentino…" *op. cit.*.

[8] Tulio Halperin Donghi: «La expansión ganadera…» *op. cit.*

[9] Rosal y Schmit: «Del reformismo colonial borbónico al librecambio…» *op. cit.*

indudable que desde 1829 la economía provincial y el comercio porteño mantuvieron una sólida tendencia al crecimiento que tiene como
correlato el ascenso al poder del rosismo. Si bien el valor de los productos para la exportación no alcanzó para obtener una balanza comercial favorable, resultó suficiente para mantener buena parte del
intercambio ultramarino, de donde el Estado provincial obtuvo sus
ingresos fiscales y los «capitalistas» sus ganancias.[10]

**Gráfico 1. Tendencias del comercio rioplatense y de Entre Ríos
1810-1850**

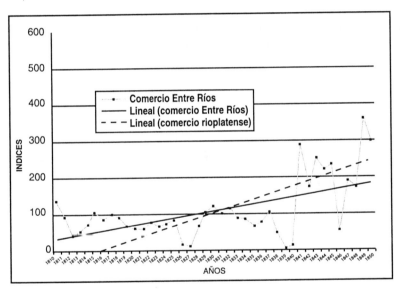

[10] Fuentes del gráfico I: Archivo General de la Nación, Buenos Aires (AGN): Sala
III, 22-4-7, 22-4-8, 22-6-1, 22-6-2, 22-7-2, 22-8-1, 22-8-14, 22-9-3, 22-9-14, 22-
10-5, 23-2-2, 23-3-6, 23-1-9,23-1-10, 23-2-10, 23-2-11, 23-2-12, 3-2-13, 23-3-
13, 23-3-14, 23-4-1, 23-4-2, 23-4-3, 23-5-4, 23-5-5, 23-5-6, 23-7-4, 23-7-5, 23-
7-6,24-5-1, 24-5-2, 24-5-3, 24-5-4, 24-5-5, 24-5-6, 24-6-1, 24-6-2, 24-6-3, 24-6-
4, 24-6-5, 24-7-1, 24-7-2, 24-7-3, 24-7-4, 24-7-5,24-8-1, 24-8-2, 24-8-3, 24-8-4,
24-8-5, 24-9-1, 24-9-2, 24-9-3, 24-9-4, 24-9-5, 24-9-6, 24-9-7, 24-10-1, 24-10-2,
24-10-3, 24-10-4, 24-10-5, 24-10-6, 24-11-1, 24-11-2, 24-11-3, 24-11-5, 24-11-6,
25-1-1, 25-1-2, 25-1-3, 25-1-4, 25-1-5, 25-1-6, 25-1-7, 25-2-1, 25-2-2, 25-2-3,
25-2-4, 25-2-5, 25-2-6, 25-2-7, 25-3-1, 25-3-2, 25-3-3, 25-3-4, 25-3-5, 25-3-6,
25-3-7, 25-4-1, 25-4-2, 25-4-3, 25-4-4, 25-4-5, 25-4-6, 25-4-7, 25-4-8, 25-5-1,
25-5-2, 25-5-3, 25-5-4, 25-5-5, 25-5-6, 25-5-7, 25-5-8, 25-6-1, 25-6-2, 25-6-3,
25-6-4, 25-6-5, 25-6-6, 25-6-7, 25-7-1, 25-7-2, 25-7-3, 25-7-4, 25-7-5, 25-7-6,

En tanto en el comercio entrerriano, como muestra el gráfico 1, se fue trazando una tendencia similar a la de Buenos Aires, aunque con una evolución más modesta y retardada. Recién desde mediados de la década de 1830 el comercio provincial comienza a crecer, y desde 1840 muestra una acelerada expansión. Para entonces, la campaña entrerriana aportaba al mercado atlántico un conjunto de productos idénticos a los porteños; básicamente se trataba de cueros vacunos, carne salada, sebo y lana.[11] En este caso, el aumento del comercio pecuario estaba íntimamente ligado, como ya vimos en los capítulos anteriores, al control y al poblamiento de tierras nuevas en la frontera situada en la costa oriental entrerriana. Por ello, desde la década de 1830 será cada vez más gravitante la zona que bordea la ribera del río Uruguay, que se convierte en el núcleo mas dinámico de la economía provincial. Allí, a pesar de los inconvenientes que generó la guerra permanente, se fueron consolidando las estancias ganaderas y la industria saladera que dieron sustento material al crecimiento mercantil.

Por lo señalado a mediados del siglo XIX Entre Ríos era una de las provincias más pujante dentro del comercio rioplatense este dinamismo puede ponderarse observando el peso que tenía el comercio exportador entrerriano en Buenos Aires y Montevideo. Durante esas décadas hubo un aumento de las exportaciones de Entre Ríos y sobre todo se debe destacar que el eje del tráfico comercial de cabotaje en la cuenca del Plata se fue trasladando desde el río Paraná –donde se ubicaba hasta principios de los 30– al río Uruguay. Pero también, si examinamos las exportaciones de cueros vacunos, el principal producto de exportación pecuaria, *per cápita* a través del puerto de Buenos Aires se puede ponderar el notable incremento del comercio pecuario entrerriano y el aumento que registró desde la década de 1840.

25-7-7, 25-8-1, 25-8-2, 25-8-3, 25-8-4, 25-8-5, 25-8-6, 25-9-1, 25-9-2, 25-9-3, 25-9-4, 25-9-5, 25-9-6, 25-9-7, 25-10-1, 25-10-2, 25-10-3, 25-10-4, 25-10-5, 25-10-6, 25-10-7, 25-10-8, 25-11-1, 25-11-2, 25-11-3, 25-11-4, 25-11-5, 25-11-6, 25-11-7, 26-1-1 y 26-1-2. Sala X: 37-1-9, 37-1-10, 37-1-11, 37-1-12, 37-1-23, 37-1-27, 37-2-17, 37-2-3, 37-2-25, 37-2-23, y 37-2-18.

[11] Roberto Schmit: «Comercio y mercado en el Litoral argentino…" *op. cit.*. Thomas Whighan: *The politics of River commerce in the Upper Plata 1780-1870*. Albuquenque, University of New Mexico Press, 1991.

Cuadro 21. Exportaciones per cápita de cueros vacunos del puerto
de Buenos Aires

Provincia	1831-1835	1840-1850
Buenos Aires	18.69	47.62
Entre Ríos	8.16	25.27
Santa Fe	4.40	10.35
Córdoba	2.45	2.74
Corrientes	2.38	6.42

Fuente: M. Rosal y R. Schmit: "Del reformismo colonial borbónico al libre comercio..." *op. cit.*

En cuanto a la evolución del valor de las exportaciones de la provincia al puerto de Buenos Aires se puede ver la tendencia ascendente que registra el comercio, que solo es interrumpida temporalmente cuando los porteños sufrieron los bloqueos comerciales en su tráfico a ultramar. Dentro de ese flujo, los productos pecuarios son los principales componentes; se destacan los cueros vacunos (tanto salados como secos), la lana, el tasajo, el sebo, la grasa y los cueros baguales; junto a ellos se exportan la cal, el jabón y la madera.

El comercio entrerriano a través del río Uruguay

Dentro del comercio exterior de la provincia el flujo aportado por el Oriente entrerriano era el principal componente del tráfico litoraleño, que se realizaba a través de los puertos de Concepción del Uruguay y luego en la década de 1830 también desde Concordia.[12] Desde allí los productos de las plazas locales entrerrianas podían enviarse por vía fluvial hacia las plazas de Buenos Aires o de Montevideo; esto permitió a la zona, única dentro de la confederación argentina, disponer de variadas alternativas para desplegar sus múltiples conexiones mercantiles con las restantes zonas rioplatenses, que –como veremos más adelante– pudo explotar con bastante éxito durante la década de 1840.

[12] El puerto de Federación se habilitó al comercio exterior recién en 1849, aunque ya desde 1847 la villa permitió el ingreso de reexportaciones que luego iban a Concordia a través de un tráfico terrestre de carretas. En cambio, durante los primeros años las operaciones de exportación de productos pecuarios no fueron significativas.

El río Uruguay era una ruta fluvial que permitía el tránsito de las exportaciones e importaciones a ultramar, pero también era una vía de tránsito para una gran variedad de productos regionales del Paraguay y el Brasil como: yerba mate, azúcar, tabaco, café, arroz y aguardiente, dirigidos a una gran cantidad de mercados del territorio rioplatense, donde se consumían en enormes cantidades. El río poseía dos tramos perfectamente navegables; el primero en el Alto Uruguay entre Misiones y el Paso de los Higos (hoy Monte Caseros) en Corrientes. Luego, a partir de allí, había un segmento que era casi intransitable, pues tenía una pendiente de 35 metros, conocida como el Salto Grande y otro más adelante llamado Salto Chico a la altura de la ciudad de Concordia en Entre Ríos y la ciudad de Salto en la Banda Oriental. Para sortear este sector del río, los productos eran descargados a tierra en Belén o en Federación para ser transportados en carretas pasando el Salto, para luego ser reembarcados. Finalmente, en el segundo tramo, desde Concordia hacia el sur, el río resultaba muy navegable hasta los grandes puertos del Río de la Plata. Este curso de agua fue una excelente vía para que los comerciantes pudieran vincular el tráfico de los efectos locales, regionales y ultramarinos.[13]

Desde 1820 a través del río, tanto para exportar como para importar, se encauzaba el flujo mercantil proveniente de Itapuá (Encarnación), Rinconada o Trinchera de San José (Posadas), el puerto Hormiguero, San Borja, entre tierras fronterizas paraguayas y brasileñas. Luego seguía por los puertos de La Cruz, Itaquí, Restauración (Paso de los Libres) y Uruguayana en los límites correntinos y brasileños. Y luego transitaba por Mandisoví (Federación), Belén, Concordia, Salto, Paysandú y Concepción del Uruguay puertos limítrofes entre los entrerrianos y los orientales. Por último, los bienes llegaban a los puertos ultramarinos de Buenos Aires y Montevideo.

El comercio entre 1820 y 1840

Durante las décadas de 1820 y 1830 las exportaciones del Oriente tuvieron un comportamiento similar a las del resto de la provincia, es decir que se movieron dentro de un cuadro de lento crecimiento, que se vio afectado por los bloqueos comerciales de 1826-28 y de 1838-40. Su composición era básicamente de productos pecuarios que salían desde

---

[13] Erich Poenitz: «La ruta Oriental de la yerba...» *op. cit.*

el puerto de Concepción del Uruguay. Para esta época se exportaban sobre todo cueros vacunos y baguales secos, crin y algo de lana y de sebo. También se enviaban partidas de jabón, cal y maderas.

En tanto, el comercio de reexportación fue en los inicios bastante limitado en los puertos del Oriente entrerriano, ya que este se realizaba fundamentalmente por la costa de la República del Uruguay, con epicentro en el pueblo del Salto en territorio de la Banda Oriental. Por este motivo los ingresos se restringían solamente a partidas menores para el abasto de las localidades cercanas. Pero en plena guerra con el Brasil comenzó a surgir una tradición de comercio clandestino sobre todo en embarcaciones pequeñas de ingleses y americanos que realizaban piratería o naves corsarias para hacer intercambios lucrativos en medio de la guerra.[14] Más tarde, ya para mediados de la década de 1830 la situación comenzó a cambiar, pues se produjo una reorganización de las rutas mercantiles. Entonces, lentamente volvieron a ingresar mayores cantidades de reexportación, sobre todo yerba mate para abastecer mercados dentro y fuera de la provincia. Aquella situación se fortaleció mucho en el territorio entrerriano gracias a la fundación del pueblo de Concordia y de su puerto, que desde 1832 ofreció al comercio de la región las mejores condiciones naturales para la carga y descarga de barcos, a lo que se sumó el apoyo del gobierno provincial, que gravó muy modestamente las reexportaciones alentando la llegada del comercio yerbatero.

Unos años después la guerra farrophilla en Río Grande del Sur crearía una nueva coyuntura favorable para los puertos de reexportación de Corrientes y Entre Ríos que llevaron adelante relaciones de amistad y comercio con los rebeldes, quienes se surtían de los productos ultramarinos a través de Concordia y Salto.[15] Aquellas relaciones mercantiles se fueron incrementando al punto de que regularmente por el río Uruguay los rebeldes riograndenses mantenían un comercio considerable, donde se operaba regularmente por más de $ 40 000, fundamentalmente en bienes pecuarios, dado sobre todo porque los cueros brasileños se pagaban a buenos precios para luego ser exportados hacia ultramar a cambio de los productos importados de aquellos mismos puertos.[16]

A partir de 1836 la inestabilidad política de la región creció y las luchas internas debilitaron los negocios emplazados en el Salto, lo

---

[14] AHPA, Legación del Brasil en Buenos Aires. Legajo 1, mazo 1. 6-6-1825.
[15] AHPA, Legación del Brasil en Buenos Aires. Legajo 1, mazo 1. 20-9-1834 y 9-12-1837.
[16] AHPA, Legación del Brasil en Buenos Aires. Legajo 1, mazo 1. 20-3-1838.

que favoreció de inmediato el traslado del intercambio a la costa entrerriana, con una llegada de mayores operaciones a Concordia. Por ello en estos años allí se formaron compañías mercantiles por más de $ 20 000 para realizar operaciones de cargas desde San Borja e Itapuá pasando por Concordia hasta Buenos Aires.[17] Luego, en 1837 tras una nueva invasión militar al pueblo del Salto se fortaleció aun mas el movimiento mercantil en Concordia; para entonces arribó una buena cantidad de cargamentos desde Montevideo y Buenos Aires. Entonces el receptor de aduanas del pueblo comunicaba que «... tenemos aún infinitos vecinos del otro lado domiciliados y afincados en esta, por otra parte muchos de los consignatarios del Salto, poderosos, los tenemos en Concordia, por ser este punto mejor tránsito, como lo han visto y practicado...».[18] Pero todo ese progreso estuvo algo demorado al desatarse el bloqueo naval francés al Río de al Plata, que fue acompañado en el comercio del Uruguay con un bloqueo del puerto de Herrero (el principal de Concordia) por parte de los aliados de Ribera, y a partir de entonces el tráfico fue desviado transitoriamente hacia Belén.

No obstante en pleno bloqueo al puerto de Buenos Aires, los negocios mercantiles se mantenían en el Alto del Uruguay donde se incrementaba la reexportación de productos destinados a los mercados de las provincias rioplatenses. Esas actividades fueron aprovechadas por los comerciantes entrerrianos, ya que por entonces los correntinos realizaron grandes concesiones comerciales, por lo cual " El primero que hizo uso de tal franquicia fue mi muy amigo Nogueras mandando 8 carretas con frutos. Yo supe que Curuzú Cuatía está desurtida de efectos, y voy a aprovechar aquellas para introducir a aquel destino dos facturas de Barcelo y una mía las dos con un importe aproximado a 3000 pesos plata, lo cual va por nuestra citada sociedad. Esta determinación se ha tomado en creer que siendo como somos los primeros en esta especulación puede que ella ser lucrativa...".[19]

De esta manera entre 1839 y 1843 aún con altibajos permanentes en el comercio de reexportación del Alto del Uruguay, donde las tensiones políticas y el control militar favorecían o perjudicaban coyunturalmente a los diversos puertos, el puerto de Concordia

[17] Antonio Navarro a Del Castillo, 12-11-1836. AHER, Hac. II. subserie E, carpeta 1, legajo 4.
[18] Clusellas a Del Castillo, Concordia 13-3-1838. AHER, Hac. II, Subserie E, carpeta 1, legajo 10.
[19] Vicente Montero a Justo J. de Urquiza. Concordia, 20 de agosto de 1838. Archivo Palacio San José, Correspondencia.

operaba en franco ascenso, aunque la disputa con las plazas orientales no tenía por entonces un claro dominador.

El «gran salto» comercial, 1843-1853

A partir de 1843 surgió un sostenido progreso mercantil en el Oriente entrerriano fruto de su política mercantil de "puertos abiertos" llevada adelante durante el bloqueo ultramarino de 1845 a 1848. Esto permitió que gran parte del tráfico de exportación, importación y reexportación de la región transitara por los puertos de Concordia y Concepción del Uruguay, "encubriendo" su flujo para evitar un grave conflicto con el gobierno de Buenos Aires, que en medio de las guerras había prohibido el comercio con Montevideo y el sur del Brasil a todas las provincias de la Confederación.

Así, pese a las amenazas de sus aliados porteños, fue intenso el tráfico realizado en las plazas entrerrianas. El comercio que ya se venía incrementando registró un verdadero salto entre 1845 y 1846 gracias a la política seguida por el entonces gobernador provisorio D. Antonio Crespo, quien autorizó sin titubeos el arribo de los todos los barcos con un criterio muy amplio que pertenecía a «banderas amigas». El gobierno de Buenos Aires una vez advertido de aquella situación desatada en Entre Ríos, durante el bloqueo al Río de la Plata, intimó en 1845 a los entrerrianos a terminar con el comercio vía Montevideo y a cumplir con las órdenes dictadas por Rosas a la Confederación. Estas establecían que solo debía «Permitir V.E. la introducción en los puertos de la provincia de su mando en buques nacionales, con exclusión de toda otra bandera de los efectos que se transborden del puerto de Montevideo; debiendo los empresarios de estas introducciones prestar fianza a satisfacción del Colector de esa Aduana por el duplo del valor de los cargamentos [...] Relativamente a la exportación de frutos de esa provincia, la permitirá V.E. así mismo por ahora para el puerto de Montevideo, con excepción de las carnes frescas, o saladas, sean de la clase que fueren, charque dulce, sebo, velas, grasa, lenguas saladas y otros comestibles, y solamente buques argentinos que del mismo puerto hayan introducido mercancías y géneros a los puertos y puntos de esa provincia forzando el bloqueo, sin poderlo hacer los buques que de aquella misma procedencia vayan en lastre».[20]

---

[20] Felipe Arana al Gobernador Justo J. de Urquiza, 1-11-1846. AHER, Gob. II. carpeta 7, legajo 14.

Pero para entonces, las autoridades del Oriente entrerriano, a pesar de la rápida respuesta favorable que Urquiza remitió a Buenos Aires sobre su disposición a cumplir con aquellas instrucciones de Rosas, siguieron desarrollando una «sutil» política de gran tolerancia en beneficio de sus operaciones locales. Es fundamental entender la enorme trascendencia que tuvo esta política de puertos abiertos para los intereses locales y las razones que guiaron a sus líderes políticos a tomar, no sin una gran cuota de riesgo, estas decisiones. Es posible analizar los intereses que movían aquellas razones de los dirigentes entrerrianos a través de la correspondencia que mantuvieron por entonces el Gobernador Justo José de Urquiza, que estaba en el frente de batalla, con el gobernador interino Antonio Crespo, quien desde Paraná fue el responsable de llevar adelante las medidas de gobierno.

En un principio cuando Urquiza percibió la autonomía con la cual se había movido el gobernador interino respecto a la apertura de los puertos y en desobediencia a las ordenes de Rosas le escribió diciéndole «... He sido impuesto por un conducto seguro y respetable, que a pesar del sabio [...] decreto del Exmo. Sr. Gob. de Buenos Aires encargado de las relaciones exteriores de la Confederación Argentina sigue aún el comercio de esa provincia con el territorio del Brasil por el puerto de La Concordia, sensible me sería que esto fuese cierto y que así se contraría esa medida de tantas importancia hermanadas por aquel gobierno, con el tino que tanto lo distingue. En consecuencia debe Ud. poner todo su conato en cortar semejante escandaloso abuso (en como así fuese) y castigar rigurosamente a los contraventores al mencionado decreto, que prohíbe ese tráfico, es esto de suma necesidad y creo que Ud. no descuidará un punto tan esencial».[21]

Pero aquel cierto temor inicial de Urquiza desapareció de inmediato ante el éxito financiero y comercial que iban demostrando los hechos, así unos meses después había cambiado totalmente de parecer y le confesaba a Crespo que: «... Conozco cuán sinceramente es Ud. mi amigo, estoy muy satisfecho de todos sus procederes y a su capacidad y patriotismo debo gran parte de haber hallado mi patria en orden, con un Exto. virtuoso y en arreglo todos los Departamentos como patriota y como Entrerriano se lo agradezco de corazón y es tal mi confianza en Ud. que lo considero otro yo... «.[22] Para entonces la política de Crespo había logrado un evidente éxito tanto en incrementar la

---

[21] Justo J. de Urquiza a A. Crespo, 31-3-1845. AHER, Hac. II, carpeta 1, legajo 3.
[22] Justo. J. de Urquiza a A. Crespo, 27-12-1845. AHER, Hac. II, carpeta1, legajo 3.

recaudación fiscal como en el movimiento comercial, por lo cual Urquiza reconfirmaba al Gobernador interino su aval a la política mercantil que había implementado, comentándole muy explícitamente que «... las dos últimas [correspondencias] del 26 se reducen en su mayor parte a darme explicaciones respecto al comercio hecho en nuestros pueblos de la costa del Uruguay. Estoy muy conforme con todo y por lo mismo conviene que siga la cosa en el mismo estado, puesto que Ud. se anima a cargar la leña que ha hecho dejándole seguir el gobierno provincial. Hando una oferta muy prudente la de UD., pues como más viejo hará menos falta...».[23]

Ante la aceptación recibida, Crespo respondió a Urquiza con una clara razón "política" de como sobrellevar el asunto frente a la actitud futura que pudiera tomar Rosas en represalia, por haber desobedecido abiertamente todas sus órdenes. Entonces afirmaba Crespo, «... le escribo sobre el asunto de nuestros puertos abiertos, las razones que por ella se darán deben ser un poco secas, y solo de Estado, por lo que debo yo hacerle particularmente expreso las razones propias de nuestro éxito, o al menos el que yo acostumbro [...] Muy luego que Ud. marcho para Corrientes di la orden que les permitiesen cargar por esos puertos, se les permitiese, sacando guías, para puertos de Buenos Aires y que en cuanto a introducción no se preguntase su procedencia, Ud. ve el tiempo que a transcurrido, y que el Restaurador debe saberlo, y nada a dicho a este gobierno, créame Ud. que he deseado me dijese algo sobre esto antes que Ud. regresase, pues le aseguro que nos habríamos tirado contra el pecho. Ud. crea, que con el Restaurador, y con todo e sostenido el gobierno de la provincia con dignidad que le corresponde...».[24]

Crespo también explicaba claramente la racionalidad y prioridad que tenía para Entre Ríos su política económica, pues ellos seguían pautas y prácticas muy diferentes a las implementadas por los porteños para sostener sus gastos públicos, ya que aquellos siempre habían echado mano a la emisión de papel moneda para sostener el déficit, lo que se traducía de inmediato en una "financiación inflacionaria". Así Crespo tenía muy claro que sus medidas eran las únicas posibles para soportar una fiscalidad genuina en circunstancias de guerra pues, «... lo más atendible es nuestro estado actual, la Prov. sostiene una guerra a sus expensas, si tuviéramos Banco no

23 Justo J. de Urquiza a A. Crespo, 26-3-1846. AHER, Hac. II, carpeta 1, legajo 5.
24 Justo J. de Urquiza a A. Crespo, 26-3-1846. AHER, Hac. II, carpeta 1, legajo 5.

habría necesidad de esta clase de medidas, pues sellaríamos papeles de trasnochada, y saldríamos de apuros. Si Buenos Aires que lo tiene, y que ya le pega duro al cuño conciente que entren y salgan buques cargados ¿por donde nos meteríamos nosotros a cumplidos? se reirían de nosotros y con mucha razón. El Restaurador mismo dio una orden a la Colecturía para que permitiese la entrada, de que debían otorgar fianza del valor del cargamento hasta tanto hagan constar no proceder de Montevideo. Pero esta misma pena es una trampa, y un modo de que venga todo el que quiera, y de donde quiera, porque es los más fácil acreditar lo que el decreto exige aun cuando todo salga de Montevideo, en fin lo que allí se quiere es que entre y salga cuanto se quiera. Por otra parte el bloqueo no se extiende a esta Prov., y sería una locura apropiarnos el bloqueo que no es con nosotros. Si se tiene que esta operación pueda comprometernos sería un error remarcable, desde que ella y su gobierno ha hecho, y hace, más que los demás puntos en sostén del sistema o independencia de la República. De Buenos Aires mismo me tentaron preguntándome si admitirían tres o cuatro buques cargados de efectos, y conteste que si, por que necesitaba remesas para sostener la guerra. No crea que nos han de decir nada: el mismo Restaurador se halla igual caso que nosotros».[25]

Al mismo tiempo Crespo volvía comentar una y otra vez a Urquiza como se podría actuar para evitar un conflicto interprovincial frente a una posible crisis y represalia de los poderosos ejércitos porteños: «Si a pesar de todo cuanto le significo no queda satisfecho y le hiciese algún recelo, deje correr el gobierno provisorio un poco tiempo más, y yo cargare con la leña como que soy el que lo ha hecho, y Ud. queda libre de polvo. Para ello tiene la excusa de su constante atención a la guerra, yo más quiero que me tachen de estas materias de medio pícaro que no medio sonso, nada se nos puede pegar de la tal operación, la provincia y su gobierno se ha sacrificado, y continua haciéndolo para sostener la independencia y debe pues buscar los medios para llevar adelante su empresa por donde halle camino...».[26] Sin duda la "empresa" política de los puertos abiertos halló un camino acertado durante esos años. Por entonces Crespo eufórico saboreaba el éxito alcanzado, y le comentaba a Urquiza: «... Habiendo recibido los estados de cajas de la provincia [...] por ello verá Ud. que el estado de la caja del Uruguay es el de marzo y la que le falta mucho más fondos

---

[25] Justo J. de Urquiza a A. Crespo, 26-3-1846. AHER, Hac. II, carpeta 1, legajo 5.
[26] Antonio Crespo a Justo J. de Urquiza 26-3-1846. AHER, Hac. II, carpeta 1, legajo 5.

[...] Vea Ud. el resultado de no haber sido carmelitas y haber abierto nuestros puertos».[27]

De este modo, el comercio de exportación y de reexportación, que tímidamente aumentaba desde mediados de la década de 1830, encontró en los puertos entrerrianos a partir de 1843 una coyuntura favorable. Los productos pecuarios y los bienes de ultramar que generalmente se traficaron a través del puerto de Buenos Aires no sufrieron los rigores del bloqueo, pues los comerciantes del Oriente entrerriano pudieron operar directamente con Montevideo y con el sur del Brasil, por este motivo, el volumen del comercio creció durante toda la segunda mitad de la década de 1840.

En esta misma época las autoridades brasileñas realizaban inspecciones en sus puertos fluviales sobre el río Uruguay con la finalidad de implementar, luego de concluida la guerra de los farrapos, una política fiscal efectiva para su comercio fluvial, que hasta entonces no se había podido llevar adelante en la zona. Con aquel motivo las autoridades imperiales redactaron informes y estadísticas que también nos permiten realizar algunas estimaciones potenciales sobre el monto y el alcance del tráfico mercantil de reexportación que circulaba entre Río Grande del Sur, Entre Ríos y los grandes puertos del Plata.

La provincia de Río Grande del Sur carecía por entonces aun de un buen puerto atlántico y mantenía una fuerte vinculación mercantil fluvial y terrestre con el área del Plata, ya que a través de esta vía se proveía de productos ultramarinos y exportaba sus bienes pecuarios; al mismo tiempo reexportaba tabaco y yerba a través del río Uruguay hacia los puertos de Montevideo y Buenos Aires. A mediados de siglo su población había llegado a más de 390 000 habitantes; de ese total estaban ligados a las riberas del río Uruguay unos 13 000 en Alegrete, unos 7 000 en las misiones y otros 7 000 en Cruz Alta. A estas cifras hay que sumar un 50% de población esclava, alrededor de 30 000, por lo cual se llegaría a un total aproximado de 60 000 personas.[28] En este esquema de circulación mercantil los nuevos bloqueos rioplatenses permitieron a los comerciantes del Oriente, sobre todo a los de Concordia, transformarse coyunturalmente en nexos del tráfico entre el sur del Brasil y el Río de la Plata, hecho que produjo un incremento en los vínculos mercantiles entre 1845 y 1849. Así lo expresaban con énfasis los funcionarios de aduana de Uruguayana

[27] Antonio Crespo a Justo J. de Urquiza 23-6-1846. AHER, Hac. II, carpeta 1, legajo 5.
[28] Estadística de población de 1846. AHPA, Estadística avulsa y codices, mazo 1.

y San Borja, cuando, sorprendidos por el nuevo giro de los acontecimientos informaban que eran crecientes las "portes cartas", arribadas de Concordia, por lo cual el tesorero sugería que a esta altura sería conveniente abrir allí una Agencia de comercio para fiscalizar mejor las operaciones.[29]

En cuanto a los componentes de este flujo, eran básicamente bienes importados de ultramar, que frente a los bloqueos de Montevideo y Buenos Aires, fueron comerciados a través de las villas entrerrianas, que a su vez reexportaban los bienes de Río Grande del Sur hacia los puertos del Plata. Los montos "oficiales" del comercio fueron relativamente modestos, pero debemos tener en cuenta, como manifestaban abiertamente los funcionarios brasileños, que por entonces el contrabando era enorme en las márgenes de sus costas. No obstante, los valores que las operaciones habían alcanzado mostraban la nueva dinámica de los negocios que permitió a los comerciantes locales acrecentar sus giros y también beneficiar, como analizaremos más adelante, al erario público entrerriano, que incrementó sus ingresos de aduana a través de los derechos de reexportación y depósitos.

De ese modo, entre los años 1845 y 1849, aumentó el comercio reexportador hacia San Borja y Uruguayana, enviando hacía aquellos destinos bienes textiles, ferretería, bebidas, alimentos y otros productos.[30] En esta operatoria mercantil sobresalió claramente lo sucedido entre 1847 y 1848, años en los cuales el bloqueo fue mas férreo y los puertos del Oriente se transformaron por un tiempo en un verdadero embudo donde se concentraron las entradas y salidas hacia ultramar. Este hecho se puede ver claramente en los volúmenes de toneladas del tráfico fluvial que ingresaron y salieron desde las plazas de las costas brasileñas. De las toneladas de mercancías ingresadas y salidas en 1847 y 1848 por estos puertos fluviales, los de Entre Ríos comerciaron más del 90% del total operado.[31]

Según los datos de los funcionarios del Imperio existía un flujo mercantil con numerosas casas de comercio por unos 60 a 70 mil cueros, 20 mil arrobas o poco más de tabaco. También se traficaban importantes cantidades de yerba, llegadas desde el Alto del Litoral y con rumbo a los puertos del Plata.[32] Este tráfico representaba una preocupación para las

---

[29] El Inspector Estanislao José de Freitas al Sr. Auditor de Porto Alegre Antonio Joaquín de Carvalho. 22-6-1848. AHPA. Hacienda, mazo 399, lata 96.

[30] AHPA. Hacienda, mazos 357ª, 364, 399 y 405.

[31] AHPA. Hacienda, mazo 399, lata 96.

[32] Inspector Estanislao José de Freitas al inspector de la Tesorería de Hacienda de la Provincia. 23-10-1843. AHPA. mazo 357, lata 86.

autoridades ya que los bienes no salían por los puertos del Imperio, con guías y pagando impuestos, entonces el Estado no se beneficiaba de ese notable comercio fluvial. El comercio de contrabando solo beneficiaba a los Estados vecinos como el de Entre Ríos.[33]

Para mitad de siglo, cuando el efecto de los bloqueos había pasado, parece haberse consolidado un intenso tráfico de yerba y tabaco a través del Uruguay, que continuaba bajando el río rumbo a los mercados de Buenos Aires y Montevideo, que a su vez alimentaba un largo entramado de consumo en el interior de la Confederación Argentina y de la Banda Oriental. Más precisamente, la yerba mate se convirtió en una preocupación central para los gobiernos del área rioplatense, ya que por su importancia en los volúmenes comerciales todas las zonas potencialmente productoras pretendían sacar provecho de las oportunidades de demanda mercantil. Por su parte, los brasileños en épocas normales entre Río Grande del Sur y sus vecinos, exportaban unas 70 a 80 mil arrobas anuales con destino final al mercado de Buenos Aires. Esta producción originada en el norte de la provincia brasileña se volcaba al comercio casi por entero a través del río Uruguay.[34]

Frente a esta verdadera red mercantil de tráfico de yerba, los riograndeses se lamentaban de que en esa provincia fueran muy pocos los barcos brasileños empleados en este comercio, ya que los bienes transitaban por el río Uruguay en naves extranjeras rumbo a los puertos de Entre Ríos. Gran parte de esta producción se destinaba finalmente a Montevideo y sobre todo a Buenos Aires que era la principal consumidora; se llegaron a introducir unas 500 mil arrobas entre la yerba de Paranaguá y del Paraguay.[35]

De esa manera en los años 1840-50 y para la segunda mitad de la centuria resultaba muy claro que las plazas comerciales entrerrianas y brasileñas del Uruguay contaban con las ventajas territoriales y mercantiles para exportar y proveerse de bienes a través del río. Los máximos responsables de la fiscalidad imperial estimaban: "Merece tanta atención, la localidad ventajosa, el crecimiento de la población, y la afluencia de comercio en esta nueva población de Santa Ana del

[33] Aduana de San Borja, inspector de la aduana Estanislao José de Freitas a Sr. Vicente José da Costa Cabral, Inspector de la Tesorería de la provincia, 15 de marzo de 1848. AHPA, Hacienda, mazo 399, lata 96.

[34] Relatorio del inspector de aduana de San Borja. Estanislao José de Freitas, 25-6-1849. AHPA, Hacienda, mazo 405, lata 98.

[35] Relatorio del inspector de aduana de San Borja. Estanislao José de Freitas, 25-6-1849. AHPA, Hacienda, mazo 405, lata 98.

Uruguay (Uruguayana), que se torna a todas vistas, que es en la misma población donde debe ser colocada la Aduana, que tiene que fiscalizar el comercio hecho por el Uruguay, o con los países extranjeros…" Agregando el informante que en ese momento había allí al menos "… un fondeadero con más de 60 embarcaciones fondeadas, un puerto preservado de la fuerza de los tiempos de invierno, un comercio considerable que cuando nada sucede por las circunstancias políticas de la República Argentina u Oriental, conserva dentro de si mas de 70 mil cueros, casi 20 mil arrobas de tabaco, y 90 mil de yerba mate de Corrientes y Paraguay, cuyos artículos aumentan todos los días…". En definitiva, como reconocían las propias autoridades brasileñas, todo este movimiento se veía favorecido porque los precios en Buenos Aires y Montevideo eran por entonces mucho mejores que los de Porto Alegre a lo que se agregaba que el río Uruguay era un transporte mas módico y ligero.[36]

Sobre los flujos de cabotaje entrerriano por el río Uruguay destinados a Montevideo no disponemos de datos estadísticos seriales, pero si podemos lograr una buena aproximación a través de los informes comerciales y algunas cifras de exportaciones de los puertos de Concordia y Concepción. Es muy claro que entre 1846 y 1848 el flujo mercantil con aquella plaza creció notablemente, y más tarde continuó esa tendencia, aunque después del bloqueo volvió a tener un lugar secundario detrás del comercio con el puerto de Buenos Aires.[37]

A partir de nuestras estimaciones podemos afirmar que de todos los productos pecuarios exportados hacia Montevideo entre 1846 y

---

[36] Informe al Sr. Duque de Caxias, General en Jefe y Presidente de Esta Provincia de Río Grande del Sur. Santa Ana del Uruguay 29 de octubre de 1845. AHPA. Hacienda, Aduana de Uruguayana (1845-1927), mazo 490.

[37] Los registros que publicó *El Comercio del Plata* de Montevideo aclaraban que «… sobre el movimiento de cabotaje y navegación interior del Río de la Plata y sus afluentes, no es posible presentar un estado como el de la navegación de ultramar, porque la situación política del país obliga generalmente a ocultar su procedencia y destino de las expediciones […] sin embargo para que se pueda juzgar en el exterior de la importancia del cabotaje de nuestra situación actual, solo diremos que es el único medio por el cual nuestro mercado se provee de productos del país…». También señalaban que «… el contrabando que se hace desde los puertos de la costa argentina obliga con frecuencia a disfrazar y ocultar el mayor número de las transacciones, especialmente en los artículos del Brasil, que por su crecido consumo en aquellos mercados, son los que en mayor cantidad se remiten. Colocados en situación tan embarazosa reduciremos pues nuestros informes…» Revista trimestral del primer trimestre de 1847. Los cueros exportados en 1846-47 llegaron a unas 3.4 millones de piezas.

1847, los aportados por los correntinos-paraguayos alcanzaron un 30%, mientras los de Entre Ríos y las campañas de la Banda Oriental y Buenos Aires llegan a un 70%.[38] En cuanto al tipo de productos, observamos con absoluta claridad un amplio predominio de los cueros en el flujo. Los cueros secos y salados acumulaban el 85% del valor comerciado, seguidos por la lana con el 5%, el sebo 4%, la carne salada 3%, los cueros de bagual 3% y las plumas de avestruz y astas 1%.

Sin duda los bienes pecuarios procedentes de Entre Ríos fueron esenciales para el comercio de Montevideo, pues tal como lo afirman las gacetas comerciales orientales, de los «... frutos del país, la mayor parte de estos artículos son procedentes de puertos de la provincia de Entre Ríos, situados en la margen derecha del Uruguay, otros directamente de Buenos Aires».[39] Más específicamente el Oriente entrerriano exportaba cueros de buen peso (con un promedio de 60 libras) y valor (entre 28 y 30 reales por pesada), pues eran en su mayoría salados y de buena pesada.[40]

En cuanto a la composición de las exportaciones de los dos puertos del Oriente entrerriano podemos ver que en Concordia predominaban los cueros de vaca secos, seguidos por la lana y la cal. En el caso de Concepción del Uruguay se trataba de cueros vacunos en su mayor parte salados, carne salada, lana, sebo, grasa y aceite de potro. El valor de este flujo exportador llegaba a sumar unos 500 mil pesos plata, produciendo en Concepción una balanza comercial favorable en los años 1850, 1851 y 1853. En tanto, Concordia registraba un defasaje en favor de las importaciones.[41]

En pleno bloqueo al Río de la Plata y en medio de las guerras, los puertos de Concordia y Concepción del Uruguay estuvieron siempre en condiciones de explotar con beneficios su negocio de redistribuir y exportar bienes para un amplio radio de mercados regionales. Así lo reflejan los informes en la plaza de Montevideo, afirmando: «El aspecto del mercado en la última quincena ha sido bastante más favorable que la anterior, ha habido por lo general movimiento de todos los productos, pero especialmente de vinos, espíritus, azúcar, tabaco

---

[38] Además, debe haber arribado una cantidad desconocida de cueros procedentes desde las provincias interiores, especialmente Córdoba y Santa Fe.

[39] *El Comercio del Plata*, resumen del primer trimestre de 1846, 18-4-1846

[40] *El Comercio del Plata*, 8-2-1848.

[41] Durante los años 1850-51 y 53 Concepción del Uruguay importó un total de 412 641 pesos plata y exportó por un total de 711 200 pesos. De esa manera registraba una balanza comercial favorable de 296 559 pesos.

negro, yerba de paranaguá, se ha debido esa actitud al comercio con el Uruguay, y principalmente con los puertos de Entre Ríos que ha dado salida a considerable cantidad de efectos de nuestro deposito».[42]

Hacia 1850 los vínculos mercantiles del Oriente entrerriano seguían muy activos, e incluso desataban el optimismo de realizar futuros buenos negocios vía Montevideo, pues allí esperaban que «... los acontecimientos próximos abran otros mercados, y que ellos ofrezcan confianza al especulador. Si estas confianzas se realizan, pronto reaparecerá el movimiento, y todos los artículos que hoy no tienen aplicación, por el reducido consumo de la capital y la limitada extracción al Uruguay y Entre Ríos entrarán en demanda, serán reexportados con ventaja, y sus retornos, serán la base de nuevas y más valiosas empresas».[43]

El decaimiento transitorio de las reexportaciones por Montevideo no significó el fin del negocio en el Oriente entrerriano, pues como sostuvimos continuó activo el rol reexportador de los productos paraguayos-brasileños que en forma creciente circulaban aguas abajo del río Uruguay. Así, por ejemplo, por esa vía ingresaron durante 1850 a través de Federación y Concordia unos 6 907 sobornales (41 442 arrobas) de yerba de Brasil, unos 1 587 sobornales (9 522 arrobas) desde Corrientes y unos 8 576 sobornales (51 456 arrobas) desde la Banda Oriental.[44] El comercio de la yerba se mantuvo en los años posteriores registrando a fines de la década de 1850 un ingreso promedio de unos 1 000 tercios.[45]

Por otra parte, también durante la década de 1840 comenzaría a incrementarse un activo tráfico terrestre de ganado en pie desde la zona sureste de Corrientes para el abastecimiento de los saladeros del Oriente entrerriano. Esto significó una reorientación importante para el comercio exterior correntino, y gran parte de la provincia se vinculó más estrechamente con las plazas de Concordia y Concepción del Uruguay. Este comercio fue muy activo en los 50, ya que por entonces «... los compradores de Entre Ríos han reemplazado a los de Brasil en este negocio y que por consiguiente las haciendas no tienen ya que pasar el Uruguay dejando a la Restauración [Paso de los Libres] ajena a los lucros que reportaba este comercio en el mercado más importante de ganado en pie para Corrientes...».[46] De esa manera, la reorientación determinaba que "La corriente comercial que mantenía el movimiento

[42] *El Comercio del Plata*, 19-6-1846.
[43] *El Comercio del Plata*, Gacetilla Mercantil del mes de febrero de 1846.
[44] AHPER, Hac II, serie V, libros 7 y 8.
[45] Faustino Torrado: "Apuntes sobre carretas de campaña y comercio carretero", en: *Cuadernos de Historia Regional* n° 8. IRICyT, Concordia, 1984.
[46] *El Comercio*, Restauración, 7-9-1856

mercantil en esta parte de la costa del Paraná, ha emigrado a la del Uruguay adonde van a proveerse los departamentos de la Restauración, Curuzu Cuatía y Mercedes que antes los hacían en este punto...".[47]

Este aporte al comercio del sur correntino posibilitó un ensanchamiento de los mercados del Oriente entrerriano, ya que a cambio de las importaciones de ganado, los mercaderes locales reexportaban hacia aquellos puntos gran cantidad de mercancías regionales y de ultramar: «Monte Caseros y Restauración y enseguida La Cruz y Santo Tomé, situados arriba del Salto Grande del Uruguay en una región, se dirigen al mismo punto indicado. De este modo la Concordia provee casi la mitad de la provincia de Corrientes, con artículos de importación mientras absorbe también casi en su totalidad artículos de exportación [...] anualmente se pueden calcular en más de 70 000 cabezas, son llevadas a los establecimientos de beneficio en Entre Ríos y principalmente Concordia».[48]

Por todo lo expuesto se puede entender que si bien las guerras y los bloqueos a los puertos fueron coyunturas que alteraron o perjudicaron los vínculos mercantiles en la cuenca del Plata, en el caso del Oriente entrerriano el éxito de sus tropas dentro del territorio regional fue un soporte para el incremento de su participación en el comercio. Aquellos dos procesos –bélico y mercantil– fueron de la mano en la medida que la política de puertos abiertos, el control del territorio y las vías de circulación permitieron a los agentes mercantiles locales aprovechar con beneficio la importación, la exportación y sobre todo las reexportaciones a través de un amplio tejido de plazas comerciales interregionales conectadas a través del río Uruguay.

La participación mercantil en el Oriente entrerriano

En aquel intenso flujo mercantil, nos preguntamos quiénes fueron los comerciantes que se beneficiaron de la expansión mercantil y la apertura de puertos en el Oriente entrerriano. Para responder esta cuestión analizaremos la composición de los giros comerciales en las plazas de Concepción del Uruguay y de Concordia.

Es claro que las exportaciones de Concepción –como observaremos más adelante al analizar los principales giros mercantiles que pagaban impuestos– tuvieron durante la década de 1840 una notable concentración en la comercialización de los bienes. El mayor negocio lo

---

47 *El Comercio*, Restauración, 26-8-1855

48 *El Progreso*, Corrientes, 1864.

hicieron sin duda los integrantes del grupo que lideraba el propio gobernador Urquiza, que operaba en su beneficio a través de F. Deschamps, J. Barañao y J. Reyes. Por debajo de este grupo reaparece el resto de los comerciantes importantes de la plaza local, que en la década del 30 estaban a la par de Urquiza, como los Barceló, Jorge y Espiro. Incluso algunos comerciantes de segunda línea como el citado Barceló operaron en algunos casos en sociedad con el clan de Urquiza, y otros como Jorge y Espiro, también productores ganaderos, vendían a finales de la década de 1840 sus animales al saladero y vapores del gobernador de la provincia.

En tanto Concordia, una plaza más joven y abierta al tráfico interregional, tenía una participación más extendida y homogénea. Allí comenzaban a destacarse los Menchaca, P. Olivares y A. Aleaga, pero dejando todavía muchas franjas de negocios a una gran cantidad de comerciantes y negociantes de origen correntino, brasileño, porteño y oriental. Por otra parte los negocios del puerto eran más permeables a los altibajos del tráfico de importación de ultramar y reexportación, por lo cual la presencia de los agentes comerciales en esta plaza era menos estable; la permanencia de las tiendas y patentes de comercio variaba mes a mes según las coyunturas y los efectos de los movimientos de Buenos Aires, de Montevideo y de los puertos de Uruguayana y San Borja.

Cuadro 22. Participación mercantil en las exportaciones de Concepción del Uruguay 1850

Comerciante	Cuero vaca salado	Cuero vaca seco	Carne salada	Lana	Grasa
Fco. Deschamps	80.9%	30.6%	65.2%	23.1%	94.3%
José Reyes	19.1%	7.4%	34.8%	0.0%	5.7%
Juan Barañao	0.0%	19.5%	0.0%	16.4%	0.0%
Estado provincial	0.0%	7.3%	0.0%	0.5%	0.0%
Anacleto Azofra	0.0%	7.3%	0.0%	1.8%	0.0%
Barceló e hijos	0.0%	6.3%	0.0%	14.2%	0.0%
Wenceslao López	0.0%	5.9%	0.0%	0.0%	0.0%
Nicolás Jorge	0.0%	3.8%	0.0%	15.0%	0.0%
Fermín Espiro	0.0%	3.0%	0.0%	4.2%	0.0%
Obispo Saturnino	0.0%	2.1%	0.0%	4.7%	0.0%
Otros	0.0%	6.7%	0.0%	18.3%	0.0%
Total	100.0%	100.0%	100.0%	100.0%	100.0%

Fuente: AHER, Concepción del Uruguay. Hac. II, carpeta 33, legajo 8.

Los cuadros muestra también el tipo de bienes que comerciaba cada uno de ellos. Es claro que existió un cuasi-monopolio de Justo José de Urquiza en el tráfico de los bienes producidos en sus saladeros y graserías: el total de los cueros salados, la grasa y el tasajo fue negociado por sus agentes comerciales o por los encargados de los establecimientos Deschamps, Reyes y Barañao. El resto de los bienes pecuarios estaba más repartido; sobresalía en primer lugar la lana con una distribución bastante extendida, seguida por los cueros vacunos secos.

Cuadro 23. Participación mercantil en las exportaciones de Concordia 1847

Comerciante	Cueros de vaca	Lana	Cerda
Mig. y San. Menchaca	26,5%	16,4%	16,0%
Paulino Olivares	8,8%	3,4%	6,2%
Antonio Aleaga	6,8%	45,0%	12,8%
Fco. García	6,1%	2,7%	3,7%
Antonio Maceira	6,1%	0,0%	4,6%
José Copelo	4,9%	5,6%	16,5%
Donato Urquiola	4,6%	2,2%	3,0%
Antonio Vivanco	3,8%	0,0%	3,2%
Miguel Villamasa	3,6%	0,0%	1,8%
Otros	28,7%	24,2%	32,2%
Total	100,0%	100,0%	100,0%

Fuente: AHER, Hac. II. Concordia, subserie E, carpeta 4, legajo 12.

Si analizamos los bienes pecuarios exportados desde Concordia, es evidente una distribución más amplia de los tipos de productos que manejaban los actores mercantiles. También había una mayor paridad en el comercio de cada uno de ellos y aunque los cueros estaban algo más centralizados, puede observarse que todos los agentes comerciales tuvieron participación con los distintos bienes producidos en la economía ganadera.

Hemos visto en este capítulo las maneras en que el Oriente entrerriano durante la primera mitad del siglo XIX se vinculó con una extensa red de circuitos mercantiles que le permitió incrementar los negocios en la cuenca rioplatense. Esta interconexión tuvo múltiples niveles de inserción en el comercio local, regional y de ultramar. También analizamos que este comercio favorecía a un reducido grupo de mercaderes locales que en el período considerado se identificó y conectó con los agentes que operaron para el principal actor económico y político de la región, don Justo José de Urquiza.

Este exitoso entramado de operaciones mercantiles fue, sin duda, una de las claves del éxito empresarial y fiscal de los entrerrianos en esta primera mitad de la centuria, sobre todo en los momentos de bloqueo al puerto de Buenos Aires y en pleno contexto bélico. El comercio fluvial generó nuevas alternativas para las distintas plazas mercantiles, logrando tanto conexiones ultramarinas como el abastecimiento de una amplia región del Alto del Uruguay (sur de Brasil, Corrientes y la Banda Oriental) en un escenario donde se combinó hegemonía militar con el liderazgo en las transacciones mercantiles. Desde su dominio militar lograron controlar las vías de circulación y manejar la información adecuada sobre la marcha en los mercados.

Ambas instancias, guerra y comercio, fueron las dos caras de un mismo proceso. La llamada política de "puertos abiertos" fue una herramienta que privilegió el desarrollo y la consolidación de los intereses de los comerciantes-productores locales, quienes en definitiva cimentaron el fortalecimiento económico, político y militar del poder urquicista en la región.

Capítulo 6
Consenso y negociación en torno al cotidiano servicio de la guerra

Mi adorada compañera:
Te escribo desde mi rancho,
Que por defender la patria
Aún estamos en el campo.

Cuando me pongo a pensar
Mirando mi malacara,
Solo me queda exclamar
¡Qué suerte triste y rara!

Acompañamos a Urquiza
Con constancia sin igual,
Defendiendo la divisa
De la causa federal.

Algún día ha´e querer Dios
Que volvamos a Entre Ríos
Para estar junto a vos
Y con mis queridos hijos.

Te encargo el lobuno viejo
Y la yunta de bragados,
Que no pierdo la esperanza
De verlos bien apareados.[1]

Luego de la Revolución de 1810 el proceso de militarización y la disponibilidad de tropas de los poderes estatales emergentes, primero de los gobiernos provisionales y más tarde del ámbito de los Estados provinciales, fueron cuestiones relevantes para la historia socioeconómica y político-estatal del vasto territorio rioplatense en la primera mitad del siglo XIX. Dichos problemas para los entrerrianos se relacionan con factores principales de su dinámica histórica local, pues las milicias y en menor medida el ejército de línea fueron un instrumento central en la resolución y el sosteni-

---

[1] Canto titulado "mi adorada compañera" o "carta de un soldado a su mujer", narración oral tomada a principios del siglo XX en Larroque, provincia de Entre Ríos. Recopilado por Olga Fernández Latour: *Cantares históricos de la tradición Argentina*. Instituto de Investigaciones Folklóricas, Buenos Aires, 1960.

miento de la nueva soberanía y de los poderes posrrevolucionarios. Tras la retroversión del antiguo poder monárquico al seno de los pueblos, primero representados en las ciudades y posteriormente en el Estado provincial, aquellas fuerzas fueron herramientas fundamentales para alcanzar dominio y administrar el territorio. Asimismo desde entonces el poder militar se transformó en un elemento crucial que acompañó la imposición de los liderazgos políticos, muchas veces tras las luchas de los "caudillos", dentro del seno de la Confederación Argentina.[2] Pero por sobre todo, aquellas fuerzas fueron esenciales para sostener la expansión de la frontera territorial y la organización productiva de la provincia.[3] De modo que la militarización entrerriana fue importante en la regulación de las actividades sociales y laborales pues desde las milicias en muchas oportunidades se canalizó y reorganizó la mano de obra hacia la economía pecuaria, llegando en muchos casos a transformarse en una vía de acceso a la tierra o a otros recursos productivos.[4]

Entonces, no solo se deben tener en cuenta todos los planos o universos en los que se involucraron las milicias y los servicios de "guerra", sino que también es fundamental entender con claridad que aquellos servicios prestados por las tropas no resultaron, como en general han planteado los estudios, una práctica manejada de forma unilateral por los gobernantes locales. Su puesta en marcha, en el contexto poscolonial, implico un nuevo tipo de intercambio entre los servicios y obligaciones prestados al Estado provincial y la adquisición a cambio de ello de derechos o de recompensas para los

---

[2] Para el Río de la Plata contamos con los trabajos de Tulio Halperin Donghi: "Militarización revolucionaria en Buenos Aires, 1806-1815", en: *El Ocaso del orden colonial en Hispanoamérica*. Sudamericana, Buenos Aires, 1978. *Revolución y guerra... op. cit.* José Carlos Chiaramonte: *Ciudades, provincias... op. cit.*

[3] El caso de Buenos Aires se puede ver en Oreste Carlos Cansanello: "Las milicias rurales bonaerenses entre 1820 y 1830", en *Cuadernos de Historia Regional* n° 19, Buenos Aires, 1996.

[4] Ricardo Salvatore: "Reclutamiento militar, disciplinamiento y proletarización en la era de Rosas", en: *BIHAA* n° 5. Buenos Aires, 1992. Juan Carlos Garavaglia: "Paz, orden y trabajo en la campaña: la justicia rural y los juzgados de paz en Buenos Aires, 1830-1852", en: *Poder, conflicto y relaciones sociales. El río de la Plata, XVIII-XIX*. Homo Sapiens, Rosario, 1999. J. Gelman y M. Schroeder: "Una compleja relación: Rosas y los embargos a los propietarios unitarios de la campaña de Buenos Aires", en: *XVII Jornadas de Historia Económica*. Tucumán, 2000.

hombres que los cumplieron.[5] Por lo tanto aquellas complejas y cambiantes relaciones entabladas entre las autoridades y los habitantes fueron claves superlativas para garantizar el orden social luego de la Revolución, ya que representaron el principal canal directo que permitió conectar al Estado con todos los habitantes. E incluso también desde esos ámbitos se intentó acercar a los hombres de "toda clase" con los imaginarios postulados por los sectores dirigentes, en un proceso de interacción entre los notables y las masas rurales, que intentaba gestar una identidad y una historia común dentro de la "familia entrerriana".[6]

Los habitantes rurales del Litoral rioplatense luego de la Revolución debieron sostener variadas demandas ligadas a la expansión de la frontera productiva pero en un contexto pos-colonial de inestable constitución estatal bajo la Confederación de provincias y de permanentes conflictos bélicos, que se desarrollaban dentro del propio territorio provincial. En ese marco siempre hubo una superposición de roles que debieron cubrir los pobladores del mundo rural, que como ya vimos iban desde: las demandas del "mercado" de trabajo y de mercancías, la producción doméstica familiar, las tareas de control y vigilancia de la campaña, hasta el enrolamiento y los servicios de guerra prestados en las milicias. Resulta relevante el planteo de cómo pudieron o no conciliarse en aquellos años intereses tan diversos y a veces incluso contradictorios, entre las lógicas de demanda de trabajo de los hacendados y sus crecientes relaciones con los mercados, de reproducción económica de los pastores-labradores y al mismo tiempo ser soportes de la consolidación del monopolio del orden y el despliegue militar dentro de las oscilantes relaciones interprovinciales.

En relación con estas múltiples facetas analizaremos en este capítulo el peso y las prácticas de estos factores en la constitución de la

---

[5] Oreste Carlos Cansanello: "De súbditos a ciudadanos. Los pobladores rurales bonaerenses entre el Antiguo Régimen y la modernidad", en: *BIHAA* n° 11. Buenos Aires, 1995. Oreste Carlos Cansanello: "Domiciliados y transeúntes ..." *op. cit.*

[6] Expresiones de la cultura "federal" han sido estudiadas para el rosismo por Ricardo Salvatore: "Fiestas federales; representaciones de la república en el Buenos Aires rosista", en: *Entrepasados* n° 11, Buenos Aires, 1996. Ricardo Salvatore: "Expresiones federales: formas políticas del federalismo rosista", en: Goldman y Salvatore (comp.): *Caudillos rioplatenses. Nuevas miradas a un viejo problema.* Eudeba, Buenos Aires, 1998.

sociedad de frontera entrerriana de la primera mitad del siglo XIX. En primer lugar, describiremos las diferentes coyunturas bélicas que sufrió la provincia luego de la Revolución. Luego abordaremos las características de los reclutamientos de la tropa, así como la relación de "negociación" del servicio militar que se estableció entre el Estado y los pobladores; finalmente veremos las diversas formas en que la militarización se vinculó con las tareas rurales y el orden social de la campaña provincial.

Los ciclos de guerras en el Oriente entrerriano

Si en las provincias del Río de la Plata durante la primera mitad del siglo XIX los enfrentamientos bélicos, fruto primero de las guerras de independencia y después de las llamadas "guerras civiles", fueron una característica constante, podemos afirmar que en el Oriente entrerriano, lejos de ser momentos coyunturales, tuvieron un carácter permanente en la vida cotidiana de sus habitantes.

Los enfrentamientos luego de la Revolución en Entre Ríos, durante la década de 1810, estuvieron relacionados inicialmente con la necesidad de fundar una nueva legitimidad que supliera a la soberanía de la monarquía española. Pues al estallar esta vieja fuente de legitimidad sobre todo el territorio entrerriano emergió la disputa sobre distintas soberanías posibles, que herederas de los Cabildos coloniales se correspondían con el ámbito político de las ciudades y villas locales, al mismo tiempo que en Buenos Aires surgieron intentos de imponer gobiernos centralizados para todo el territorio del exvirreinato a través de sucesivas Juntas, Triunviratos y Directorios. Aquella primera disputa entre el gobierno central en Buenos Aires y el autogobierno de las villas se vinculó con el problema de la indefinición de la legitimidad de soberanía y de representación dentro del territorio rioplatense. El conflicto se centraba sobre quién tenía derechos legítimos a gobernar y en nombre de qué autoridad. Dentro de esta cuestión a nivel local gravitaba con fuerza la tendencia de la antigua tradición de autonomía fundada en la legislación indiana, por la cual los súbditos americanos eran integrantes de los reinos de la corona española, y por lo tanto su vínculo se basaba en una relación contractual, con derechos y deberes recíprocos entre el rey y el reino. Pero impedida la monarquía de ejercer su dominio se interpretaba en los cabildos entrerrianos que la soberanía debía volver a "los pueblos", es decir a las autoridades locales americanas. De ese modo luego de 1810 resurgía la tradición pactista, mediante la invocación de la retroversión de la soberanía a los pueblos en el Río de la Plata.[7]

Desde 1811, muchas de las principales ciudades del Río de la Plata comenzaron a considerarse a sí mismas como los nuevos ámbitos de soberanía de sus pueblos y tuvieron como desafío inmediato la necesidad de conciliar su poder y su representación con los gobiernos provisorios centralistas surgidos en la antigua capital virreinal de Buenos Aires. La lucha entre las ciudades subalternas y las cabeceras coloniales por el dominio legítimo de la soberanía y de la representación, en el Litoral entró en crisis profunda desde 1815 y abrió de allí en más un franco paso a las tendencias confederales.

Más tarde, a partir de 1820, tras la caída de los gobiernos que pretendían centralizar la soberanía política de todo el antiguo espacio virreinal en Buenos Aires, surgió la conformación de los Estados provinciales. Desde entonces, y hasta mediados de siglo, se manifestaron dos tendencias en pugna; una en los intentos de confluir mediante un acuerdo de las provincias en un Estado unificado y la otra de afirmación de las soberanías independientes de las provincias. Pero en la práctica, hasta 1852 se mantuvo la hegemonía y el imperio de los Estados provinciales, quienes establecieron una nueva legitimidad y legalidad e interactuaron desde entonces bajo un orden confederal de Estados provinciales. En cada territorio se suprimieron los Cabildos, y se incluyó a las ciudades y a las zonas rurales bajo un mismo ámbito político. Las provincias mediante nuevos sistemas electorales constituyeron sus legítimos representantes, que actuaron como poder colegiado dentro de una Legislatura provincial. Posteriormente desde el seno de aquella institución se elegía el poder ejecutivo, en la figura de un gobernador de la provincia. Pero a pesar de los pactos provinciales, la convivencia dentro del seno de la confederación, como veremos, fue muy conflictivo durante toda la primera mitad del siglo XIX.[8]

---

[7] En este sentido resultan muy significativos los aportes realizados por José Carlos Chiaramonte, en sus trabajos *Ciudades, provincias, Estados:... op. cit.* y "Fundamentos Iusnaturlistas de los movimientos de independencia", en: *BIHAA* n°. 22. Buenos Aires, 2001.

[8] Estudios fácticos sobre este proceso se pueden ver en: Filiberto Reula: *Historia de Entre Ríos... op. cit.* Leoncio Gianello: *Historia de Entre Ríos 1520-1910.* Ministerio de Educación de Entre Ríos, Paraná, 1951. Beatriz Bosch: *Historia de Entre Ríos.* Plus Ultra, Buenos Aires, 1985. Beatriz Bosch: *Urquiza. Gobernador de Entre Ríos 1842-1852.* Paraná, 1940. Oscar Urquiza Almandoz: *Historia de Concepción del Uruguay... op. cit.*

La década "revolucionaria": disputa entre los pueblos y la creación de la Provincia

Constituida la Junta de gobierno de Buenos Aires en mayo de 1810, los Cabildos del Oriente entrerriano adhirieron rápidamente a ella, y de inmediato designaron diputados de las villas para incorporarse a la Junta que gobernaría en nombre del monarca español. Pero desde entonces se abrió el enfrentamiento entre un grupo de partidarios de la Junta provisional de gobierno porteña y otro que apoyaba a la Regencia. En Concepción del Uruguay fue designado diputado el Dr. José Bonifacio Redruello, quien no solo no se incorporó a la Junta porteña sino que se declaró partidario de los españoles, que desde Montevideo, resistieron la autoridad temporal que se había pronunciado en Buenos Aires.

Poco tiempo después, en septiembre, las fuerzas navales españolas al mando de Michelena bloquearon el río Uruguay, y las autoridades de los Cabildos de las villas entrerrianas junto con las de Montevideo reconocieron de manera temporal la autoridad de la Junta de Regencia y se prepararon para luchar contra las autoridades de la Junta de Buenos Aires. Para entonces, los porteños ya habían decidido enviar un ejército al mando de Manuel Belgrano para hacer frente a la rebeldía del Paraguay y a los realistas del Litoral. Estas tropas, integradas por gente de Buenos Aires y la caballería de la milicia patriótica de Paraná, luego de pasar por Santa Fe y Paraná tomaron rumbo al Uruguay.

Simultáneamente a la reacción militar de la Junta porteña, las autoridades realistas de Concepción del Uruguay se retiraron y el alcalde José Díaz Vélez tomó el mando militar, en lugar de Josef de Urquiza que no era afín a los patriotas. Esta nueva autoridad que simpatizaba con los patriotas, organizó de inmediato un regimiento de caballería en Arroyo de la China y otro en Gualeguaychú para hacer frente a las fuerzas españolas. Pero, a pesar de la oposición local, Michelena con su flota naval se apoderó de las villas entrerrianas, y obligó a rendir formal obediencia al bando realista, en tanto las fuerzas de Díaz Velez se retiraron hacia Paraná. Ante aquel avance realista las autoridades de Santa Fe y Paraná solicitaron un mayor auxilio a Buenos Aires para su defensa, para lo cual fueron reforzadas las fuerzas patriotas litoraleñas con los Húsares al mando de Martín Rodríguez y un regimiento de castas al mando de Galaín. En tanto en el interior de la campaña de Entre Ríos los Comandantes Zapata, Samaniego y Taborda obligaron a los españoles a permanecer dentro del ámbito urbano de las villas.

En febrero de 1811 se incorporaron a las filas patriotas importantes líderes locales como Ramírez, Rondeau y Artigas; y un mes después la Junta de Buenos Aires, para reforzar esas fuerzas revolucionarias, nombró a Artigas teniente coronel de Dragones dándole el mando sobre la Banda Oriental. Francisco Ramírez obtuvo el grado de teniente coronel y segundo comandante de las fuerzas de la Banda Oriental. Mientras en el interior de Entre Ríos, Zapata con sus "gauchos", reconquistaba Gualeguay y tomaba la villa de Gualeguaychú. Luego, estas mismas tropas con la ayuda de Artigas y Galaín, marcharon hacia Concepción del Uruguay e ingresaron a la villa sin oposición, terminando definitivamente con la breve etapa de ocupación realista. Al mismo tiempo se levantaron varios pueblos de la Banda Oriental y poco después en febrero de 1811 un centenar de patriotas proclamó la caída del gobierno español, que se hizo efectiva luego del triunfo en el combate de Las Piedras y el posterior sitio a Montevideo.

Artigas como jefe máximo de la zona había logrado restablecer el poder en manos de las fuerzas patriotas, y entonces con una fuerte preocupación por obtener adherentes expresaba: "Mi primera diligencia en esta, fue dirigir varias confidenciales a los Sugetos mas caracterizados de la campaña instruyéndolos del verdadero y sano objeto de la Excma. Junta, y del interés que toman sus sabias disposiciones, en mantener ilesos estos preciosos Dominios [...] y restablecer a los Pueblos la Tranquilidad usurpada, por los ambiciosos mandones...". Y según su parecer, a pesar del desorden en que se encontraban los pueblos de ambas márgenes del Uruguay, ya se detectaba "El patriótico entusiasmo del Paysanage, es gral. actuando todos los que están en el interior, que nos aproximemos, para trasladarse al Exto. a operar con nosotros".[9]

Pero entonces, cuando los realistas parecían haber perdido su poder sobre el Litoral, ingresaron en el escenario los portugueses, que invadieron la Banda Oriental por Yaguarón, mientras otras partidas, a la orden de Mena Barreto, realizaban incursiones armadas en ambas costas del río Uruguay. Frente a la nueva situación y a la debilidad militar de la Junta patriótica de Buenos Aires se firmó en octubre el llamado "Armisticio de Montevideo", que acordaba la salida de las tropas patriotas y portuguesas de toda la Banda Oriental y el reconocimiento del virrey español en los pueblos de Concepción del Uruguay, Gualeguay y Gualeguaychú. Este acuerdo reconocido

---

[9] José Artigas a la Junta de Gobierno de Buenos Aires. Campamento de Mercedes, 21-4-1811. AGN, sala X, 3-2-4, legajo 3.

por Buenos Aires provocó la reacción inmediata de los partidarios patriotas de la zona, por lo cual Artigas procedió a abandonar la Banda Oriental, llevando tras de sí a las tropas en un éxodo masivo de la población, que incluyó una gran caravana de 15 mil personas, carretas y animales. Estos cruzaron el Uruguay y acamparon inicialmente en Ayuí, para luego movilizarse a lo largo de las costas entrerrianas.

La llegada de los orientales a Entre Ríos implicó un desesperado y vasto movimiento de los pueblos de la campaña por lograr escapar temporalmente del poder y del saqueo de los portugueses. Artigas creía que ante esa situación el "Arroyo de la China debe considerarse como un entrepuerto de consecuencia por todos los puntos que abrasa el río: [por] la facilidad de fortificarle y sostenerle, y las demás ventajas que ofrecería..." Asimismo pensaba que la población migrante daría a los entrerrianos "las utilidades que resultarán al estado de darle fomento rápido en su población, artes, agricultura y comercio, cual adquiriría sin duda con el establecimiento de este numeroso pueblo, me hacen creer que V. E. llebará a bien las ideas de estos vecinos. [incluyendo] la asignación de tierras y provisión de instrumentos para su cultivo y para formación de havitaciones...".[10]

Pero los portugueses, a pesar del acuerdo firmado, no se retiraron de la Banda Oriental y la guerra se reanudó de inmediato. Artigas establecido en Concepción del Uruguay configuró un nuevo plan militar con un contingente de entrerrianos, correntinos y orientales y luego pasó a la Banda Oriental. Su salida del territorio entrerriano trajo nueva incertidumbre y sobre todo mucha inseguridad para controlar la situación militar que se vivía en los campos. En ese contexto se produjeron en el Oriente entrerriano numerosos saqueos e incertidumbre extrema ya que "...un troso de gentes, que sin mas subordinación que su arbitrariedad, roban y talan quanto encuentran hostigando ya por medio de la seducción y ya por la fuerza, al vecindario de esta jurisdicción a hacer un total abandono de sus hogares, y a que sean cómplices de tantos crímenes. Estos crueles procedimientos tan ajenos de la nueva reconciliación entre ambos Gobiernos nos tienen totalmente admirados ¿por qué? ¿Cuál ha sido la Guerra por más devastadora y sangrienta que fuese que no salva de su furor al otro sexo y al Inocente Infante? todas hasta ahora han respetado estos

---

[10] José Artigas a la Junta de Gobierno de Buenos Aires. Campamento de Mercedes, 21-4-1811. AGN, sala X, 3-2-4, legajo 3.

derechos como sagrados quedando reservados su violación a esta reunión de fascinados".[11]

Las autoridades de Buenos Aires nombraron a Sarratea a cargo de las tropas patriotas del Litoral que también se concentraron en Concepción del Uruguay, marchando a fines de agosto hacia Montevideo. En octubre las fuerzas de Artigas y las porteñas lograron derrotar a los españoles en la batalla de Cerrito. Pero a pesar del nuevo triunfo patriota se abrió una nueva lucha interna, pues en el Litoral todos reconocían como líder legítimo a Artigas y no a los porteños Sarratea o Rondeau. Entonces frente a las ambigüedades de las autoridades de Buenos Aires, bajo el liderazgo de Artigas los patriotas del Litoral realizaron el Congreso de Tres Cruces, en el cual se establecieron varios criterios claves para la época. Hubo acuerdo pleno sobre la afirmación de la independencia absoluta de las colonias americanas, la constitución de una republicana confederal, con absoluta autonomía provincial y una división en tres poderes de Estado. Asimismo se declaró la formación de la Provincia Oriental y la elección de una capital que no fuera Buenos Aires.

Sin embargo, los líderes porteños no estaban dispuestos a perder su poder en el Litoral y para frenar estas iniciativas autonomistas confederales echaron mano a varias cuestiones. Por un lado, designaron por su cuenta un diputado para Entre Ríos que no tenía representación legítima; al mismo tiempo sumaron a la ciudad de Paraná como su nueva aliada, dándole un nuevo rol político, pues por conveniencia política la designaron como villa y la dotaron de un Cabildo. Paraná dejaba de depender de Santa Fe y pasaba a ser aliada de Buenos Aires. Asimismo, enviaron a sus fuerzas militares, al mando de La Quintana, para hostigar todo lo posible a los líderes confederales que tenían sus adherentes principales en la zona de Concepción del Uruguay.

En enero de 1814 Artigas se retiró del sitio de Montevideo rumbo a Belén rompiendo las relaciones con Buenos Aires. Desde entonces el líder oriental y Ramírez lucharán contra el Directorio porteño, que actuaba en la zona a través de las tropas reunidas por de La Quintana, Hollberg y Pérez Planes. Los orientales y los entrerrianos contaban con su ejército principalmente en la campaña de la Banda Oriental, con Rivera en las afueras de Montevideo y con Ramírez y Hereñú en el territorio del Oriente entrerriano. Para entonces Artigas creó la Liga

---

[11] El Cabildo de Concepción del Uruguay a José Artigas, 22-12-1811. AGN, Montevideo Adquisición Pardo, caja 1 541, carpeta 3.

de los Pueblos Libres, y manifestaba abiertamente: "Yo lo único que hago es auxiliarlos como amigos y hermanos, pero ellos solos son los que tienen el derecho de darse la forma que gusten y organizase como les agrade y bajo su establecimiento formalizarán a consecuencia su preciosa Liga entre sí mismos y con nosotros, declarándome yo su protector...".[12]

Frente a los sucesos desencadenados en abril de 1814 el gobierno porteño cambió su estrategia militar y cesó su persecución sobre Artigas y los líderes del Litoral, mostrándose entonces dispuesto a reconocer la autonomía de Entre Ríos, Corrientes y la Banda Oriental. Un poco mas tarde, el 10 de septiembre designó territorio provincial a Entre Ríos, fijó su capital en Concepción del Uruguay y quedó a cargo de un teniente gobernador nombrado por el Directorio. Una vez creada la provincia se acentuó la lucha al interior entrerriano entre las ciudades y villas que pretendían mantener la autonomía del gobierno local y no aceptaban la presencia de una autoridad política nombrada por Buenos Aires. Los orientales mandaron una división a cargo de Basualdo, que se reunió con las tropas entrerrianas con la finalidad de expulsar definitivamente del territorio provincial a todas las tropas porteñas. En principio las partidas militares porteñas de Viamonte derrotaron la resistencia local, pero debido a la situación general de la guerra y las propias necesidades militares de la ciudad-puerto las mismas recibieron órdenes de retirarse de Entre Ríos. Aquella situación permitió que en 1815 Artigas quedara nuevamente al mando, junto con las autoridades designadas por los Cabildos de cada villa, Hereñú en Paraná, Verdúm en Concepción, Samaniego en Gualeguaychú y Correa en Gualeguay.

Con los territorios libres del poder político de Buenos Aires, los pueblos de la Liga artiguista se volvieron a reunir en junio de 1815 en Concepción del Uruguay, dando inicio al Congreso del "Oriente", con Artigas y los diputados doctores José A. Cabrera por Córdoba, Pascual Díaz Andino por Santa Fe, José García de Cossio por Entre Ríos y Miguel A. Barreiro por la Banda Oriental. Pero las negociaciones de estos diputados con Buenos Aires fracasaron, por lo cual las fuerzas directoriales volvieron a la carga sobre el Litoral y se apoderaron transitoriamente de Santa Fe, que fue recuperada por las tropas de Estanislao López y Mariano Vera.

---

[12] Artigas al Cabildo de Corrientes, 29-5-1814, Feliberto Reula: *Historia de Entre Ríos... op. cit.* p. 131.

En 1816, mientras sesionaba el Congreso de Tucumán y se declaraba finalmente la independencia de todos los antiguos territorios virreinales rioplatenses de España, el gobierno directorial y los líderes confederales del Litoral continuaban enfrentados. Al mismo tiempo en la Banda Oriental los portugueses emprendían una nueva avanzada militar que, a pesar de la oposición de Artigas, llegó hasta Montevideo. En esta lucha también se involucraron los entrerrianos, primero a través de una división mandada por Verdúm, como comandante de Concepción del Uruguay, que fue derrotada en Ybiraocaí, por lo cual más tarde Francisco Ramírez se vio obligado a organizar mayores reservas militares para apoyar a los orientales y custodiar la costa del Uruguay, desde Mandisoví hasta Gualeguaychú. A partir de entonces los entrerrianos debieron enfrentar dos frentes de guerra simultáneos, uno contra las fuerzas del Directorio de Buenos Aires y otro contra los portugueses. Entre 1818 y 1819 las fuerzas de Ramírez lucharon contra Balcarse en las cercanías de Paraná y más tarde contra los portugueses que atacaron por la zona del Perucho Verna, y llegaron a Concepción, donde saquearon parte de la villa, y se llevaron un gran número de las caballadas entrerrianas hacia Paysandú.

Finalmente decretada la independencia, reunido el Congreso Constituyente y redactada la Constitución unitaria de 1819, los líderes confederales Ramírez y López dieron un ultimátum a Buenos Aires para que respetara sus aspiraciones de igualdad política y autonomía de los pueblos del Litoral. Pero ante el evidente fracaso de sus aspiraciones, en febrero de 1820, las fuerzas litoraleñas combinadas enfrentaron una vez más a las porteñas en la batalla de Cepeda, donde obtuvieron un amplio triunfo, que abrió un nuevo tipo de acuerdo. Tras la firma del Tratado del Pilar se reconoció finalmente una efectiva autonomía a las provincias. Vemos entonces que, si bien luego de Cepeda se cerraba una cuestión vital que llevó diez años de luchas, sobre el alcance de la soberanía de Buenos Aires al interior del espacio rioplatense, también fue el origen de nuevas disputas internas en el Litoral. Ramírez, que hasta entonces solo era comandante general del ejército mandado por Artigas, ahora había firmado el tratado del Pilar como Gobernador de Entre Ríos sin ninguna subordinación a Artigas. Desde entonces el líder entrerriano ya había obtenido de facto un nuevo rango de poder, mientras que Artigas era completamente derrotado en Tacuarembó por los portugueses.

Aquella situación alteró las relaciones de poder dentro del Litoral, pues Ramírez ya no estaba dispuesto a tolerar la autoridad del líder oriental, y le planteaba abiertamente que: "En V.E. Está que lleguen las cosas a un formal rompimiento. Abandone una provincia que no lo llama, no lo quiere, ni lo recibirá sino como un americano, que busca refugio, sujetándolo a las leyes y gobierno que tiene. Conozca el poder del tiempo y las circunstancias y resuelvese sin tardanza, en caso contrario hago a V.E. responsable de los males que sobrevengan, por querer abusar de una facultad, que se ha arrebatado sobre cinco años, contra la voluntad de los pueblos".[13] Como desafío a la nueva autoridad entrerriana, Artigas –con 1500 indios misioneros– ingresó al territorio provincial apoderándose transitoriamente de Concepción del Uruguay. Pero el conflicto desembocó en enfrentamientos sucesivos entre Ramírez y Artigas, que durante el mes de junio de 1820, se desarrollaron en el arroyo Las Guyachas cerca del río Gualeguay, en las Tunas, en Sauce de Luna, en Mocoretá y en Ávalos, desde donde el líder oriental debió finalmente huir hacia el Paraguay.

En septiembre de 1820 Ramírez, luego de la saga de guerras y éxitos militares, hizo realidad un nuevo dominio estatal al crear la "República de Entre Ríos", que unió transitoriamente bajo un mismo gobierno a los territorios de las provincias de Entre Ríos, Corrientes y de las Misiones. Pero la vida efímera de esta República y su gobierno solo alcanzaría un año, pues al rechazar Ramírez el llamado a un nuevo Congreso y al pretender la formación de una confederación con poder propio se enfrentó con las fuerzas conjuntas de Buenos Aires y de Santa Fe. Finalmente las tropas de Estanislao López derrotaron y dieron muerte a Ramírez a fines de 1821.

La búsqueda del consenso provincial

Derrotado Ramírez y desarticulado el macroproyecto "República de Entre Ríos", se reasumió la soberanía del Estado provincial "autónomo", pero dentro un contexto en que las provincias aún con entusiasmo debatían mediante congresos constituyentes la formación de un Estado unificado. Desde 1822 se abrió un nuevo período político-estatal que inicialmente estuvo signado por la imposición de gobernadores adictos solamente a los intereses de los grupos políticos de Paraná, que eran afines a los intereses santafesinos y porteños, y estuvieron enfrentados durante toda la década de 1820 a los dirigentes del Oriente entrerriano.

---

[13] Francisco Ramírez a Artigas, 25-4-1820. Reula Feliberto: *Historia de Entre Ríos... op. cit.* pp. 152-53.

Desde la asunción al gobierno de Lucio Mansilla y hasta el término del mandato de su sucesor Juan León Solá, a fines de 1825, hubo en la provincia una relativa tranquilidad política, fruto de la hegemonía transitoria impuesta bajo la tutela de los gobiernos provinciales vecinos. Pero en la circunstancial calma de aquellos años, seguía latiendo detrás del gobierno provincial la dificultad de consolidar una legitimidad política que tuviera pleno aval de todos los diputados de los pueblos que integraban la Legislatura provincial. Luego de disueltos los Cabildos, todavía no se había alcanzado en las negociaciones políticas locales un consenso estable entre todos los notables de ambas riberas de la provincia. Se mantenía viva una fuerte rivalidad entre los intereses de los pueblos de la costa del Uruguay y los gobiernos ungidos en el Paraná.

En aquellos años, fue tal el malestar que afectó a los líderes del Uruguay que resolvieron en septiembre de 1825 quitarle el poder a su representante, el diputado Anselmo Jurado, ante el Congreso Provincial, a causa de no defender adecuadamente los intereses del "pueblo uruguayense" que lo había designado.[14] Unos meses después, en diciembre, aquel descontento llegaría a su máxima expresión durante la elección de un nuevo gobernador. El resultado de la votación de los diputados provinciales había dado el triunfo al líder oriental Ricardo López Jordán, por un ajustado margen de tres votos contra dos. Pero esta elección fue anulada por la misma Legislatura unos días después, tomando como argumento institucional un artilugio político, que era "el peligro y descontento que representaba un gobernador procedente del bando uruguayense". A partir de ese momento volvieron a darse en la provincia enfrentamientos violentos entre los bandos políticos del Uruguay y del Paraná.

Se abrió en la provincia un largo período de inestabilidad política caracterizado por la falta de consenso interno de los sucesivos gobernantes. Sin duda allí persistía una vieja discordia no resuelta acerca de la antigua autonomía de los Pueblos, que no se había podido equilibrar con la creación de las nuevas instituciones provinciales y que se tradujo durante la década de 1820 en una pérdida efectiva de poder de los grupos locales del Uruguay. Entonces la realidad de fuerzas marcaba que el gobierno provincial no contaba con el acuerdo y el consenso

---

[14] Petición de los vecinos del Uruguay sobre la separación del Diputado Jurado. 13-9-1825. *Recopilación de Leyes y Decretos de la Provincia de Entre Ríos*, Concepción del Uruguay, Imprenta La Voz del Pueblo, 1875. (en adelante: RLDER) tomo II, pp. 52.

político necesario para negociar con los restantes pueblos; en Paraná estaban más pendientes de la injerencia santafesina y bonaerense, que de los reclamos internos. No solo había un problema de equilibrio interno, sino también otro entre las provincias rioplatenses que se debatían entre las tendencias autonomistas provinciales y la presencia de un Congreso Constituyente que al mismo tiempo pretendía consolidar un acuerdo interprovincial, para dictar una Constitución y proclamar una soberanía única. En medio de estas dos circunstancias y escenarios, los gobernantes entrerrianos de esos años fueron considerados "proporteños", pues sostuvieron con Buenos Aires una estrecha colaboración militar, un fuerte endeudamiento financiero y la libre circulación de su "papel moneda". Pero sobre todo, como decíamos, tenían un trato político que no respondía a las discrepancias internas de los Pueblos, que habían conformado el Estado provincial entrerriano.

Entonces los enfrentamientos militares fueron una constante, la única manera concreta de imponer o sostener la autoridad dentro de la provincia. Pero esa política unilateral y el uso de la fuerza ya mostraban evidencias sólidas de que los líderes de la costa del Uruguay y sus milicias siempre iban a resultar un escollo insalvable para dar estabilidad a los gobiernos de turno en Paraná. Esa continua amenaza militar llevó incluso al presidente de la Legislatura, el presbítero Francisco Álvarez a llamar a la resistencia civil ya que "...no es la Provincia un ejército en que todo su deber es obedecer y donde es un crimen examinar lo que se ordena. Los ciudadanos tienen derechos por los que pueden reclamar, y que a sus autoridades respectivas toca proteger..." A esta situación se sumaba otra advertencia sobre el mando militar y las influencias extraprovinciales, ya que la presencia de jefes militares impuestos desde fuera de la provincia, agudizaba la falta de responsabilidad cívica, pues no fomentaba la comunión entre los individuos de la provincia y los jefes militares, y entonces "un general peregrino [...] formará un cúmulo de males, que llenen de aflicción a la provincia, comprometiendo sus autoridades...".[15]

Como señalamos, los enfrentamientos armados se habían iniciado en diciembre de 1825 con la elección a gobernador del comandante general y líder del Uruguay, Ricardo López Jordán. Pero aquella votación fue rápidamente revisada y anulada, gracias a un pedido de los

---

[15] Comunicación del presbítero Álvarez, Legislatura de la provincia de Entre Ríos, 27-1-1826. RLDER, t. II. pp. 120-122.

"vecinos" de Paraná y a la presión política de Santa Fe. En una exposición ante la Legislatura Provincial los señores Dr. Juan F. Seguí y Celedonio del Castillo, como apoderados del Pueblo con un acta firmada por 155 vecinos y los Alcaldes de cuarteles de Paraná, lograron la anulación de la votación en pos de conciliar el "orden público" y la conveniencia común que había propuesto la "respetabilidad del Pueblo en masa".

Frente a las maniobras de los grupos de Paraná el gobierno recayó nuevamente en León Solá, quien soportó de inmediato una rebelión de López Jordán, y renunció a la gobernación. A partir de abril de 1826 se inaugura un período en el cual nunca se alcanzo el consenso de los principales grupos locales para la constitución de los gobiernos; se sucedieron fugaces gobernadores provisorios encabezados generalmente por los comandantes generales del Primer Departamento Principal de Paraná, que en base al manejo de las fuerzas del ejército de línea y de las milicias pretendieron llegar a sostenerse en el cargo. Así, gobernó Vicente Zapata entre 1826 y 1827, pero debió renunciar en enero de 1827 ante una nueva la rebelión, esta vez encabezada por Tomás Cóceres.

Tras la renuncia de Zapata fue elegido Mateo García de Zuñiga, quien en primera instancia no aceptó el cargo afirmando que "Si el País marchara por el sendero de las Leyes conservase como es consiguiente la paz interior, parecería menos escabroso el ocupar tan eminente puesto; pero cuando las opiniones están tan divididas, las pasiones tan exaltadas, holladas las leyes, y finalmente, cuando los funestos síntomas de la anarquía aparecen por todas partes, cómo quiere V.H. que el infrascripto [...] admita sobre si todo el peso y responsabilidad de salvar a la Provincia del torrente de males que de cerca le amenazan?".[16]

En medio de bandos y hostilidades internas de la provincia, la guerra con el Brasil provocó nuevas acciones militares a cargo de fuerzas locales y del llamado ejército "nacional", que introdujeron nuevas tensiones con los militares foráneos por el reforzamiento de la adhesión proporteña del gobierno de Paraná. Entonces, la reacción de los pueblos del Uruguay fue de un nuevo desaliento ya que la "...Provincia corrió con la mayor resolución de reforzar la línea del Uruguay y aun pasó más allá con sus auxilios; más estos habitantes fueron despreciados de un modo degradante. Esto ha producido la excorporación

---

[16] Comunicación de Mateo de Zuñiga a la Legislatura. 14-2-1827. RLDER, t. II, pp. 223-225.

y el resabio, por lo cual era necesario elegir un medio que, desvaneciendo la sospecha y calmado la irritación, encaminase a todos a llenar un deber...".[17]

Finalmente García de Zuñiga aceptó el cargo de gobernador a fines de enero de 1827, pero unos meses después, en septiembre fue derrocado por un levantamiento encabezado por Blas Martínez. Nuevamente emergieron por unos meses gobernadores provisorios, primero fue el comandante Zapata, y luego Solá, quien no soportó una nueva rebelión militar de Cóceres y Santa María, fue destituido y reelegido provisoriamente Zapata. Tras unos pocos meses, Solá recuperó el gobierno que mantuvo hasta 1829.

Posteriormente fue elegido gobernador Juan Pablo Seguí, quien renunció a los pocos días, en su lugar fue reelecto L. Solá que gobernó hasta 1830, cuando enfrentó una nueva revuelta encabezada por Lopéz Jordán y los hermanos Cipriano y Justo José de Urquiza, por lo cual abandonó el gobierno. Para entonces, los líderes del Uruguay habían avanzado con sus tropas hacia el Paraná haciendo saber nuevamente a la Legislatura "...que no pudiendo por más tiempo tolerar las agresiones hechas a las leyes de la Provincia, la arbitrariedad del fondo público y la misma seguridad individual de los ciudadanos honrosos, reclaman altamente que V.H. como primer magistrado, como padres de la Patria, ... reciban nuestros reclamos".[18] Desde entonces, gobernó provisoriamente por un mes el comandante Pedro Barrenechea, y más tarde resultó electo nuevamente López Jordán quien de inmediato nombró ministro de Gobierno a Cipriano de Urquiza, secretario de Gobierno a Justo J. de Urquiza y comandante general del primer Departamento Principal de Paraná al comandante Pedro Espino. Pero cuando el nuevo Gobernador salió a la campaña para poner orden y recibir adhesiones. La Sala en complicidad con Espino anuló su elección y lo destituyó. Buena parte de los líderes del Uruguay pasaron a ser considerados "revolucionarios" y a estar fuera de la ley. Entre 1830 y 1831 gobernaron como interinos los comandantes Pedro Barrenechea, Pedro Espino y como gobernador suplente el presidente de la Legislatura Toribio Ortiz.

[17] Comunicación de Sala de Representantes al Gobierno, 17-12-1826. RLDER, t. II, pp. 206-208.
[18] Representación de algunos jefes a la Legislatura pidiendo la destitución del gobernador León Solá. Firmado por Ricardo López Jordán, Felipe Rodríguez, Justo J. de Urquiza, Pedro Espino, Miguel Acevedo y Pedro Alzamendi. RLDER, t. II. pp. 192-193.

En 1832 los enfrentamientos internos en la Provincia comenzaron a resolverse cuando llegó al poder Pascual Echagüe, quien logró gobernar por cuatro períodos, hasta 1841. Múltiples factores ayudan a entender la longevidad de este liderazgo político que puso en marcha un nuevo tipo de arreglo y equilibrio entre los líderes entrerrianos. Echagüe tomó un poco más de distancia de Santa Fe y sobre todo de Buenos Aires, quedando lejana la posibilidad de un arreglo de carácter "nacional", pues tras la firma del Pacto Federal no emergió en el horizonte ninguna nueva coyuntura de debate constitucional que pusiera en juego las autonomías provinciales.

Al mismo tiempo Echagüe aminoró sustancialmente la tutela financiera y militar porteña, con una política financiera más equilibrada y acorde con los recursos genuinos internos. Otorgó mayor autonomía y poder dentro de los elencos de la administración a los líderes del Uruguay quienes tuvieron desde entonces un nuevo referente en la figura emergente de Justo José de Urquiza, quien inició su larga trayectoria como comandante general del segundo Departamento Principal del Uruguay, desde donde actuó como "apoyo" del gobernador, manejando los resortes militares y políticos locales. El cambio no alcanzó solo el campo de la arena política, pues a la vez el gobierno provincial benefició a través de sus medidas al comercio del Alto del Uruguay, con la fundación de Concordia y su habilitación como puerto de importación y exportación, dando un apoyo fundamental para los negocios y expansión de la zona. Asimismo, permitió la instalación de la industria del saladero, que en poco más de una década se convirtió en un ramo importante para los "empresarios" uruguayenses.

Logrado el consenso interno en el gobierno provincial, los ciclos de administración política de la primera mitad del siglo XIX se completaron con los sucesivos períodos de gobierno de Justo J. de Urquiza, que se iniciaron en 1842 y concluyeron en 1854. Se cerró así un ciclo en el cual los líderes del Uruguay pasaron de ser, a inicios de la década de 1820, los rivales políticos del grupo hegemónico del Paraná a ser los nuevos mandatarios del Estado provincial.

Las guerras del Federalismo rioplatense

Si desde la década de 1830 comenzó a saldarse en Entre Ríos un ciclo de permanentes enfrentamientos internos, desde entonces se abrió un nuevo y más complejo espacio de conflictos, que resultó de las luchas interprovinciales de los "federales" contra los "unitarios". Los gobiernos de Echagüe y Urquiza mantuvieron su alianza militar con

los federales porteños hasta 1851, cuando se produjo el Pronunciamiento contra Rosas y la posterior campaña del Ejército Grande y la
batalla de Caseros. En esta nueva etapa las luchas y alianzas fueron
mas amplias y difíciles, pues se libraron a una escala mayor y contra
importantes contingentes militares. Muchos de esos combates se
dieron en el propio territorio del Oriente entrerriano y demandaron
un enorme esfuerzo de hombres y recursos, afectando sensiblemente
la vida cotidiana de las poblaciones.

En este nuevo ciclo los momentos bélicos cruciales estuvieron
signados por sucesivos reclutamientos y movilizaciones de las tropas
del Oriente entrerriano, que comenzaron a fines de la década de 1830
y llegaron hasta 1854. El primer período de campañas terminó con el
éxito de la batalla de Pago Largo, en el límite con la provincia de
Corrientes, contra los tropas de Berón de Astrada en enero de 1839.
Más tarde se realizó la marcha a la Banda Oriental y el encuentro de
Cagancha, contra el ejército de Rivera en diciembre de 1839, tras lo
cual Juan Lavalle invadió la provincia desde Gualeguaychú. Luego
de un breve repliegue de tropas, los entrerrianos se recuperaron con
los triunfos de las batallas de Don Cristóbal y Sauce Grande en territorio entrerriano durante abril y julio de 1840.

El movimiento de las tropas continuó en 1841 cuando Echagüe
organizó una nueva campaña a Corrientes y fue derrotado en el mes
de noviembre en Caaguazú por las fuerzas al mando de José M. Paz.
Entonces los soldados de Paz, aliado a Ferré y Rivera, ocuparon Entre
Ríos y Urquiza debió retirarse con sus tropas, unos 500 soldados,
hasta San Nicolás. Para diciembre ya estaba de regreso para enfrentar
y derrotar a Rivera en la batalla de Arroyo Grande, en las cercanías de
Concordia. De inmediato partió a Corrientes y a inicios del año siguiente firmó un tratado de paz con el gobierno de esa provincia.

Desde febrero de 1843 Urquiza emprendió una nueva campaña a la
Banda Oriental para desalojar del poder a Rivera y apoyar a Oribe, y
en marzo de 1845 derrotó al jefe oriental en la batalla de India Muerta.
Para entonces, los correntinos volvieron a organizar su ejército con
Madariaga y Paz y se aliaron con Paraguay. Urquiza se dirigió a Corrientes con sus tropas, enfrentó una vez más a los unitarios tomando
prisionero a Juan Madariaga, lo que llevó a los correntinos a firmar el
tratado de Alcaráz en agosto de 1846. Pero el acuerdo alcanzado con
la provincia vecina no fue respetado y se abrió una compleja ofensiva
de Urquiza sobre tierras correntinas, logrando en enero y febrero de
1846 los triunfos en Osamentas y Laguna Limpia. Las fuerzas de
Paz retrocedieron hasta refugiarse en el territorio inexpugnable de

la frontera paraguaya-correntina de Ibajay, recién entonces las tropas entrerrianas se retiraron hacia su provincia. Más tarde, en noviembre de 1847, las tropas de Urquiza derrotaron definitivamente a las correntinas en la batalla del Potrero de Vences, y se cerró así el largo ciclo de guerras permanentes.

Luego de tres años de relativa tranquilidad, el 1 de mayo de 1851 Urquiza dio a conocer su "pronunciamiento" contra Rosas, quitándole la representación exterior de la provincia. Unos días después se firmó un tratado con Brasil y la Banda Oriental, y junto con los correntinos llegaron a un acuerdo con Oribe. El 21 de noviembre de 1851 se alcanzó el acuerdo de cooperación militar para derrocar a Rosas, en el que se aliaron Entre Ríos, Corrientes, Brasil y la Banda Oriental. Entonces, comenzó el gran esfuerzo de agrupar al Ejército Grande, en Punta Gorda (Diamante), con 28 mil hombres y 55 mil caballos. Este ejército marchó hacia Buenos Aires, y en febrero de 1852, enfrentó y derrotó a las tropas de Rosas en la batalla de Caseros.

De la apretada y muy descriptiva síntesis de los conflictos políticos y militares expuestos es posible percibir claramente los permanentes desafíos y la necesidad de hombres para las contiendas que enfrentaron los líderes del Oriente entrerriano. A mediados del siglo XIX, luego de aquella extensa saga de batallas y a pesar de los esfuerzos, Entre Ríos constituía un poder militar muy fuerte. Resulta vital examinar y comprender cabalmente cuáles fueron los cimientos de la construcción de aquel poder y cómo se sostuvo a lo largo de cuatro agitadas décadas. Sin duda, como ya afirmó Victorica, la clave fueron las "milicias, aguerridas y siempre victoriosas, [que] formaban masa compacta. Los jefes, oficiales y soldados de que se componían eran ciudadanos armados, casi todos propietarios... ".[19] Será precisamente esa "masa compacta" nuestro objeto de reflexión, para tratar de comprender el funcionamiento de aquella "maquinaria de la guerra" posrevolucionaria y lo que ella representaba para los líderes y los habitantes de la provincia.

En función de todas las características descriptas es fundamental volver a preguntarnos cómo fue posible hacer frente a las necesidades económicas de los estancieros, a la reproducción de los pastoreslabradores, al sostén de los vínculos mercantiles que hemos visto en los capítulos precedentes, y al mismo tiempo afrontar el despliegue y mantenimiento del orden estatal y realizar el reclutamiento que

---

[19] Julio Victorica: *Urquiza y Mitre*. Eudeba, Buenos Aires, 1968. p.14.

garantizaba el poder militar durante las largas y sucesivas campañas bélicas. Debemos tener en cuenta el valor y el sentido que bajo aquellas circunstancias poscoloniales tuvieron el servicio de armas, el poblamiento de la frontera y la defensa del territorio "patrio" que brindaron los milicianos. Es necesario enfatizar que no solo resultó, como generalmente se ha planteado, un instrumento político-militar manejado coactivamente por los gobernantes o líderes locales, sino que sin duda fue una instancia significativa de intercambio para que los habitantes de la provincia pudieran adquirir derechos, permitiendo entablar una negociación en torno a las prestaciones públicas que los individuos "de toda clase" tenían que ofrecer dentro de la sociedad local. De ese modo en la sociedad poscolonial se dio una fuerte dinámica de intercambios, que más allá del mercado, ligó a los pobladores, a los notables y a las autoridades locales a través de prácticas que permitían el acceso a los recursos productivos (como las tierras, pasturas, aguadas y montes), al tránsito, al comercio o a peticionar ayudas diversas a cambio de sostener de manera permanente y sin paga los servicios públicos durante los tiempos de guerra de aquella etapa de transición en la primera mitad del siglo XIX.

Más allá de las tradiciones y la jurisprudencia elaboradas y expuestas dentro de la cultura política por los ilustrados de la época,[20] resulta claro que luego de la Revolución en Entre Ríos, mientras se fueron reconstituyendo los espacios institucionales normativos claves para garantizar el orden político, social y económico, se impulsaron las prácticas de los "servicios" a la patria, que fueron el ámbito privilegiado para conectar de manera directa a los representantes del Estado con todos los habitantes. Dentro de esas prácticas se pudo, por una parte, intercambiar servicios y por otra intentar vincular y disciplinar a los individuos de toda clase a las demandas y al imaginario postulado por los sectores dirigentes de la provincia.[21] Como veremos fue un complejo proceso de interacción y experiencias comunes entre los notables y las masas rurales.

La militarización entrerriana dentro de aquellos marcos de negociación resultó un elemento clave para la regulación de las activida-

---

[20] José Carlos Chiaramonte: *Ciudades, Provincias, Estados... op. cit.* José Carlos Chiaramonte: "Fundamentos Iusnaturalistas de los movimientos de independencias..." *op. cit.*

[21] Sobre la cultura "federal" en Buenos Aires disponemos de los estudios de Ricardo Salvatore: "Fiestas federales; ..." *op. cit* y Ricardo Salvatore: "Expresiones federales...: *op. cit.*

des productivas y para la concertación de tareas laborales. Desde el ámbito militar se arbitró la relación entre los productores y se canalizó la mano de obra hacia la economía rural. Finalmente, en muchas ocasiones, se otorgaron "premios", como facilitar el acceso a la tierra y a la posesión de otros recursos productivos.[22]

La importancia de la cuestión nos impulsa a analizar el peso que tuvo cada uno de los factores expuestos en la constitución de la sociedad de frontera entrerriana. En primer lugar, veremos las características que tuvieron los reclutamientos y la integración de las tropas en la provincia. Luego analizaremos la relación entre la tradición, los derechos y la "negociación" que se estableció entre las autoridades y los pobladores durante la prestación del servicio de armas. Finalmente abordaremos algunas de las diversas formas en que la militarización se vinculó con las tareas rurales y el orden social de la campaña provincial.

El peso y la naturaleza de la milicia

Luego de la Revolución de 1810, ya bajo el marco de la República de Entre Ríos, en septiembre de 1820, Ramírez dictó las primeras medidas posrevolucionarias para regular la situación militar de la provincia. Fueron implicadas en un Bando que contenía tres Reglamentos para órdenes militares, económicas y políticas, que se transformaron en el Estatuto básico para organizar aquel efímero Estado. En las órdenes militares de la reglamentación, de treinta artículos, ya emergían novedades pues se dispuso el alistamiento de *todos los hombres útiles* para las armas, que estuvieran comprendidos entre los 14 y los 40 años de edad, exceptuándose solamente a los hijos únicos de viudas. Los alistados estarían en la milicia pasiva y activa y se organizarían en escuadrones, que tendrían un adiestramiento dominical y servicios de turnos mensuales.

Más tarde, en 1825, en razón de la guerra con el Brasil, se convocó en Entre Ríos al enrolamiento general de las milicias rurales y cívicas, se indicaba expresamente que incluía una figura igualmente muy amplia a *todo individuo residente*, aclarando que toda persona que no cumpliera con el llamado o que no tuviera ocupación conocida sería

---

[22] Sobre los "premios" o perjuicios de las políticas federales se encuentran: M. Infesta y M. Valencia: "Tierras, premios y donaciones. Buenos Aires, 1830-1860", en: *Anuario IEHS* n° 2, 1987. J. Gelman y M. Schroeder: "Una compleja relación: Rosas y los embargos a los propietarios unitarios de la campaña de Buenos Aires", en: *XVII Jornadas de Historia Económica*. Tucumán, 2000.

puesta a disposición del servicio de armas.[23] Un año después, ya en pleno conflicto bélico con el Brasil, se amplió el concepto de reclutamiento al decretar que *todos los habitantes* de Entre Ríos de 15 a 60 años debían alistarse en los cuerpos de cívicos o milicias, para lo cual tenían que presentarse ante los comandantes militares de su respectiva jurisdicción, y luego aquellos los destinarían a las tropas o al servicio público teniendo en consideración sus clases y aptitudes. En caso de que algún individuo se resistiese o eludiese la convocatoria, sería considerado directamente "enemigo de la Patria".[24] En 1827 se realiza una nueva Organización de Servicios militares en los Departamentos de Entre Ríos y se vuelve a estipular claramente que *todos los habitantes* de cada Departamento desde los 14 a 50 años debían alistarse en las compañías de milicias, con la excepción de los hijos únicos de viuda que justificasen ser sostenidas y alimentadas por ellos. En cuanto a los oficiales de milicia, debían ser provistos de los sujetos de la "mejor clase" y lo mismo se haría para los sargentos y cabos.

Todas estas reglamentaciones dictadas para la formación de milicias se dieron paralelamente con la imposibilidad material de mantener una adecuada dotación paga de tropa de línea dentro del ejército provincial. El problema central de aquel dilema radicaba, como lo decía un gobernador de la época, en "... la nulidad de nuestro Erario que no permite aun la creación de un cuerpo veterano, para el servicio ordinario de las precisas guarniciones...".[25] Por este motivo en lugar de disponer de un ejército regular y pago, desde entonces, las milicias se turnaron de modo permanente con los cívicos para ocupar las guarniciones de las villas y de campaña.[26]

Este sistema general de enrolamiento de las milicias fue revisado nuevamente en el marco de los conflictos federales en la década de 1840, con la finalidad de lograr un mejor funcionamiento y una mayor disciplina. Se reiteró entonces que el enrolamiento era incluso para *todo individuo estante o habitante* que no perteneciera a los cuerpos de caballería o al de vigilantes. En caso de que faltasen al

---

[23] Convocando al Pueblo del Paraná para la reorganización de la milicia urbana. León Solá. 11-3-1825. RLDER, t. II, pp.22-23.

[24] Disponiendo un alistamiento general de los ciudadanos desde 15 a 60 años. Vicente Zapata, 9-11-1826. RLDER, t. II, pp. 198-199.

[25] Decreto sobre organización de varios ramos del servicio en los departamentos. Mateo García de Zuñiga. 16-3-1827, RLDER, t. II. pp. 246-249.

[26] Del Gobierno a la Legislatura instruyéndole del estado político y administrativo de la provincia. Mateo García de Zuñiga, 11-6-1827. RLDER, t. II, p. 294-298.

llamado, serían enrolados por la fuerza y destinados a las tropas de líneas de reserva.[27]

Para la década de 1840 ya se había abierto un período de enrolamiento y servicio *permanente* de armas en función de la intensidad alcanzada por las guerras emprendidas en las campañas de las tropas entrerrianas a Corrientes y a la Banda Oriental. Se decretaron varias levas generales: en 1842 se dio el primer momento de gran reclutamiento y de ascenso de nuevos oficiales. Según comentarios del comandante Francia, estos nuevos cuadros intermedios en los batallones no debían perder un solo momento para disciplinar a los reclutas y de tenerlos en continuos ejercicios a la tropa para conservar la moral y la disciplina.[28] Al mismo tiempo, el comandante de Gualeguay comentaba a Urquiza que en un esfuerzo de ampliar las tropas se había reunido incluso a todos los morenos y que estaban en camino para incorporarse a sus tropas federales.[29]

En 1846 las órdenes de reclutamiento fueron aún más amplias, hasta el punto de que Urquiza ordenó muy enfáticamente: "...quiero organizar un cuerpo de Ejército compuesto por *todos los hombres útiles* que han quedado en la provincia ya sean en las Divisiones que están arregladas o ya en las policías, comandancias o cívicos de los Departamentos, así como los que están exeptuados...". El gobernador pretendía según sus propias palabras "...que para el primero de abril estén en mi Cuartel General, *todos los habitantes* desde 12 años a 50, sin que quede un alcalde, un enfermo, un estanciero, ni un comerciante que sea nacional o extranjero naturalizado, pues yo haré la competente clasificación de los que por sus intereses o demás circunstancias deban ser exeptuados...".[30]

En las décadas de 1830 y 1840, de guerras continuas, las autoridades plantearon que era preciso activar el reclutamiento y arreglar el servicio de manera absolutamente extendida, al punto que "no quede un solo hombre", aclarando incluso que se llevara a cabo en la ciudad Capital de la manera más estricta y exacta posible para el cumplimiento, porque "cualquier condescendencia nos puede ser perjudicial", por

[27] Antonio Crespo, 16-11-1844. RLDER, t. 5 y 6, pp.125-126.
[28] Comandante José Francia a Justo J. de Urquiza, Paraná 29-6-1842, AHER, Gob. serie II, carpeta 4, legajo 22.
[29] P. Reynoso a Justo J. de Urquiza, Gualeguay, 15-6-1842, AHER, Gob. serie II, carpeta 4, egajo 12.
[30] Justo J. de Urquiza a Antonio Crespo, Cuartel General de Basualdo, 3-3-1846. AHER, Gob. Serie II. carpeta 1, legajo 5.

lo cual incluso a ningún hombre útil para el servicio de las armas se le debía dar permiso para salir de la Provincia.[31] Frente a este panorama algunos quedaron exceptuados, no obstante todos debieron marchar por lo menos hasta el Campamento General. Los beneficiados de la excepción fueron unos pocos funcionarios y los ocupados en oficios indispensables para controlar el territorio y la burocracia provincial. Pero hasta los maestros de postas debieron presentarse, pues a pesar que no se podía dejar "...esta clase de servicio sin que haya quien lo encabece...", Urquiza quería tener a todos los potenciales soldados, para, como él decía: "...tenerlos bien a mano hasta amasarlos bien...".[32] También lograron excepciones y acomodos en el servicio de armas algunos personajes importantes o sus dependientes, como el propio gobernador Delegado, pues se dio "...excepción del servicio para el capataz de su curtiembre por creerlo inútil para la caballería, pero Ud. hará que se enrole en los cívicos...".[33]

Las milicias entrerrianas mantuvieron una tendencia clara de reclutamiento, pues desde la década de 1810 fueron incorporando cada vez más hombres, inicialmente para cumplir funciones que por falta de recursos no podía sostener la tropa de línea. En cambio, en un segundo momento, desde mediados de 1830, se impuso una convocatoria masiva y permanente en razón de las largas campañas que enfrentaron las tropas federales. A través de esta notable extensión en el enrolamiento, primero se incorporó a los hombres nativos y naturalizados de la "patria", pero con el correr de los acontecimientos la orden de prestar servicios, como vimos, se hizo extensiva con mucha rapidez a todos los habitantes masculinos útiles de la provincia.

Más allá de las órdenes y las necesidades militares, en la práctica del enrolamiento y en el despliegue de tropas, analizaremos cuántos hombres finalmente integraron las tropas entrerrianas.

A fines del gobierno de Mansilla en 1824 las tropas de línea apenas alcanzaban unos 350 soldados y una decena de oficiales. Esta modesta fuerza se hallaba en un estado muy pobre, y como comentaba el entonces gobernador estaban mal vestidos y sin paga, por lo cual planteaba que sin un auxilio de dinero desde fuera, "...los anarquis-

---

[31] Justo J. de Urquiza a A. Crespo, Campamento General de Cala, 13-3- 1846. AHER. Gob. serie II, carpeta 1, legajo 5.

[32] A. Crespo a Justo J. de Urquiza, Paraná 23-3-1846, y Justo J. de Urquiza a A. Crespo, Cala, 29-3-1846, ambas en AHER. Gob. serie II, carpeta 1, legajo 5.

[33] Justo J. de Urquiza a A. Crespo, Raíces 17-9-1846,. AHER Gob. serie II, carpeta 4, legajo 26.

tas hallarán la más oportuna ocasión para envolver a los amigos de Buenos Aires y del orden...", de modo que frente a tan escasa resistencia podían alterar cuando quisieran el poder político.[34] Ante este panorama desolador, para mediados del siglo XIX las tropas de líneas apenas se habían duplicado, llegando a unos 600 efectivos entre soldados y oficiales. En buena medida aquel incremento fue gracias al aporte de los reos que cumplían servicio de línea por "vagancia" o por otros tipos de delitos.

Lo más significativo sin duda, para entender dónde radicaba el poder militar en Entre Ríos, fue lo sucedido en las milicias, que desde los años 1820 y sobre todo en los '40 conformaron el enorme grueso y la fortaleza del ejército entrerriano. Si a fines de la década de 1820 los milicianos alcanzaban una cifra de menos de 2000, para 1844 las tropas reclutadas alcanzaban unos 4000 hombres entre lanzas y bayonetas.[35] En vísperas de la batalla de Caseros, con un reclutamiento extremadamente eficaz, se logró reunir mas de 10 mil hombres de infantería, artillería y sobre todo de caballería. Las cifras representan un altísimo porcentaje de participación de la población de hombres mayores de 14 años en las milicias provinciales, que estimamos como mínimo eran alrededor del 35% al 45% en los años '20 y del 60% al 70% del total de la población masculina a mediados de siglo.

El caso concreto de la tropa enrolada solamente en el Oriente entrerriano en el año de 1849 (un año de licencias de tropas) alcanzaba a 1178 individuos entre militares y milicias, representando el 49.66% de todos los hombres de entre 15 y 60 años de la zona. De ellos el 71% eran milicianos y el restante 29% tropa de línea. Otro dato revelador es que el 51% del total eran nacidos fuera de la provincia.

Este ejemplo nos permite constatar las proporciones que había de los diferentes grupos socioeconómicos dentro de las tropas de milicias. Sin lugar a dudas resultó fundamental el peso que tuvieron los labradores-pastores que alcanzaban el 34%, seguidos por los peones que llegaban al 26.3% de todos los milicianos. Pero también es interesante tener en cuenta la distribución desigual pues entre los enrolados vemos el porcentaje significativo que alcanzaron los peones en la zona de vieja colonización y donde estaban las haciendas o estancias consolidadas; en contraposición había un predominio abrumador

---

[34] Proposición de Lucio Mansilla a la Legislatura de Entre Ríos como su encargado de negocios en Buenos Aires, 16-3-1824. RLDER, t. I, pp. 407-408.
[35] Justo J. de Urquiza a A. Crespo, Campamento de Chamiso, 4- 7-1844. AHER, Gob. Hacienda II, carpeta 1.

de los labradores-pastores en la zona nueva de la frontera. Es revelador el valor porcentual diferencial que tenían las tropas sobre el total de la población de hombres de entre 15 y 60 años, ya que en Concepción el reclutamiento alcanzó al 52.1% y en la zona de frontera de Federación llegó al 66.8%.

Cuadro 24. Ocupación de las tropas del Oriente entrerriano

C. del Uruguay	%	Federación	%	Concordia	%
Militares	43.8%	Labradores	76.6%	Labradores	29%
Peones	28.1%	Agregados	1.7%	Militares	20%
Labradores	6.5%	Estancieros	1.7%	Peones	14%
Jornaleros	3.3%				
Comerciantes	3.3%				
Capataces	2.0%				
Resto	13.0%	Resto	20.5%	Resto	37%
Total de hombres	698	Total de hombres	236	Total de hombres	244

Fuente: Censo Provincial de 1849.

En la zona de Concordia, que además de las actividades rurales era centro de las actividades mercantiles interregionales, los oficios de las tropas estaban más extendidos, en tanto que el porcentual de reclutados sobre el total de la población en edad de prestar servicio fue algo menor que en Concepción y Federación, sobre todo por la presencia del sector de comerciantes y sus dependientes extranjeros.

Hemos visto tanto en las normas como en las prácticas, que es muy claro e inobjetable que la guerra y el servicio de armas resultaron una experiencia cotidiana y colectiva de alcance masivo sobre toda la población, por lo cual resultó uno de los ámbitos privilegiados para la conformación, negociación e intercambio en el sentido más amplio, pues, como veremos mas adelante, se vincularon las tradiciones culturales, los derechos y las identidades que forjaron a los habitantes entrerrianos.

Los comandantes militares

En este contexto político y militar de Entre Ríos una autoridad clave y poderosa estuvo en la figura de los comandantes militares, con un rol principal dentro del sistema estatal y político. Su poder

fue creciente en relación con otras autoridades dentro de las jurisdicciones de los Departamentos en que se encontraba dividido el
territorio provincial.

Desde febrero de 1822, luego de la Constitución provincial, a través
de la reforma administrativa y política, el territorio quedó dividido en
dos grandes departamentos principales; el primero tenía su cabecera
en Paraná y el segundo en Concepción del Uruguay. Cada departamento principal tuvo a su cargo varios departamentos subalternos,
que en el caso del Segundo se trataba del: Departamento Subalterno
número 1 de Gualeguaychú, que iba desde la barra del río Gualeguay,
hasta la barra del río Gualeguaychú, y por los fondos del arroyo Gená.
El Departamento Subalterno número 2 de Concepción del Uruguay
que iba desde la barra del río Gualeguaychú hasta la barra del arroyo
Yeruá, y por los fondos hasta las puntas del río Gualeguaychú. El
Departamento Subalterno número 3 de Villaguay que comprendía
desde el arroyo Raíces hasta el arroyo Sauce de la Luna, y desde los
fondos del río Villaguay hasta el arroyo Tigrecito. El Departamento
Subalterno número 4 de Concordia que iba desde la barra del arroyo
Yeruá hasta el río Mocoretá, y por los fondos hasta los arroyos Banderas, incluyendo el Chañar, Moreira, Las Yeguas y Ortíz.

En lo referente a la cadena de mando, cada departamento principal
estaba a cargo de un comandante principal, que tenía bajo su autoridad a los comandantes de cada departamento subalterno. Por lo cual
el comandante general del Segundo Departamento Principal con cabecera en Concepción del Uruguay tenía autoridad sobre los Departamentos Subalternos de Concepción del Uruguay, Gualeguaychú,
Villaguay y Mandisoví que más tarde, a partir de 1832, pasaría a tener
su cabecera en Concordia.

Desde la década de 1820, las autoridades de la justicia provincial
del Oriente entrerriano se completaban con un alcalde mayor y cuatro
alcaldes de barrio con asiento en la villa de Concepción del Uruguay
y un alcalde de la hermandad en la campaña. Además había un alcalde mayor y uno de la hermandad en Gualeguaychú, un alcalde de la
hermandad en Villaguay y un alcalde mayor en Mandisoví.

En la década de 1830 comenzarán a funcionar los jueces de Paz,
que desde la reforma política y de justicia de 1849 reemplazaron a los
alcaldes de la hermandad en los respectivos departamentos. Por sobre
aquellas autoridades judiciales había desde 1827 dos jueces, uno con
jurisdicción sobre el Primer Departamento de Paraná y otro con autoridad sobre el Segundo Departamento Principal, con sede en Concepción del Uruguay. Con la reforma introducida en la década de 1840,

se nombraron además de los dos jueces principales, un juez comisionado en cada departamento subalterno.

En este orden administrativo para la justicia y el orden militar, los comandantes generales fueron adquiriendo más influencia y poder en las décadas de 1830 y 1840. Como vimos inicialmente, en medio de la crisis de legitimidad política de los gobiernos provinciales, entre 1825 y 1832, los comandantes generales –a través del manejo de las tropas de línea y sobre todo de la milicia– fueron los únicos que pudieron sostener el orden político. Cuando fracasaron los representantes elegidos por la Legislatura, los gobiernos provisorios o interinos recayeron casi siempre en el comandante general del Primer Departamento Principal de Paraná, al mando en aquella época de Zapata o Barrenechea. Y ocasionalmente, también, en el del Segundo Departamento Principal, en manos de Ricardo López Jordán.

Pero a la "capacidad" que tenían los comandantes de garantizar un orden político provisorio se fueron agregando en la segunda mitad de la década de 1830, otras atribuciones más importantes aún. Por una parte, a medida que el reclutamiento se hizo extensivo a todos los habitantes de la provincia, por el "estado de guerra" la mayoría de los individuos quedaba por bastante tiempo bajo el fuero de la justicia militar. Esto significó en la práctica que los comandantes manejaran la justicia. En la guerra los juicios fueron de carácter sumario con inmediata aplicación de penas y castigos.

Simultáneamente, los jueces de Paz y los jueces comisionados puestos en funciones comenzaron a ser elegidos a partir de una terna de tres nombres que sugerían los comandantes de Departamento, lo que les dio injerencia dentro del universo de la justicia civil. Asimismo, los comandantes daban a conocer al vecindario el poder de los nuevos jueces comisionados, y también les daban auxilio con sus hombres para cumplir sus funciones de persecución de los vagos, ladrones y demás criminales.

Los comandantes también otorgaban las licencias para transitar por el territorio y eran los únicos responsables de todos los movimientos que se realizaban entre las respectivas jurisdicciones de la provincia. Finalmente, incluso llegaron a tener como deber principal de su función el de celar por el buen desempeño de todos los servicios públicos, controlando que los empleados del Estado cumplieran sus respectivas funciones con "honestidad" y "moral" acorde con los intereses del gobierno.

En 1853, el poder acumulado por los comandantes era expresado claramente por el ministro general de gobierno al sostener que: "Por la organización de esta provincia, los Comandantes Militares de los

Departamentos representan en ella la autoridad del Supremo Gobierno, para el mantenimiento del orden y el buen servicio público. En esta inteligencia que no da lugar a interpretaciones, todas las autoridades, civiles, municipales y eclesiásticas, deben rendir acatamiento al Comandante Militar de su respectivo Departamento como que es la primera autoridad...".[36]

Tradición, negociación y estrategias en el Oriente entrerriano

Las circunstancias descriptas sobre la guerra permanente, su presencia tan fuerte en el interior del territorio provincial y sus alcances sociales –tanto a nivel horizontal entre los notables, como a nivel vertical con los diversos grupos subalternos–nos plantea un interrogante fundamental para nuestro estudio: ¿cómo pudieron las autoridades entrerrianas reclutar y mantener por tanto tiempo tropas de milicias tan numerosas y disciplinadas? Para intentar una respuesta es necesario retomar el tipo de vínculo establecido entre los que prestaban servicios y las autoridades provinciales para resolver los intereses en juego. ¿Se utilizaron, como muchos autores han destacado, herramientas (ya sea exitosas o deficientes) de carácter coactivo o existieron numerosos mecanismos de negociación e intercambio para sostener consenso en torno a las prestaciones públicas?[37]

Sostenemos que en Entre Ríos el servicio de milicia y la guerra jugaron un rol muy significativo para la sociedad local, ya que por una parte fueron vitales a la hora de defender y sostener el predominio militar entrerriano dentro de la Confederación y al mismo tiempo lograron consolidar la gobernabilidad en el interior de la provincia durante esta época tan convulsionada. Pero, por otro lado, en la práctica misma este "servicio" público fue mucho más trascendente, pues no solo resultó un aporte para la construcción del sistema de poder político-militar intranotables, sino que expresó un vínculo central para los

---

[36] Sobre la autoridad política que reside en los comandantes militares de los departamentos. José M. Galán. 9-3-1853. RLDER, t. 5 y 6. p. 303.

[37] Uno de los déficit notables de la historiografía rioplatense ha sido postular explicaciones adecuadas para comprender, mas allá de las doctrinas y normativas, la construcción práctica del dominio y la legitimidad de los regímenes de poder durante la primera mitad del siglo XIX. En este sentido son útiles los numerosos ejemplos aportados en J. Gilbert y D. Nugent: *Every forms of state formation. Revolution and the negotiation of rule in modern Mexico*. Duke University Press, Durham, 1994.

diferentes actores sociales en el proceso mismo de construcción de la sociedad de frontera. Fue el nexo fundamental que también vinculó a los grupos dirigentes con los sectores subalternos.[38]

Los mecanismos de negociación y búsqueda de consenso surgieron tempranamente en la sociedad de frontera. En 1823 con la Ley de naturalización provincial se hizo evidente la práctica que permitía intercambiar u obtener derechos civiles y políticos a través del aporte de "servicios a la Patria", ya que en la propia ley se estipuló que se habilitaba "...dar naturalización a extranjeros *que hayan prestado servicios a la causa del País*, y se encuentren establecidos en él de un modo firme". Solo se requería que los postulantes fueran apoyados por el testimonio de los jueces del partido, "...de haber sido adicto a nuestra causa en el tiempo del conflicto con sus enemigos, y *haber prestado servicio* a este fin".[39] De esta manera se abrió una alternativa para que a través de los servicios se pudiera alcanzar el reconocimiento de los extranjeros o peregrinos como domiciliados e incluso como ciudadanos naturalizados de la provincia con todos los derechos que ello implicaba.

En ese marco de legalidad, a medida que las necesidades de tropas y las demandas de la guerra fueron creciendo y el erario público no permitía sostener un ejército de línea acorde con las circunstancias, las autoridades de la provincia utilizaron con mayor énfasis los "servicios militares" bajo el precepto de "servicios a la patria" como el principal mecanismo para el aprovisionamiento de sus necesidades de hombres y recursos materiales. Entonces, se entabló y extendió en esta sociedad de frontera una negociación de servicios a cambio del reconocimiento de los derechos propios de los "ciudadanos", que otorgaba a los grupos subalternos, entre otras posibilidades, la estancia o el asentamiento en usufructo sobre las tierras fiscales o de pastoreo de la provincia.

En Entre Ríos dentro de aquel marco legal poscolonial y con milicias, que ya no seguían estrictamente las viejas normativas de ser integradas sólo por vecinos y recibir una paga, se hizo extensivo en la práctica un servicio obligatorio y no remunerado para todos los habitan-

---

[38] En nuestro trabajo usamos el concepto de práctica como forma de expresar la lógica predominante que ponen en marcha los agentes sociales para su propia reproducción y están orientadas como inversiones de los actores en búsqueda de la maximización de la utilidad en los universos económicos y sociales disponibles. Además estas prácticas son válidas sólo por un tiempo y en un contexto determinado. En este sentido seguimos los aportes de Pierre Bourdieu: *El sentido práctico*. Taurus, Madrid, 1991.

[39] Ley sobre naturalización. Del gobierno a la Legislatura. 8-10-1823. RLDPER, t. 1 pp. 323-326

tes. Incluso mucho mas allá de lo que estipulaba la legislación, debido a las circunstancias bélicas, el enrolamiento fue casi sin limitación de tiempo, ya que estuvo sujeto a las exigencias convulsivas de la época. Tampoco contó demasiado el factor de la edad; según nuestros datos en los reclutamientos generales de las décadas de 1830 y 1840 se convocó e incorporó a todos los hombres útiles para portar armas. Podemos decir que el factor clave para las tropas entrerrianas fueron las milicias reclutadas según un sistema que originó un aparato militar poderoso.

En contrapartida y para satisfacer la amplia demanda, los gobernantes debieron negociar "los costos" de sostener sus tropas a través de la asignación de derechos y del usufructo de tierras fiscales u otras contraprestaciones como garantía de retribución, prácticas que sin duda posibilitaron y reforzaron la adhesión de los habitantes a los servicios patrios. Se logró la disponibilidad de hombres sin límites de edad, de tiempo, ni de exigencia de retribución.[40]

Pero aquel reconocimiento de los servicios no surgió solo de una práctica coyuntural y oral, o meramente como una costumbre local, sino que retomó en buena parte algunos de los preceptos de la vieja tradición hispana de frontera,[41] y como tal, pasó a formar parte en algunos enunciados de las nuevas normativas legales emanadas por la provincia. Esa tradición era reconocida y recuperada sobre todo en las leyes de ventas de tierras públicas elaboradas a fines de la década de 1830.[42] En ellas el gobernador Echagüe recordaba enfáticamente a

---

[40] Martín Ruiz Moreno: *Colección de leyes, decretos y acuerdos sobre tierras de pastoreo*, t. 1, pp.60. El Siglo, Buenos Aires, 1864.

[41] Era muy rica la tradición jurídica de la sociedad hispana de frontera de la época de reconquista entre los siglos VIII y XI. Las exigencias de la lucha configuraron en los núcleos castellanos-leoneses y de Extremadura una sociedad dotada de una enorme movilidad social, en la cual las personas dispuestas a combatir podían ser bien recibidas; allí también las ciudades de frontera eran un ámbito constante de negociación jurídica dentro del mundo que aun era eminentemente feudal. Ver por ejemplo José A. de Cortazar: "La Extremadura Castellano-Leonesa hacia la construcción de un modelo", en: *Revista de Historia Económica* nº 2. Madrid, 1987. pp.365-370.

[42] De este modo nuestro estudio acuerda plenamente sobre la readaptación durante la primera mitad del siglo XIX en el Río de la Plata del derecho público hispano-colonial en sus varias fuentes de cuerpos legales utilizados, desde las Leyes de Partidas, La Recopilación de 1567, el Fuero Real, las Ordenanzas de Bilbao y la Novísima Recopilación. En este sentido ver AA.VV.: "Vigencia y aplicación de la Novísima Recopilación española", en *Revista del Instituto de Historia del Derecho* nº 23. Buenos Aires, 1972.

la Comisión de venta de tierras en el Distrito del Uruguay, que a la hora de designar qué campos del Estado se debían vender en remate público, se debían elegir "...debiendo hacer una demostración de aprecio con todos aquellos vecinos que hubiesen servido al Estado con las armas en la mano o que hubiesen prestado servicios distinguidos de cualquier clase que sean no podrán ser vendidos los terrenos que poseen estos, antes bien serán amparados en su posesión como que *los han comprado con el precio de su sangre o con el peligro de su propia vida*".[43]

Existió una práctica basada en el reconocimiento de la tradición y las nuevas normas que daba legitimidad para que toda clase de hombres: vecinos y migrantes, peregrinos o intrusos que se instalaran en los campos de "pastoreo" y hubieran prestado servicios reconocidos al Estado, pudieran recibir como contraprestación la tolerancia e incluso el reconocimiento oficial sobre el usufructo de la tierra. Era una forma de constituirse con atribuciones legítimas sobre los recursos públicos al haber participado en los diferentes contingentes que habían levantado banderas de enganche y se presentaron a las convocatorias en defensa de la patria.[44] Las tropas de Urquiza lograron un fuerte reclutamiento por medio del recurso de la instalación de pobladores que eran, por compromiso tácito, soldados que siempre estaban listos para sus llamados.[45]

Los servicios a la patria también fueron un mecanismo de reconocimiento y competencia entre los notables locales, pues los gobernadores y comandantes militares retribuyeron los "buenos servicios" y fidelidad de los jefes y oficiales del ejército acordándoles, en muchas ocasiones, suertes o áreas de campos fiscales que fueron la base de futuras estancias. El propósito fue acrecentar el compromiso de los notables e impulsar la ganadería local a través la puesta en producción de nuevos

[43] Decreto de Pascual Echagüe a la Comisión de tierras de Concepción del Uruguay integrada por los jueces mayores Juan José Bayolo, el jefe de policía Cipriano José de Urquiza, el administrador de rentas Juan J. Irigoyen, el procurador de la ciudad Antonio del Rivero y el comandante general Justo José de Urquiza. 10-2-1838. RLDER, t. IV, pp. 366-368.

[44] El peso y valor de la tradición resulta una pieza clave para comprender la dinámica social en los procesos de transición. Sobre el tema seguimos los aportes de: Edward P. Thompson: *Costumbres en Común.* Crítica, Barcelona, 1991. y *Tradición, revuelta y conciencia de clase.* Crítica, Barcelona, 1984.

[45] Martín Ruiz Moreno: *La provincia de Entre Ríos y sus leyes sobre tierras... op. cit.* y V. C. Guzmán: *Recopilación de Leyes, Decretos y disposiciones relativas a los campos de Pastoreo, Creación de Pueblos, Egidos, Colonias y las que se relacionan con el ejercicio de los Agrimensores Públicos.* Folleto impreso.

establecimientos. Estos campos cedidos en principio no podían ser vendidos, ni enajenadas sus haciendas, de manera de dejar instaladas las unidades productivas.

Muchos miembros destacados de las tropas recibieron recompensas materiales al finalizar las campañas. Los oficiales en especial recibieron unas 300 cabezas de ganado y campos. Un ejemplo es el resumen que envió Santiago Artigas, encargado de las estancias del Estado, al comandante M. Urdinarrain comentándole que "Adjunta la lista de los individuos que hicieron la campaña de 1843 con especificación de lo que han recibido...", ascendiendo el número a 125 personas entre jefes y soldados los que habían entregado ganado, tierras y premios. Algo más tarde, en 1849, el comandante Luis Hernández del distrito de Diamante informaba a Urquiza que le "...adjunta lista a S.E. [con] la cantidad de hacienda que se ha distribuido entre los individuos que acompañaron a S.E. en las gloriosas Campañas Oriental y de Corrientes [...] prometiendo cuidarán de lo que han recibido en cumplimiento de la orden que reciben..."

No solo se obtenían los beneficios de tolerancia en el uso de los recursos materiales o de la sesión de los bienes, sino también a través de los servicios y las experiencias colectivas que resultaron de los ciclos de enrolamiento y de guerras se pudieron difundir y alcanzar nuevos valores y símbolos comunes. Estos beneficios se expresaron nítidamente en la década de 1840 con el reconocimiento de la pertenencia de las tropas a un identitario común, denominado "familia entrerriana", que contenía en su interior a los miembros activos de la comunidad provincial. El valor de identidad colectiva estuvo ligado a realizar los lazos de solidaridad primordial que existían entre sus miembros, emparentados entre sí por la sangre derramada en el combate en "defensa de la provincia". Por otra parte también se exaltó el honor de los individuos más destacados por sus acciones de guerra en favor de la defensa de la comunidad, lo que permitió generalmente a los miembros de los grupos dirigentes, y algunas veces a soldados heroicos, alcanzar un mayor grado de preeminencia dentro de los integrantes de la "familia entrerriana".

La acumulación de estos beneficios simbólicos durante las campañas militares pudo forjar al mismo tiempo una "historia común" y también diferenciar a los hombres por sus méritos distinguidos en la comunidad. Entre los sectores subalternos o entre los miembros de las familias notables, a través de los valores simbólicos se podía reconocer a aquellos "recién llegados" o carentes de años de "servicios" de los hombres beneméritos que habían acumulado un importante capital en servicios a la patria.

Estas prácticas permitieron que en la sociedad de frontera se alcanzara una legitimación de roles, de derechos y de acumulación de capital simbólico que contaba con el reconocimiento mutuo de las tradiciones y las negociaciones que funcionaban entre el Estado, los grupos dirigentes y los habitantes. Este concepto fue observado por un conocido viajero inglés, con asombro, sin entender del todo, a mediados de siglo XIX, cuando afirmaba que "...la gloria y no el dinero constituye su única recompensa; de allí que no puedan entusiasmarse por el aliciente de la paga, sino por el honor de combatir en defensa del país".[46]

El líder máximo, Justo J. de Urquiza era considerado, por sus servicios a la patria, el "padre de la familia entrerriana", alcanzando asimismo el título de portador del "Bien de la Patria" y el "garante de la justicia", ya que como jefe supremo de esta sociedad, en un vínculo claramente paternalista, era el encargado del garantizar el reconocimiento de esos servicios y el principal ejemplo de su aplicación. Los oficiales de Urquiza se convirtieron en "beneméritos de la patria", gracias a sus servicios acumulados en las guerras en defensa de la provincia.

De ese modo se pudo mantener en Entre Ríos, en plena coyuntura de guerra permanente, un importante ejército con una inversión muy modesta de dinero. Según una estimación cuantitativa entre los años 1843 y 1849 se habrían invertido en los conflictos tan solo unos 27 875 pesos plata del erario público, más 4 095 de corambres vendidas y 30 500 pesos de la fortuna particular de Urquiza.[47] Otros autores sostienen que el gasto habría alcanzado los 48 357 pesos plata que habrían sido entregados por las cajas del erario público de Concepción del Uruguay, Gualeguaychú y Gualeguay. En tanto, Oribe habría aportado 6 120 provenientes de la Banda Oriental. Agregado a ellos 38 347.6 provenientes de ventas de cueros consumidos en las campañas militares.[48] Cualquiera de todos estos montos, más allá de su verosimilitud, resultan un costo extremadamente bajo, ya que para esa época equivalía a unas 4500 cabezas de novillos u 11 mil quintales de carne salada.

"Servicios de bolsillo a la patria": Auxilios y favores

No solamente los servicios de armas resultaron necesarios, la gama de estos fue más amplia e incluyó la participación de casi toda

---

46 William Mac Cann: *Viaje a Caballo.. .op. cit.* p. 264.
47 Beatriz Bosch: *Urquiza Gobernador... op. cit.* pp. 43.
48 Manuel Macchi: *Despachos militares del general Urquiza.* Palacio San José, Buenos Aires, 1947. cap. II. pp. 38-59.

la población de la Provincia. Desde fines de la década de 1830 y por más de diez años los pobladores contribuyeron también con todo tipo de aportes al Estado. Dentro de la variedad de servicios se encontraron los de "bolsillo" que de modo "voluntario" entregaron metálico para sostener y costear las tropas. Desde los curas parroquiales de diferentes departamentos de la provincia, comerciantes y hacendados, hasta modestos labradores-pastores entregaron partidas de dinero, que iban desde el aporte de 20, 100 o 200 pesos. Así, a lo largo de la década de 1840 se recaudaron mas de 3 000 pesos en donativos para sostener a los hombres de la "patria".[49]

Mucho más extendido fue el servicio de entrega de bienes de consumo de diferente tipo. Para esos años se entregaron aproximadamente 4 000 reses vacunas, 2 000 lanares y una cantidad muy significativa de carne vacuna y ovina para sostener a las tropas. También muchos propietarios donaron los cueros vacunos y lanares, que luego el Estado vendió por su cuenta.[50]

Otros rubros importantes fueron la vestimenta, la comida y las armas. El propio gobierno publicó solicitudes, en periódicos y gacetillas, reclamando el aporte voluntario de ropas para un enorme "ejército desvestido". En poco tiempo la respuesta fue la donación de cientos de camisas y calzoncillos, así como una buena cantidad de gorros, piezas de bayeta, liencillos, sábanas, colchas y almohadas. Asimismo, se recibieron lanzas, carretas, armas de fuego, yerba, tabaco, papel y un grupo de esclavos destinados al servicio de armas.[51]

Todos estos servicios concedidos al gobierno también dieron, además de los ya señalados, otros tipos de reciprocidades más modestas, que aunque limitadas, jugaban un papel importante para muchos pobladores pobres entrerrianos. Entre aquellas formas de intercambio estaban las recompensas especiales para los menos afortunados o más castigados en la guerra. Permanentemente los pobladores solicitaban que se les concedieran "gratificaciones" o "asignaciones" por servicios prestados. Se recompensaba con una modesta suma de dinero a los deudos de soldados y oficiales muertos en servicio, o que hubieran sufrido mutilaciones o inutilidad física, por acciones destacadas o por un servicio ejemplar. Por ejemplo, fue común la entrega

---

[49] AHER. Gob. s. II, carpeta 4, legajos 12, 27 y 28.
[50] AHER. Gob. s. II. carpeta 4, legajos 7, 14, 18, 26 y 27.
[51] AHER. Gob. s. II. carpeta 4, legajos, 14, 22, 24, 27 y 28. Se entregaron en poco más de un año unas 1 400 bayetas de liencillos y lienzo punzó y unos 300 juegos de camisas y calzoncillos.

de "50 pesos por enfermedad grave", o de "25 pesos para sostén de la mujer de un Sargento hasta que regrese de la guerra", o la "asignación de 25 pesos mensuales por buenos servicios y por la miseria de su familia", o "25 pesos para costear el funeral de un soldado". Estos recursos no se limitaron a las mujeres o hijos de la tropa, también incluyeron, muchas veces, a las madres o padres de soldados u oficiales desamparados.[52]

Se otorgaron en menor medida empleos públicos o bienes para recompensar a miembros destacados de la tropa con la sesión de cargos en las postas, aduanas, policía o administraciones departamentales. Menos frecuente, pero no menos importante, fue la entrega en recompensa de bienes confiscados a los "salvajes unitarios" que se cedían generalmente a oficiales de destacado servicio.[53]

Consenso y disciplinamiento

Organizando la producción y el trabajo

En la medida que la guerra y el enrolamiento masivo fueron casi una constante –desde mediados de la década de 1830– la situación comenzó a repercutir de inmediato sobre la disponibilidad adecuada de hombres para los trabajos rurales. Por entonces las campañas militares retenían, como vimos, solo a los peones necesarios para las haciendas y los saladeros o a los labradores y a los pastores-labradores que se encontraban entre los principales contingentes reclutados. Fue necesario implementar un sistema que combinara el "servicio" en las milicias con las necesidades del "mercado" o las de las unidades familiares que demandaban brazos para los ciclos productivos. En función de este problema, casi al mismo tiempo que se habían comenzado a consolidar las "empresas" rurales luego de los cambios posrevolucionarios, fue necesario implementar mecanismos institucionales a través del brazo político estatal con un sistema, que según las circunstancias coyunturales de las necesidades económicas y político-militares, iba concediendo licencias parciales a las tropas para hacer frente a las tareas estacionales de la yerra y el rodeo ganadero y

---

[52] AHER. Gob. s. II. carpeta 1, legajos 2, 3, 4, 5, y 11.
[53] AHER. Gob. s. II. carpeta 9. legajo 28. Por ejemplo, el comandante Palavecino le entrega al sargento Juan Franco 100 ovejas, 100 baquillas y 4 lecheras de las haciendas del salvaje unitario Juan Aldaz, para "sostener a su crecida familia".

más eventualmente también para la cosecha agrícola. Aunque también fue cada vez más frecuente que se otorgaran asignaciones temporarias de trabajadores "concertados" entre las autoridades y los "empresarios" a partir de las propias estructuras militares.

Al mismo tiempo que se reguló la "oferta" de brazos, también se debió acordar y reglamentar con los "propietarios" la organización del ciclo productivo en el campo. Como analizamos en el capítulo 5, ya desde fines de los años 30, pero sobre todo en la década de 1840 el gobierno reguló a través de decretos los permisos temporales para marcar y faenar ganado. Por ejemplo, luego de las campañas a la Banda Oriental y en marzo de 1846, al regresar con el ejército de la campaña a Corrientes, se autorizó a marcar ganado. Esas tareas se cumplieron con una disciplina laboral de carácter netamente militar. Con este propósito los comandantes de cada departamento se reunieron con los comisionados de los distritos y los ganaderos de la zona y coordinaron los trabajos rurales.

Las labores costeadas por los ganaderos, estuvieron a cargo de partidas de 70 u 80 hombres, disponiendo cada peón de cuatro caballos. Según los informes se comenzaba marcando y faenando la hacienda de los ausentes, luego la de los más pobres y finalmente la de los grandes estancieros y hacendados. Al final de las faenas los Comisionados resolvían junto a los vecinos sobre la propiedad del ganado suelto. Así se procedió a solventar el trabajo estacional por lo menos durante las épocas de las campañas militares de 1844, 1846, 1847 y 1849. Para regular la normativa de las tareas se aprobaron decretos especiales autorizando la marcación y faena de ganado en 1846 y 1849. En una época en que, en tiempos normales, debería haberse dado un proceso de crecimiento del "mercado" de la mano de obra, sobre todo para las actividades pecuarias, los "empresarios" debieron realizar un complejo proceso de negociación con las autoridades militares para lograr el usufructo de los recursos, en pos de cimentar dos cuestiones al mismo tiempo, alimentar la maquinaria de reclutamiento que protegía los intereses colectivos de la "familia entrerriana" y organizar la producción rural en los establecimientos.

Por todo lo expuesto, luego de 1838 y hasta 1849 se debió reglamentar desde el brazo político la economía rural; se acentuó la intervención estatal para poner en marcha reglas y prácticas para la regulación del ciclo económico, las partidas de trabajos y la provisión de trabajadores concertados. Pero esos arreglos de prestaciones laborales organizadas desde las milicias no tuvieron un alcance general en su distribución, sino que operó una modalidad selectiva para dar apoyo laboral privilegiando a los más destacados hacendados o saladeristas cercanos al gobierno. Así por ejemplo, el comandante y hacendado Miguel Galarza comentaba a Urquiza que, "...el lunes o martes pienso tomar un poco de hacienda calculando lo que pueda marcar entre tres o cuatro días con mis muchachos, y para el efecto me *aprovecho de la oferta de S.E. me haga el bien de franquearme ocho o diez hombres* para agarrar y despachárselos *como lo habíamos convenido,* no le pido mas porque me parece ser lo suficiente y que tampoco quiero...". A este arreglo del envío de trabajadores, Galarza extendía los favores recibidos con la oferta a su hacendado vecino y comandante general Justo J. de Urquiza que "...en caso S. E. guste puede mandar la marca por si por casualidad hay alguna de su propiedad...".[54]

Lo propio sucedía con los establecimientos de Urquiza, ya en 1842 uno de sus socios menores lo felicitaba por los triunfos militares y al mismo tiempo le pedía que le envíe "...veinte o treinta hombres para trabajar en nuestro vapor, cual tiene ahora dos grandes toneles, *nos hacera S.E. mucho favor de continuarnos así su protección...*".[55] Poco tiempo después comentaba "...llegaron ayer los cuatro desolladores que Ud. ha tenido la bondad de enviarme ayer, desollaron y salaron una buena porción de cueros a mi satisfacción, pero no tan ligero [...] pero con los cuatro juntos el trabajo adelantara, y no nos costarán mas, cada uno de ellos ganará dos pesos...".[56] Lo mismo sucedió años después con los pedidos de sus capataces de las estancias y saladero.

También en ciertas ocasiones en que los reclamos o las necesidades llegaron a un extremo se concedieron permisos temporales a las tropas para conchabarse y ganar algún dinero que aliviara la carga de manutención de los hombres y mejorara el ánimo de los soldados. Pues como señalaba Crespo "...en ciertas ocasiones es necesario usar algunas consideraciones con esa clase de gente, les permití fuesen a trabajar por un poco de tiempo para después remitirlos a su cuerpo...".[57] Muchas veces fueron los propios soldados los que solicitaban permisos laborales, como ser pedir a "...S.E. una licencia para salir a trabajar al establecimiento de D. Alejo Rodríguez de este Departamento,

---

[54] Comandante Miguel Galarza a Justo J. de Urquiza, 1841. AHER. Gob. s. II, carpeta 9, legajo 7.

[55] Juan Belón a Justo J. de Urquiza, C. Uruguay, 17-12-1842. AHER. Gob. S. II, carpeta 4, legajo 26.

[56] Juan Belón a Justo J. de Urquiza. AHER. Gob. s. II, carpeta 3, legajo 7.

[57] A. Crespo a Justo J. de Urquiza, Gualeguaychú, 30-8-1847. AHER. Gob. s. II, carpeta 2, legajo 5.

pues habiendo recibido la espontánea oferta de este señor que me da la mano, y como hombre deseoso de emplearme siempre en el ejercicio del trabajo para la subsistencia, doy este paso ante V.E....".[58]

También existieron licencias especiales en base a la distinción y el privilegio dentro del sistema de servicio militar, cuya permeabilidad de concesión fue acorde con las necesidades laborales y la influencia del solicitante. Los casos más frecuentes de concesión de licencias tuvieron que ver con la petición de jefes militares o de familiares muy influyentes. En ellas se liberó temporalmente del servicio a algunos jóvenes estudiantes, a enfermos que eran llevados junto a sus familiares a fin de restablecer su salud o personas que eran el único sostén de familias impedidas de mantenerse por sus propios medios.[59] Pero junto a aquellos casos estaban otros que dependían mas de la "calidad" de los pedidos que del servicio, sus normas y sus prácticas. Dentro de estas últimas modalidades operaron los pedidos y reclamos referidos a las actividades económicas. Frecuentemente fueron los propios comandantes los que tuvieron que dar licencias temporales, como ser "...para remediar la falta de manutención de la tropa los licencie por seis días para que trabajen y luego vuelvan a presentarse...".[60] U otras que optaron por "licencie [la tropa] hasta el 20 de julio, ya que en esa fecha termina la marcación, como condición de ellos es que vayan todos vestidos de ejército...".[61] También se concedieron, como veremos luego, licencias generales en función de coyunturas militares más favorables entre 1848 y 1850, que permitieron el regreso de las tropas a sus tareas normales.

Sin duda las licencias más excepcionales, aunque no muy frecuentes, fueron las otorgadas a ciertos individuos que estaban al servicio de personas muy influyentes. Un ejemplo de ello es el pedido de Cossio a Justo J. de Urquiza, "que deje a su capataz libre de servicio", al igual que el caso de los propios empleados del gobernador o de otros comandantes que necesitan trabajadores para sus establecimientos rurales.

Al finalizar en 1848 las guerras con Corrientes se restableció un período de paz y de licencia más largo de las tropas, que llegó hasta 1851. En ese ínterin el gobernador, de regreso a Entre Ríos, tomó como

[58] Francisco Nievas a Justo J. de Urquiza, Cuartel Gral. Arroyo Grande, 5-9-1846. AHER. Gob. s. II.

[59] AHER. Gob. s. II, carpeta 9, legajo 27; carpeta 4, legajo 11; carpeta 10, legajo 6; carpeta 4, legajo 26.

[60] Comandante López a Justo J. de Urquiza. AHER. Gob. s. II, carpeta 4, legajo 21.

[61] Comandante Manuel Urdinarrain a Justo J. de Urquiza. AHER. Gob. s. II, carpeta 1, legajo 6.

una de sus preocupaciones principales el reordenar las tareas rurales, para lo cual comenzó una nueva política laboral a través del Reglamento de agosto de 1849. Para entonces ya era notorio el peso que tenían los saladeros y vapores y las necesidades crecientes de trabajadores en las estancias. Por ello el fin de la guerra dentro del territorio provincial, las largas licencias de las milicias y el regreso a tiempos más "normales" significó, entre otras cosas, que ya no se sostuviera la organización del trabajo a través del servicio de armas. De ese modo desde mitad de siglo comenzaría una nueva era en la que emergían otras alternativas para los brazos liberados de las armas y otras necesidades para los "empresarios" que apelaban a otras instituciones que plantearan un nuevo tipo de disciplinamiento para el mercado de trabajo. Las nuevas medidas incluían: prohibir los bailes durante la yerra y las cosechas, habilitar el uso de papeletas de conchabo para transitar y ser contratado y castigar duramente el abandono de las tareas sin previo aviso, con la remisión inmediata al campamento militar de Calá. Todas esas medidas mucho más coactivas sobre los paisanos apuntaban a no tolerar, luego de la licencia de las tropas, la presencia de individuos que no tuvieran un trabajo conocido y estable.

Persuasión y castigo

Es claro también que a lo largo de aquellas décadas de la primera mitad del siglo XIX las condiciones y exigencias que demandaba el servicio militar o los variados tipos de sacrificios o alternativas que se demandaron a los habitantes de la campaña no fue aceptado de igual manera por todos. Los servicios y compromisos solicitados no estuvieron exentos de conflictividad, y la deserción fue uno de los principales problemas que enfrentaron las autoridades provinciales.[62]

[62] Sin duda, además de las negociaciones y las prácticas mencionadas hubo, como en la mayoría de las sociedades de la época, otra gran diversidad de niveles y formas individuales de resistencia o violencia popular frente a las demandas o normativas estatales. Entonces los márgenes de resistencia posible no solo se reflejaron en la deserción, sino también en otras prácticas individuales, que como vimos en el punto anterior, se dieron a través del disimulo, del acatamiento parcial de las normas o en las regulaciones del ciclo productivo, en gran medida han quedado en el anonimato individual de la vida cotidiana. Asimismo también escaparon a las regulaciones de dominación de las autoridades ciertas franjas de apropiación de recursos, venta de cueros robados y evasión fiscal. En este sentido seguimos los aportes formulados por James Scott: *Hidden Transcripts. Donination and the arts of resistance*. Yale University Press, New Haven, 1990.

Los desertores tuvieron varias causas para no aceptar o huir del servicio, pero generalmente los motivos recurrentes estaban vinculados, sobre todo entre 1830 y 1846, con la marcha cambiante e incierta de la guerra y con las condiciones muchas veces extremadamente magras de subsistencia de las tropas. Aunque también, en mucho menor escala, fueron impulsadas por la peculiar situación familiar y económica de cada individuo.

Las circunstancias bélicas negativas, el mal abastecimiento de las tropas, las promesas incumplidas o los abusos de algunos de los oficiales en las campañas militares, especialmente a fines de la década de 1830 y principios de los años de 1840, llevaron a muchos individuos a desertar, sobre todo cuando estimaron o calcularon que las tropas federales entrerrianas no podrían llevar adelante la guerra con éxito. Un momento crítico para toda la campaña entrerriana se vivió entre 1842 y 1844, con la entrada a la provincia de las tropas "unitarias" del general Paz y el asesinato del gobernador delegado Cipriano Urquiza, entonces las deserciones aumentaron sensiblemente. De manera especial, el primer Departamento Principal de Paraná se convirtió en una especie de refugio de desertores, que incluso estaban "propagando las doctrinas" contrarias a los líderes federales.[63] Esta situación no solo resultó un problema para neutralizar los rumores políticos y el decaído ánimo interno en la provincia, sino que unos meses después los mismos desertores escribieron correspondencias y mensajes a sus antiguos compañeros del Batallón Entrerriano "...diciéndoles, que están buenos y tranquilos...", lo que alentaba como bien entendieron las autoridades en ese momento a "...decirles, desertense Uds. también...".[64] Durante esta coyuntura militar de fracaso en los campos de batalla hubo un debilitamiento de los vínculos dentro de los servicios de armas, y la deserción se manifestó igualmente con fuerza en otros territorios fronterizos como en el de Mandisoví, donde los huidos pudieron cruzar el río Uruguay y escapar al control de las tropas federales. Por entonces, el comandante Urdinarrain también comentaba frecuentemente que allí "...se empieza a sentir la deserción de poco tiempo a esta parte y particularmente del escuadrón del Comandante Pablo...".[65]

---

[63] Justo J. de Urquiza a A. Crespo, 28-3-1844. AHER. Gob. s. II, carpeta 1, legajo 2.

[64] Justo J. de Urquiza a A. Crespo, 4-7-1844, Cuartel Gral. de Chamorro. AHER. Gob. s. II, carpeta 1, legajo 2.

[65] Manuel Urdinarrain a Justo J. de Urquiza, Concordia, 17-7-1841. AHER. GOB. s. II, carpeta 3 legajo 7.

Las magras y duras condiciones de vida de las tropas fueron otro factor importante de malestar que empujó a la desobediencia y la deserción. Esta situación era percibida con claridad por los oficiales que mencionaban a sus comandantes la necesidad de "...mandar provisiones [...] ya que ante su falta la tropa esta inquieta".[66] Para entonces, el mismo Comandante Urdinarrain mencionaba que "...si se mandan salir [la escuadrilla de la tropa] no van, sin que se le de algún socorro al menos para poder vestir [...] están enteramente desnudos y por eso quieren ver si puede dársele...".[67] La escasez de "rancho" y "vicios" se mantuvo sobre todo desde 1838 y en la primera mitad de los años 40, por lo cual fue una época plena, como ya vimos, de solicitudes y recepción de auxilios enviados por los bolsillos de "los vecinos federales" para sus tropas. Pero a pesar de los donativos recibidos, en numerosas ocasiones la situación llegó a un punto crítico como cuando el propio gobernador delegado Cipriano Urquiza comentaba que "los hombres están casi desnudos" por lo cual preguntaba si podía esperar la llegada de auxilios de paño o tela para vestirlos...".[68]

Existió también una cantidad de motivos personales para abandonar el servicio; por ejemplo el caso, muy comentado, de un soldado licenciado para llevar caballos desde Paraná hacia el Uruguay, que aprovechó su viaje para desertar rumbo a la provincia de Santa Fe. Allí se instaló, y según la información que tenía su comandante lo había hecho porque estaba "...casado con dos mujeres, y sin duda temeroso de que la primera reclamase en contra de él, se fugó llevándose consigo a la segunda...".[69]

Frente a estas conductas, que escapaban a las prácticas de negociación e intercambio de los servicios, las autoridades entrerrianas pusieron en marcha medidas para capturar y castigar a los desertores. En este sentido el gobierno reforzó permanentemente su empeño, sobre todo luego de la campaña de 1846, apelando y "...previniendo a los habitantes que están obligados a capturar todo desertor o vago que llegaren al Departamento...". Era de práctica habitual que todas las personas de

---

[66] Manuel Urdinarrain a Justo J. de Urquiza, Concordia, 17-7-1841. AHER. GOB. s. II, carpeta 3, legajo 7.

[67] M. Urdinarrain a Justo J. de Urquiza, 19-11-1841, Concordia. AHER. Gob. s. II, carpeta 3, legajo 7.

[68] Cipriano Urquiza a Justo J. de Urquiza, Paraná, 7-6-1842. AHER. Gob. s. II, carpeta 4, legajo 14.

[69] Marcelino Paez a M. Urdinarrain, Campamento de Rolón, 20-9-1846. AHER. Gob. s. II.

cualquier sexo, o calidad que fueran, que ayudaran o refugiaran a un desertor, o incluso si compraban su ropa o armamento fueran juzgadas al igual que los desertores dentro de la jurisdicción militar, que tenía a su cargo ese tipo de "crímenes". Esta normativa se mantuvo, incluyendo a los miembros de cualquier regimiento o cuerpo de ejército, marina o milicias.[70] Obviamente, lo mismo se esperaba de las autoridades, y sobre todo de los jueces comisionados, que también debían operar sobre otros aspectos que reforzaban el control, principalmente en esmerarse por vigilar posibles fuentes de subsistencia de los perseguidos, prohibiendo el funcionamiento de las pulperías de campaña y la compra de cueros y otros frutos, sin los permisos y regulaciones correspondientes.[71]

La manera de controlar la campaña frente a los renegados consistía, por una parte, en la premisa de que todo individuo se transformara en un vigilante, y por otra, fundamental, en que las autoridades operaran rápidamente sobre los perseguidos y sus familiares. Primero se consideraba que los desertores en principio habían violentado los nexos que lo ligaban al Estado y por lo tanto habían perdido o afectado sus derechos, pero también habían traicionado a toda la sociedad pues automáticamente se consideraba que "...se han hecho indignos de pertenecer a la familia de entrerrianos...".[72] Pero por sobre todo los alcances del delito de deserción se ponía en funcionamiento una práctica de castigos inmediatos, que afectaban los derechos de posesión del uso de la tierra pública que no solo afectaba al individuo sino también a todo el núcleo familiar y de dependientes del desertor, por ello se vigilaba estrechamente a su familia o en el peor de los casos se la trasladaba a un campamento militar lo que daba por resultado, muchas veces, una pronta captura o entrega de los individuos prófugos.[73] Algunos desertores escaparon muchas veces llevándose a su familia y su ganado, pero ello hacía muy costosa la huida y dificultaba la escapatoria de las autoridades.

[70] *Ordenanzas de S. M. para el régimen, disciplina, subordinación y servicio de sus exécitos*. Madrid. 1768. Lex Nova, Valladolid, 1999.Tratado VIII, titulo tercero. P. 260.

[71] Francisco Candioti a Justo J. de Urquiza, Nogaya 17-6-1846. AHER. Gob. S. II. Carpeta 10. Legajo 5.

[72] Justo J. de Urquiza a A. Crespo, Puntas de Santa Lucia, 19-3-1845. AHER. Gob. s. II, carpeta 1, legajo 3.

[73] José Del Castillo a Justo J. de Urquiza, Paraná 28-4-1846, AHER. Gob. s. II, carpeta 10, legajo 6. Francisco Candiotti a Justo J. Urquiza, Nogoyá 27-12-1846. AHER. Gob. s. II, carpeta 10, legajo 6. Juan de Dios Ramos a Justo J. de Urquiza. Paraná 27-5-1842. AHER. Gob. s. II, carpeta, legajo 22.

Pero finalmente, ¿cómo se trataba a los renegados? y ¿qué castigos se le aplicaron a los desertores? En principio no hubo un mismo tipo de trato, pues las alternativas dependieron de varios factores. Se actuaba de manera más severa y dura con los oficiales que con los soldados. Según las leyes vigentes a los desertores les hubiera correspondido la pena capital.[74] Pero en la práctica siempre fueron muy relevantes para la sentencia los antecedentes de servicios acumulados por cada individuo y las circunstancias de su deserción. Lo cierto es que los capturados eran engrillados y remitidos a los campamentos, donde recibían las penas, que como correspondía a las circunstancias militares imperantes, estaban regidas por la justicia militar y por la opinión y ejercicio de los castigos por sus comandantes.

Cuando la deserción era producto de una conspiración, o se hubiera prestado ayuda a las tropas enemigas, o había desencadenado crímenes, tal como provenía de la tradición hispánica, se daba a los culpables penas capitales, que terminaban en un fusilamiento público. Pero en la mayoría de los casos por lo general implicaba que los reos fueran remitidos a los campamentos militares "asegurados", es decir con grilletes, y que allí luego cumplirían sus castigos recibiendo una cantidad determinada de azotes y numerosos años de trabajos forzados.[75]

En un contexto donde los hombres eran muy necesarios para la guerra y para la producción parece haber operado una lógica que privilegió el apercibimiento y el disciplinamiento, sobre todo a través de aumentar las penas con recargo de mas años de "servicio" al Estado en las tropas de línea y no en la aplicación sistemática de castigos capitales. Esta preocupación fue expresada muy a menudo por Urquiza a todos sus comandantes, sus razones eran que "...no deje de mandarme los desertores de ambos ejércitos, no para aplicarles ningún castigo *sino para subordinarlos*, enrolarlos y disciplinarlos", y como estrategia para lograrlo pedía que no mandaran a todos juntos pues "...la razón que tengo para que no vengan todos juntos, es que pueden entrar en desconfianza viendo que tan luego todos los que han cometido el aborrecido crimen de la deserción son los que componen

---

[74] Ordenanzas de S. M. para el régimen, disciplina, subordinación y servicio de sus exercitos... *op. cit.* pp. 348-353.

[75] El Reglamento de milicias de 1802 también estipulaba enfáticamente que oficiales y soldados que en tiempos de guerra desertaran al enemigo se le aplicaría la pena de muerte. cap. V.

el contingente, y de este no pueden mandarse a mudar y perderse, siendo así que habían algunos buenos que será sensible su perdición...".[76]

El comandante y gobernador Urquiza razonaba esperando que sus políticas persuasivas o punitivas fomentaran la obediencia plena y constante de los habitantes entrerrianos para luego ofrecer sus buenos servicios, por ello a menudo comentaba a sus funcionarios "...alguna medida que tomo con individuos el de hacerlos llamar no es precisamente para castigarlos, pues hasta a los siete criminales dispenso, es para que no se pierdan. Acá lo que hago es aconsejarlos, si han cometido algunas faltas, y sino disponerlos para que después *la Patria reciba de ellos buenos servicios*, y que lejos de ser contribuyente a sus desgracias, sean un baluarte incontrastable de la sociedad...".[77]

También, en muchos casos, los propios jefes solicitaron con frecuencia a Urquiza indultos o alivios de las penas para los reos; como por ejemplo lo ilustra el caso de "Manuel Antonio Moreira soldado de infantería de esta ciudad, desertor, por mi mediación indultado de la pena de muerte o azotes que haya merecido por su delito, sujetándose a lo que el Sr. Gral. ordene en conmutación de la pena tan grave [...] *esta amparado de mi, arrepentido de este delito y deseo de volver a su fidelidad debida*".[78] O lo que pedía el general Garzón, quien decía que "...a pesar de ser el expresado Romero un malvado como Ud. me dice, no puedo prescindir de hacer algo por él a fin de disminuir la pena a que se ha hecho acreedor. Sirvió conmigo en Paysandú en el tercer cuerpo, *con la mayor lealtad*, se me incorporó en la Banda Oriental cuando pasamos con Ud. y asistió a la batalla de Cagancha...".[79]

En esta sociedad de frontera durante la primera mitad del siglo XIX el servicio prestado y la fidelidad acumulada en las guerras fueron también valores y capitales "activos" muy importantes dentro de la sociedad y también en la relación entre los comandantes y los individuos a la hora de aplicar castigos a los desertores. Tampoco todos los hombres eran iguales ante la ley, sino que hubo una permanente "negociación" de penas determinadas según las necesidades militares y

[76] Justo J. de Urquiza a A. Crespo, Campamento de Cala, 26-4-1846. AHER. Gob. s. II, carpeta 1, legajo 6.
[77] Justo J. de Urquiza a A. Crespo, Campamento de Cala, 26-4-1846. AHER. Gob. s. II, carpeta 1, legajo 6.
[78] Comandante Mariano Guerra a Justo J. de Urquiza, Gualeguay, 14-4-1841. AHER. Gob. s. II, carpeta 3, legajo 7.
[79] General Eugenio Garzón a Justo J. de Urquiza, Cuartel Gral. en la estancia de Maciel, 2-7-1842. AHER. Gob. s. II, carpeta 4, legajo 3.

económicas de aquellos años y los antecedentes de cada caso. Entonces, una vez más el buen servicio a la patria podía resultar muy relevante a la hora de valuar el "capital" y los derechos acumulados por cada hombre y sus dependientes. De esta circunstancia en definitiva podía depender la vida o la muerte.

En resumen, la compleja y larga transición entre el orden colonial y la construcción del Estado Nación, bajo las formas de diversos regímenes político-institucionales, que encarnaron los poderes provinciales entrerrianos tuvieron entre sus primeros y más básicos desafíos sustentar la presencia y control sobre el territorio y garantizar el manejo legítimo de la coacción y violencia estatal. Al mismo tiempo las autoridades debieron enfrentar las crecientes demandas bélicas fruto de la inestabilidad institucional de la época. Como sabemos, en casi todos los casos, estas cuestiones resultaron muy difíciles de resolver y conciliar ante un predominio de carencias materiales y las frecuentes contradicciones entre priorizar en las políticas de la época los intereses de los sectores económicos dominantes o volcar parte de los recursos a las nuevas exigencias públicas.

Hasta el presente aquellas cuestiones han sido recurrentemente abordadas por los estudios históricos latinoamericanos, pero las explicaciones no lograron vincular correctamente las variables "institucionales" (fruto de las nuevas realidades estatales y políticas) con las nuevas necesidades de los "mercados". En particular las relacionadas con las formas de reproducción social y la expansión económica en "tiempos de guerra" y de alta inestabilidad institucional. Sin duda frente al problema los estudios suelen plantearse resolver sus análisis en términos de la autonomía de lo "político" o de lo "económico"o en abordar por separado los diversos niveles del universo estatal, institucional o económico. Pero como hemos planteado aquí sin un cruce de los diversos niveles del análisis no se podrán entender o interpretar las necesidades, contradicciones o conflictos que vivenciaron los actores sociales del siglo XIX Pues en definitiva aquellos problemas no eran más que "dos caras de una misma moneda".[80]

Así las guerras y los reclutamientos de tropas durante la primera mitad del siglo XIX son un ejemplo de uno de los tópicos más recorridos en los estudios que aún no han sido cabalmente comprendidos. Ello se debió a que fue visualizado solo como un problema coyuntural o que simplemente se relacionaba con el papel de los notables o

[80] Jeremy Adelman: *Republic of Capital: Buenos Aires and the Legal Transformation of the Atlantic World.* Stanford University Press, USA. 1999.

de los "caudillos" como un factor de las luchas "fasciosas" de los poderosos, quienes se suponía tenían capacidad de manipular a sus intereses a las huestes. Pero, como vimos en este trabajo, los servicios a la "patria" fueron un tópico estructural en la interacción social que más allá de los sectores dirigentes fueron vitales para comprender la dinámica del proceso económico y de la construcción del espacio estatal y de poder político dentro de la sociedad de frontera. Allí existió un ámbito fundamental de negociación (inestable y cambiante) entre los notables y los sectores subalternos en la construcción de la hegemonía y la legitimidad del sistemas de poder de esta época.[81]

En este último sentido también es fundamental tomar muy en cuenta cuales fueron las tradiciones y los argumentos que se jerarquizan habitualmente para explicar la racionalidad y el comportamiento de los actores sociales. Nosotros planteamos que durante buena parte de aquellas décadas, lejos de encarnar los valores y estrategias predominantes en otros contextos, como el europeo y norteamericano, fueron aquí los propios legados coloniales readaptados a las tradiciones locales los que encarnaron y utilizaron cotidianamente los diversos actores en sus experiencias históricas. Por este motivo, más que avanzar en el reconocimiento de las ofertas y filiaciones de las nuevas tradiciones intelectuales de las "doctrinas" de la modernidad, hemos visto en acción otras tradiciones preexistentes y sus apropiaciones aparecen ligadas a la fidelidad, lealtad e intercambios de servicios públicos por usufructo de tierras y recursos en el marco de relaciones paternalistas como miembros de la "familia entrerriana". Todos estos valores culturales fueron utilitarios dentro de las prácticas cotidianas de los sectores dirigentes y subalternos. De ese modo mas allá de la "naturaleza" doctrinaria, normativa o discursiva que emergieron

[81] Algunos de los principales aportes sobre las relaciones intra-elite se han dado en José Carlos Chiaramonte: «Legalidad constitucional o caudillismo: el problema del orden social en el surgimiento de los Estados autónomos del Litoral argentino en la primera mitad del siglo XIX», en: *Desarrollo Económico*, v. 26, n° 102. Buenos Aires, 1986. Noemí Goldman: «Legalidad y legitimidad en el caudillismo. Juan Facundo Quiroga y La Rioja en el interior rioplatense (1810-1835)», en: *BIHAA* n° 7. Buenos Aires, 1993. En tanto son muy escasos en los estudios los aportes sobre los sectores subalternos; excepciones son, por ejemplo, Jorge Gelman: "Un gigante con pies de barro..." *op. cit.*. Ricardo Salvatore: "Expresiones Federales..." *op. cit.*. Ariel de la Fuente: *Children of Facundo. Caudillo and Gaucho insurgency during the Argentine State-Formation Process*. Duke University Press, USA, 2000. Gustavo Paz: "Liderazgos étnicos, caudillos y resistencia campesina", en: *Caudillos Rioplatenses... op. cit.*

en los Estatutos y discursos políticos, hemos mostrado como funcionaron las reapropiaciones antiguas en la construcción del poder en Entre Ríos durante las décadas poscoloniales.[82]

Hemos visto en nuestro estudio sobre la sociedad entrerriana que en la fase inicial de recuperación entre 1820 y 1850, se presentó un contexto de múltiples demandas, estatales, militares y económicosociales, donde el ámbito de las milicias resultó fundamental para enfrentar los desafíos. Frente a la debilidad estatal, la gran oferta de tierras públicas y la necesidad de hombres que tenía el contexto militar y económico se implementaron variadas prácticas, que en base a tradiciones reformuladas y mediante negociaciones obtuvieron una adhesión y un consenso amplio entre los diversos tipos de habitantes de la provincia.

A medida que los ciclos de guerras se hicieron más intensos y penetraron en el mismo territorio entrerriano, poniendo en riesgo la vida y los bienes de todos los pobladores, se aceleraron las prácticas de enrolamiento masivo y la permanencia en el servicio, lo que llevó a las autoridades a acelerar la magnitud de los intercambios de servicios y a darles más valor simbólico. Se intercambiaron los servicios a la "patria", los conciertos de trabajo o las partidas de trabajo para los establecimientos rurales con derechos de acceso a la "ciudadanía" provincial (reconocimiento de avecindamiento), a los recursos materiales (usufructo de las tierras públicas) y a los valores locales (de pertenencia a los beneméritos miembros de la familia entrerriana). Entre los sectores dirigentes esos mismos servicios también sirvieron para cosechar honores personales y cargos militares que reforzaban su rol de prestigio y diferenciación dentro de la sociedad local.

Todos estos planos resultaron fundamentales para la reproducción del sistema de poder, del orden público y de los sectores productivos, y fueron centrales en la conformación de los lazos sociales, económicos y políticos durante la primera mitad del siglo XIX. En este contexto de intercambio y frente a las naturales fricciones sucedidas (como las deserciones y otros tipos de delitos) parece haber predominado siempre un margen de negociación y persuasión más que un imperativo castigo o la permanente coacción sobre

---

[82] Jeremy Adelman (ed.): *Colonial Legacies. The problem of presistence in Latin American history*. Routledge, USA, 1999. Para el período tardocolonial rioplatense disponemos, entre otros, de Raúl Fradkin: «'Según la costumbre del pays'…" *op. cit.* Juan Carlos Garavaglia: «De 'mingas' y 'convites'…" *op. cit.*

los sectores subalternos, constituido básicamente entonces por los pastores-labradores y por los peones pertenecientes a diversas castas.

Pero las relaciones de intercambio no fueron inmutables en el tiempo y variaron en relación con los cambios operados en el interior de la sociedad de frontera. Luego de 1850, cuando las guerras en el territorio provincial habían concluido triunfantes, se consolidó el poder del grupo dirigente local, los negocios rurales alcanzaron nuevas escalas y fue posible sostener materialmente la expansión estatal. Comenzó una nueva etapa en las relaciones sociales y en las políticas públicas entrerrianas. Esos cambios llevaron a redefinir un nuevo tipo de relación con los sectores subalternos y se replantearon las relaciones a través de la emergencia de nuevas tradiciones que, más tarde entre 1860 y 1880, impactarían sobre los intercambios y los derechos (que hasta entonces daban los servicios a la patria), afectando sustancialmente las tradiciones sobre la propiedad de la tierra (dejando de lado el reconocimiento del usufructo de las tierras patriolengas y de pastoreo), sobre los arreglos laborales por fuera del mercado, sobre las formas de reconocimiento del avecindamiento y sobre las normativas y prácticas de la justicia, que comenzaría a aplicar las leyes de "vagos" y las expulsiones de los "intrusos", a los ahora convertidos en "malentretenidos gauchos". Todos estos cambios inauguraron en la segunda mitad del siglo XIX una nueva época en la cual se exigiría otro tipo de obediencia y acatamiento a las nuevas necesidades de los hacendados y de los poderes públicos.

Capítulo 7
Finanzas públicas, moneda y Estado provincial

"Este gobierno se ha impuesto con desagrado de que la
última letra girada contra Ud. no ha sido cubierta como
esperaba; lo que es tanto mas sensible cuanto que por
tal proceder inesperado queda herida (mortalmente) la
opinión y crédito de esta administración..."
(Lucio Mansilla, 1823)[1]

«Si el bienestar de un Estado consiste en el régimen de
Hacienda, no es pequeño el desafío que aguarda a la
Provincia bajo voces de un gobierno Federal tan
opuesto directamente a las formas arbitrarias que
marchan siempre en oposición a aquel bien..."
(Justo J. de Urquiza 1833)[2]

Luego de la crisis del orden colonial y el surgimiento de la soberanía
provincial comenzaron en Entre Ríos las penurias financieras y monetarias, por lo que surgió la necesidad de buscar nuevos recursos
materiales para sostener el naciente orden y el poder estatal. Se fueron
desarticulando las lógicas que habían dado coherencia al funcionamiento de un amplio espacio financiero y monetario que, a partir del
envío de las remesas metálicas altoperuanas, unía y compensaba los
déficit de otras múltiples Cajas Reales del Virreinato rioplatense, a
través de diferentes tipos de intercambios y subsidios que procuraba
la administración colonial.[3] La desaparición de los subsidios fiscales
significaron alteraciones profundas para los nuevos poderes locales,
que fueron desequilibrando el tejido interno que había dado hasta
entonces cohesión material al poder dentro de los territorios

---

[1] Lucio Mansilla a Félix Castro. Paraná, 30-7-1823, AHER. Gob. serie VII, carpeta 2, legajo 6.
[2] Justo J. de Urquiza a Pascual Echagüe, C. del Uruguay, 21-1-1833. AHER,
Gob 1, carpeta 1, legajo 1.
[3] Carlos Assadourian: *El sistema de la economía colonial. op. cit.* Zacarías Moutoukias:
Contrabando y control colonial ... op. cit..

rioplatenses. Si con la Revolución surgía la fragmentación de la soberanía, con ella arribaba de "facto" una fiscalidad magra y la emergencia de monedas sin respaldo. Se desemboca en una situación de tensión por los crecientes desbalances en el manejo de los recursos de los diferentes poderes locales, que se disputaron el control legítimo del territorio, provocando conflictos de largo alcance dentro del espacio político-administrativo del exvirreinato.

Los gobiernos "revolucionarios" que emergieron luego de 1810, perdidas definitivamente las remesas metálicas del Alto Perú se quedaron con muy escasos recursos financieros. Resultaba imperioso sentar nuevas bases sobre las que se conformarían las finanzas públicas. Las cuentas de la azarosa década de guerras independentistas entre 1810-20 muestran que fueron muy pocos los recursos genuinos disponibles, mientras que la dinámica bélica de esos años producía gastos crecientes. En ese contexto la aduana se fue transformando en el principal generador de recursos con un 46.4% de los ingresos entre 1811 y 1815, pero no compensaban en absoluto lo que antes se recibía desde Potosí. Fue cada vez más frecuente la práctica de tomar dinero de los particulares a través de las contribuciones forzosas y de los préstamos que «solicitaba» la caja fiscal de Buenos Aires a los «capitalistas» para cubrir el déficit permanente.

Esta situación de fragmentación fiscal iniciada por la Revolución se consolidaría todavía más desde la década de 1820, cuando el fracaso de los "patriotas" en negociar e imponer un gobierno centralizado sobre el antiguo espacio virreinal dio paso al surgimiento de los Estados provinciales. Estos resultaron los genuinos herederos de la nueva soberanía y emprendieron con absoluta legitimidad la puesta en marcha de nuevas políticas que regularían de allí en mas la recaudación de las rentas y las políticas monetarias dentro de sus territorios. De ese modo los entrerrianos, al igual que las demás provincias rioplatenses, buscaron sus propias estrategias financieras y elaborar complejas alquimias para recaudar fondos y manejar la oferta de las monedas de curso legal dentro del espacio provincial. Las dos funciones básicas y fundamentales de los nuevos poderes (impuestos y monedas) resultaron cuestiones centrales para garantizar el orden político y económico. Pero no resultó sencillo manejar con éxito esta tarea en un período que estuvo signado por la escasez de recursos, por la recurrencia de los abultados gastos en las guerras y por la presencia de procesos inflacionarios, ya sea fruto del aumento de la deuda pública o de la creciente existencia de monedas metálicas devaluadas, de la circulación de papel moneda inconvertible y de bonos públicos. Todas estas variables institucionales fueron motivo de inestabilidad y alteraron a menudo todos los precios relativos de los bienes y de las monedas.[4]

Se entenderá entonces la dificultad y el desafío que enfrentaron las administraciones provinciales desde su génesis, frente a la convivencia diaria con restricciones crónicas que debilitaban el ejercicio del poder en una época fundadora. Necesitaban más que nunca desplegar e imponer sus nuevas administraciones en pos de cumplir algunas de sus funciones básicas. Las cuestiones institucionales de los nuevos poderes fueron significativas para entender los vaivenes ocurridos en el consenso político, en el sostenimiento de las fuerzas armadas, en el soporte de los costos de las guerras, en las posibilidades materiales de asegurarse el control y dominio del territorio, en la capacidad de administrar la justicia y el orden público e impulsar el poblamiento y puesta en producción de las nuevas fronteras.

Resulta fundamental comprender cómo funcionaron, en la práctica y más allá de las normativas, las políticas públicas entrerrianas y qué impacto tuvieron sobre los procesos económicos y sociales que hemos analizado en los capítulos precedentes. Nuestra investigación sobre los nuevos poderes provinciales nos lleva a plantearnos los siguientes interrogantes: ¿Qué lógicas predominaron, a lo largo de las diferentes coyunturas de crisis institucionales y de guerras, en la recaudación y administración de los bienes públicos? ¿Cómo influyeron los cambios en los precios de las monedas y las diversas estrategias fiscales en los ingresos y negocios de los habitantes del Oriente entrerriano? ¿Cómo se relacionaron los entrerrianos con las restantes provincias de la Confederación, y a partir de sus parámetros y políticas internas, qué beneficios y perjuicios tuvieron durante la primera mitad del siglo XIX?

---

[4]   Dentro de los escasos trabajos que analizan la fiscalidad y sus relaciones con las cuestiones monetarias y de medios de pago se encuentran: Tulio Halperin Donghi: "Bloqueos. Emisiones monetarias y precios en el Buenos Aires rosista", en: *Historia problema y promesa. Homenaje a Jorge Basadre*. Lima, 1978. Samuel Amaral: "Alta inflación y precios relativos. El pago de las obligaciones en Buenos Aires 1836-1854, en: *Trimestre Económico* vol. LVI, nº 221. México, 1995. R. Schmit y M. Rosal: "Política comercial, flujos mercantiles y negocios..."*op. cit.* El tema ha sido analizado de manera integral por María A Irigoin: "*Finance, politics and economics in Buenos Aires,...*" *op. cit.*

Las finanzas públicas entrerrianas posrevolucionarias

La nueva matriz de las finanzas públicas entrerrianas posrevolucionarias, al igual que las de sus vecinos del Plata, casi no gravó la propiedad ni los capitales, esto quiere decir que no hubo impuestos directos significativos. La tendencia, iniciada con la Revolución, fue recaudar en base a los recursos que proporcionaba el comercio y el consumo. se establece entonces una relación directa entre el volumen de la actividad mercantil y el de los ingresos públicos que indica una correspondencia muy alta entre el grado de mercantilización y la potencial riqueza o pobreza material del Estado provincial. Pero por su naturaleza este perfil fiscal se podía transformar a menudo en un dilema conflictivo de manejar con éxito para una economía que no siempre podía exportar ni importar de manera directa los bienes a los mercados internacionales. La evolución de las actividades mercantiles, y por lo tanto su fiscalidad, dependían enteramente de la evolución de un contexto mayor, que como ya mencionamos se relacionaba estrechamente con el rol de intermediación del Estado de Buenos Aires, el cual jugaba un papel central de "llave de paso" para la actividad comercial de todas las provincias con el tráfico de ultramar. El gasto público, casi en su mayoría estuvo destinado a solventar el aparato militar y la estructura administrativa, porque la necesidad de imponer el monopolio del orden legal dentro de la provincia y de financiar las guerras fue constante. Los períodos de gestación estatal y de enfrentamientos interprovinciales, se aplicaron gran parte de los recursos solamente a desplegar y defender la soberanía y el dominio territorial.[5]

En este esquema, los ingresos públicos del Estado entrerriano muestran, como se observa en el gráfico 2, que durante la primera mitad del siglo hubo una variación significativa a lo largo de las décadas. En los primeros diez años de administración provincial (1822-1831) los ingresos apenas superaron el millón de pesos, pero a costa de un fuerte endeudamiento que llegaba al 46.7% sobre el total. En el decenio siguiente los ingresos recaudados aumentaron apenas, pero crecieron bastante los recursos genuinos, que alcanzaron el 86% de los montos obtenidos. Finalmente entre 1842 y 1851 la recaudación genuina registró un importante aumento, superando

---

[5]   Miron Burgin: *Aspectos económicos... op. cit.* Tulio Halperin Donghi: *Guerra y finanzas en los orígenes del Estado argentino (1791-1850)*. Belgrano, Buenos Aires, 1982.

por entonces el 1.5 millón de pesos, completándose solamente con un 16.8% de ingresos por préstamos.[6]

Gráfico 2. Ingresos fiscales de la provincia de Entre Ríos

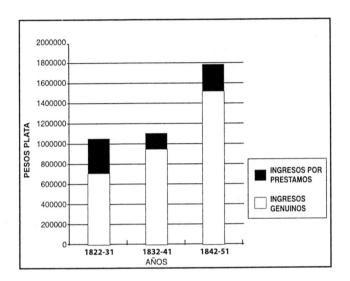

Esta progresión del ingreso público marca tres momentos de las finanzas entrerrianas que están muy ligadas con la evolución de las tendencias socioeconómicas de su territorio y con las estrategias planteadas por sus administraciones políticas. En los primeros años, de 1821 a 1824, durante el gobierno de Mansilla, que sustentaba sus apoyos de gobernabilidad fuera de la provincia, los ingresos provinieron casi por entero de los préstamos, solicitados en su mayoría a los Estados vecinos de Buenos Aires y en menor medida de Santa Fe y Corrientes. En los años sucesivos, hasta 1831, las finanzas se alimentaron de los permanentes pedidos de suplementos y empréstitos forzosos al comercio y a los capitales locales. Esos recursos se invirtieron casi por completo en gastos militares de variado tipo, ya sea para equipar tropas o directamente para comprar la adhesión de las mismas a favor del gobierno de turno. Esta situación no fue ajena a la gran crisis de

[6] José Carlos Chiaramonte: "Finanzas públicas de las provincias del Litoral, 1821-1841", en: *Anuario IEHS* n° 1. Tandil, 1887.

gobernabilidad política interna y a la economía todavía en muy lenta recuperación. Entre 1821 y 1832 se vivió una época de gran inestabilidad política e institucional, con permanentes levantamientos internos de los líderes del Oriente entrerriano contra los gobiernos proporteños de Paraná.

El segundo momento estuvo ligado con el comienzo de la estabilidad económica y político-institucional fruto del consenso alcanzado por los gobiernos de Echagüe. Fue posible comenzar el saneamiento de los gastos militares junto con el ordenamiento y disciplinamiento de los funcionarios y de los empleados de las diferentes instancias de la hacienda pública. En estos años se reforzaron las políticas impositivas sobre las actividades comerciales, se establecieron nuevas receptorias y se incrementaron los empleados del erario provincial.

Finalmente a partir de la década de 1840, a pesar de incrementarse el peso de los gastos de las guerras el erario público se beneficio en gran medida por el auge las actividades económicas y mercantiles. Jugó un rol muy importante la política de "puertos abiertos" y de actividades de reexportación, que ya hemos analizado. Pese al aumento de los gastos se logró un notable progreso en los ingresos del fisco. Fue posible que se consolidara una presencia más efectiva del Estado y sus funcionarios sobre todo el territorio de la frontera, al mismo tiempo que se fortaleció el liderazgo del "régimen urquicista" sobre las diversas facciones internas de la provincia.

Las finanzas del Oriente entrerriano

En este punto es necesario aclarar que las finanzas entrerrianas no dependieron de los ingresos y egresos de una sola Caja para toda la provincia. El movimiento total resultaba de la sumatoria de las cajas de Paraná, Gualeguaychú, Gualeguay-Tala, Mandisoví-Federación, Concordia, Victoria, Nogoyá, La Paz-Feliciano, Diamante y Villaguay. Entonces, si dejamos de lado el comportamiento global de las finanzas provinciales y analizamos por separado la dinámica específica de las receptorías del Oriente entrerriano podremos entender con mayor precisión la importancia del rol que tuvo esta zona para el desarrollo de las finanzas estatales y el desempeño de la política entrerriana.[7]

---

[7] Las cuentas públicas entrerrianas están desagregadas en legajos para cada Caja, lo cual nos ha permitido ver por separado las receptorías del Oriente, es decir las de Concepción del Uruguay, Concordia y Mandisoví-Federación.

Podemos afirmar que tomando los ingresos y egresos de las Cajas del Oriente entre 1830 y 1850 se observa que hasta mediados de la década de 1840 se registraba un saldo negativo, que para el período 1836-45 registró un déficit que apenas alcanzó un 11.9% de los ingresos. Pero a partir de entonces la situación mejoró sensiblemente, con el registro de superávit durante un quinquenio. Esta tendencia no se debió solamente al aumento de la base fiscal ni a un mayor endeudamiento. Fue un incremento de los recursos genuinos recaudados con mayor presión y eficiencia, como consecuencia del crecimiento de las actividades productivas fomentado a partir de las agresivas políticas de expansión mercantil sobre la región rioplatense. (cfr. Cuadro del apéndice).

Ingresos de las Cajas del Oriente

En el comportamiento fiscal del Oriente entrerriano es interesante tener en cuenta que entre 1830-1853 los ingresos por las actividades mercantiles de Concepción del Uruguay aportaban en promedio un 55.6%, en tanto los préstamos solo alcanzaron el 15.8%, las actividades ganaderas aportaban el 1.4% y el resto era producto de una serie de pequeños rubros y de ingresos extraordinarios. Una situación similar ocurrió en Concordia donde entre 1843 y 1853 los ingresos de las actividades mercantiles sumaron un 59% y no existió endeudamiento, sino que en muchas ocasiones esta receptoría envió remesas a Concepción del Uruguay y sobre todo a Paraná. Esta situación contrastó, en parte, con lo que sucedió entre 1830 y 1852 en Paraná, pues allí la recaudación por actividad comercial llegó a representar el 59.8%, pero, a diferencia del Oriente el endeudamiento cubrió el 24.4% del total de los ingresos.

Otra cuestión importante y diferencial en la actividad fiscal del Oriente fue la progresión que tuvieron los diferentes rubros que componían la masa total de recursos. En los ingresos tuvieron un peso substancial las actividades mercantiles, pero es interesante ver la relación existente entre los aportes de las importaciones y las exportaciones. En Concepción del Uruguay las importaciones aportaron un promedio del 27% de los ingresos en tanto las exportaciones acumularon el 22.2%. En contraste con esto, en Concordia, que era un puerto de trasbordo con fuerte presencia de muchos bienes de importación del Brasil (yerba mate, tabaco y azúcar) y de ultramar, el aporte de las importaciones alcanzaban el 40.4%. Las exportaciones llegaban a cubrir el 15.1%. Una situación similar a Paraná, donde las importaciones dejaban el 31.7% y las exportaciones el 19.3%. Es interesante destacar que a medida que se fue reconstituyendo la actividad ganadera desde la década de 1840, también comenzó un lento crecimiento del aporte a las finanzas de la explotación del ganado, por ello esta actividad que llegó a proporcionar un 1.4 en Concepción y en Paraná.

Gráfico 3. Evolución de los ingresos fiscales por importaciones

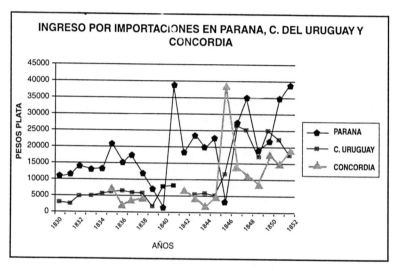

El ritmo del incremento en los ingresos nos indica que las Cajas de la costa del Uruguay mantuvieron sus niveles de recaudación aun en los años de los bloqueos mercantiles, que tanto daño causaron a las finanzas porteñas. Para Concepción y Concordia esos bloqueos significaron la posibilidad de realizar nuevos negocios, con los cuales sostuvieron los ingresos públicos. Se puede observar que durante el bloqueo comercial al puerto de Buenos Aires en 1838-39 se afectaron en parte las importaciones y exportaciones entrerrianas y sus ingresos fiscales. Pero más tarde como ya vimos al analizar el comercio durante el nuevo bloqueo anglo-francés, a diferencia del resto de las provincias litoraleñas, la costa del Uruguay tuvo un activo tráfico. Los años críticos de 1845-48 permitieron que los puertos del Uruguay lograran canalizar con mucha eficiencia las ventajas relativas que ofreció la coyuntura bélica que afectaba a los porteños. Por entonces, tanto Concepción del Uruguay como Concordia operaron activamente con su comercio vía Montevideo. En aquella coyuntura los puertos del Oriente entrerriano invirtieron su rol en la circulación mercantil con los comerciantes bonaerenses, y por un corto tiempo fueron modestos "epicentros" del comercio del Plata.

Gráfico 4. Evolución de los ingresos fiscales por las exportaciones

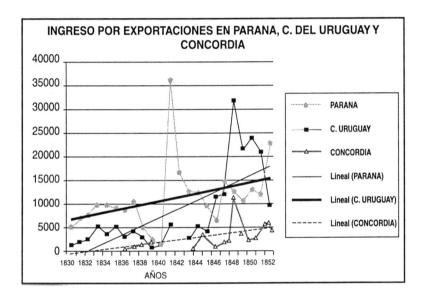

Otra característica destacada de la base fiscal entrerriana fue el rol que tuvieron las "estancias del Estado" para complementar los ingresos de la provincia. A partir de la llegada al gobierno de Justo J. de Urquiza se intensificó la actividad que desempeñaron esos establecimientos rurales, que eran de propiedad estatal y funcionaban como empresas públicas de producción agraria, y sobre todo de pastoreo de ganado vacuno y ovino. Estaban a cargo de un administrador que organizaba las tareas de los capataces y los peones, quienes por lo general eran miembros de las milicias, de las tropas militares en servicio y sobre todo individuos que cumplían cargas públicas por diversos tipos de delitos. Estas haciendas recibían grandes cantidades de ganado alzado existente en tierras fiscales con marcas desconocidas, así como las cabezas arreadas por las tropas entrerrianas en sus campañas militares en territorio de los Estados vecinos y también contenían los animales confiscados por causa de la guerra u otro tipo de situaciones. Estas eran fuentes de aprovisionamiento típicas de los tiempos de guerra. Para mediados de la década de 1840 estas haciendas tenían una muy intensa y permanente actividad pecuaria, que era regulada por las necesidades de caballadas frescas para las tropas y por las faenas y venta de corambres y otros derivados vacunos.

En Federación se encontraba una de las estancias públicas más importantes situada en las costas del río Mocoretá, en plena frontera con la provincia de Corrientes. La misma estaba a cargo del comandante Santiago Artigas, y mantuvo ocupados a unos 20 a 30 peones que se encargaban del rodeo y el transporte de los caballos "patrios", así como de los vacunos y ovinos. Las tareas también incluían la construcción y mantenimiento de las instalaciones públicas de la frontera y la vigilancia de los corrales públicos.[8]

Las estancias del Estado a menudo también recibían animales derivados desde otros pagos por los comandantes militares, así era frecuente que Artigas comunicara al gobernador que "El objeto de está es sólo dar cuentas ha VE que he recibido una tropa de ganado vacuno de marcas, cuyo número es de 777 de D José Benitez, y 1016 ovejas del Comandante Martínez, y 41 vacas del Comandante Arredondo".[9] El número de cabezas de ganado debió haber alcanzado números significativos, como se puede observar en los testimonios "He escrito al Sr. Coronel Urdinarrain con el objeto de que mande gente para agarrar alguna hacienda en el establecimiento del Estado, pues he sido informada por el mayor Arenas que hay días que entran al campo hasta el número de 3000 y mas cabezas...".[10]

Pero podemos obtener una mayor precisión sobre la importancia de las estancias del Estado a través de la rendición de cuentas de Vicente Montero, el apoderado del comercio provincial en Buenos Aires. Entre diciembre de 1841 y el mismo mes de 1846 Montero realizó un número significativo de transacciones comerciales en nombre del Estado provincial. En las mismas vendió corambres, sebo, grasa y tabaco por la cifra nada despreciable de 49 459, 5 pesos plata, que permitieron al fisco

[8] Santiago Artigas a Justo J. de Urquiza. Costa del Mocoretá, 7-10-1849. Correspondencia. Archivo Histórico del Palacio San José.

[9] Santiago Artigas a Justo J. de Urquiza. Mocoretá, 21-4-1849. Correspondencia. Archivo Histórico del Palacio San José.

[10] Rosendo Pragas a Justo J. de Urquiza. Gualeguaychú, 25-4-1849. Correspondencia. Archivo Histórico del Palacio San José.

un ingreso en metálico de 25 072,3 pesos (50.7%), mientras que el resto se invirtió en pago de vestuario militar 14 648,7 pesos plata (29.6%), en fletes y un saldo favorable al Estado de 9710 pesos plata.[11]

A partir de 1846 los negocios con los bienes de las estancias del Estado se incrementaron aún más, pero ahora tuvieron como epicentro los mercados de Montevideo y el sur del Brasil. Desde allí los hermanos Requena operaron como corredores de comercio del Estado provincial. Estas operaciones nos marcan el activo intercambio mercantil de los frutos públicos. En 1847 Requena respondía "Acaba de llegar a mis manos una carta de D. Vicente Gianello vecino del comercio de Montevideo e inclusa en ella su favorecida de Ud. fecha 25 de enero último en la cual me previene ha librado a favor de dicho Gianello dos letras de cambio por la cantidad de 300 onzas de oro cada una, junto 600 del dinero que existe en mi poder perteneciente al ejército Entre Riano, cuyas letras satisfaré a su presentación luego que Gianello tenga a bien endosarlos a alguna persona de aquí, como me indica lo hará a la venida de la lancha sarda".[12]

Igual importancia tuvieron los negocios públicos realizados desde el Paraná a través de la casa comercial Rams y Rubert. Durante 1849 el Estado provincial envió a Buenos Aires frutos del país por una suma de 116 968 pesos y 1 real plata, que le permitió comprar bienes para equipar escuelas y colegios, la Legislatura y abastos para las tropas militares por 70 157 pesos y 5 reales plata, de lo que resultaba un saldo a favor de 46 810 pesos y 6 reales plata.[13]

Las finanzas del Oriente fueron un sostén fundamental para el éxito de las rentas provinciales. Para tener una idea ponderada sobre la importancia del monto solamente de los ingresos de estas receptorías podemos compararlos con los ingresos totales de otras provincias rioplatenses. Así para el período 1847-1852 las cajas de Concepción, Concordia y Federación recaudaron unos 972 mil pesos, que resulta una suma superior a lo obtenido, unos 930 mil pesos, por las finanzas de toda la provincia de Córdoba para el mismo lapso.[14] Este indicador

---

[11] Vicente Montero a Justo. J. de Urquiza. Buenos Aires, 30-5-1846. Correspondencia. Archivo Histórico del Palacio San José.

[12] José Requena a Justo J. de Urquiza. Montevideo, 11-2-1847. Correspondencia. Archivo Histórico del Palacio San José.

[13] Cuentas de Rams y Rubert con el Estado. 30-11-1849, AHER. Hac. serie 1, carpeta 130, legajo 2.

[14] Silvia Romano: "Finanzas públicas de la provincia de Córdoba 1830-1855" en: *BIHAA* n° 6, 1992. pp. 134-147.

nos está marcando que la recaudación fiscal del Oriente era equivalente a la de una provincia importante como Córdoba; y también era muy superior –casi el doble– a los ingresos totales del erario público de su vecina provincia de Santa Fe.[15] Solamente las recaudaciones del erario público de Buenos Aires superaban ampliamente a Entre Ríos en esta época.

Egresos de las Cajas del Oriente entrerriano

Los egresos de las distintas cajas de la provincia muestran movimientos relativamente similares. En Concepción del Uruguay los gastos militares alcanzan un promedio del 48.8%, los de gobierno y hacienda un 29.3%, los de pago de suplementos y deuda un 3.5%, los de educación un 7.6% y los de obras públicas un 10.8%, aunque estos últimos rubros tuvieron importancia recién hacia mediados de siglo. En tanto en Concordia entre 1843-1853 el 51.6% de los recursos se destinaron al gasto militar y de guerra, el 28.2 para el ramo de hacienda y gobierno, el 11.5% se remitió a las cajas de Paraná y Uruguay y el 8.3% se dedicó a educación y obras públicas.

Gráfico 5. Rubros del gasto público de Concepción del Uruguay

RUBROS DEL GASTO FISCAL DE C. DEL URUGUAY

G. OTROS
☐ G. EDUCACION
❘❘ G. HAC. Y POLITICA
■ G. MILITAR Y GUERRA

AÑOS

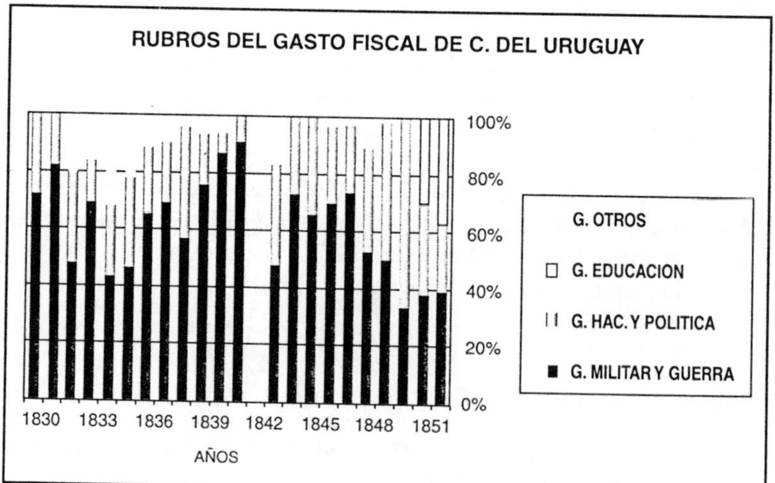

[15] Para el período 1843-47 los ingresos financieros de la provincia de Santa Fe, fueron 254 mil pesos, apenas resultan el 59% de los ingresos de las Cajas del

En el gasto público aparecen algunas particularidades, casi únicas en el Río de la Plata, que merecen ser resaltadas, pues a fines de la década de 1840 en Concepción del Uruguay y Concordia comienzan a tener relativa importancia los rubros de educación y obra pública; esto se relaciona con una "nueva política" de inversión estatal para la mejora de la educación primaria y de los estudios más avanzados con el comienzo de la construcción del colegio del Uruguay. Asimismo, se iniciaba el fortalecimiento de la presencia estatal con la mejora de las obras públicas en el ámbito urbano, con la construcción de nuevos edificios e instalaciones.

Si comparamos con otras provincias los porcentajes de inversión pública en los ramos de hacienda y política en relación con los gastos militares podemos observar que para un período sumamente conflictivo como el de 1847 a 1852 las provincias de Buenos Aires y Córdoba destinaron más del 70% de sus recursos al rubro de gasto militar y de guerra, en tanto el Oriente entrerriano, que era uno de los pilares centrales de esas luchas, solo invirtió en promedio casi el 48%. Esto tiene su explicación, como vimos en capítulos anteriores, en el particular modo en que se organizó y subsidió en Entre Ríos el "servicio" de armas y todos los demás recursos que la sociedad entrerriana aportó para sostener sus ejércitos. esto es un dato sumamente significativo pues pone de relieve una estrategia vital para esta época sobre cómo financiar la guerra y explica como aun en plena coyuntura bélica fue posible derivar recursos fiscales para aplicarlos a otros objetivos que debía emprender el Estado provincial, como el control administrativo de la zona rural, el gasto político, el control del orden social y de obras públicas durante aquellos años.[16] Durante la última mitad dela década de 1840 se fortaleció muy lentamente una nueva tendencia de inversión en la burocracia estatal. Se crearon más cargos en las dependencias fiscales y de justicia, y se imprimió mayor énfasis en la elaboración y el control de las normativas adecuadas para lograr una fiscalidad eficaz. También se destinaron recursos en la formación de nuevos

---

Oriente entrerriano. Chiaramonte *et. al.*: "Finanzas públicas y política interprovincial: Santa Fe y su dependencia de Buenos Aires en tiempos de Estanislao López", en: *BIHAA* n° 8, 1993. p. 81.

[16] Para gastos militares y de guerra de Buenos Aires y Córdoba ver Tulio Halperin Donghi: *Guerra y finanzas... op. cit.* pp.261-275. Y Silvia Romano: "Finanzas públicas..." *op. cit.* p. 145.

cuadros de jóvenes "ilustrados", tanto para estudios técnicos como jurídicos, que eran vistos como futuros hombres de Estado.[17]

Los funcionarios públicos y la fiscalidad

Superada la crisis política de 1826 a 1831, las autoridades entrerrianas emprendieron la difícil tarea de racionalizar las instituciones y alcanzar una mayor disciplina fiscal, tanto en el comportamiento de los funcionarios como de los contribuyentes de la provincia. Desde la llegada al gobierno de Pascual Echagüe en 1832, más la labor de Justo José de Urquiza como comandante del segundo Departamento principal del Uruguay, comenzó a manifestarse una mayor diligencia y preocupación por la eficiencia en la recaudación y por el mejoramiento del plantel de la administración pública. Se produce una lenta mejoría en los mecanismos y la capacidad de los empleados para recaudar en tiempo y forma los recursos fiscales.

En 1833 el entonces comandante militar Justo J. de Urquiza comentaba al gobernador Echagüe la necesidad y la prioridad que tenía un manejo eficiente de la hacienda pública para poder sostener un gobierno activo y sólido. En su pensamiento planteaba que era uno de los desafíos más grandes que tenían los poderes políticos de la época. Por entonces afirmaba que el mayor obstáculo no era solamente la debilidad del brazo político del gobernador o de la Legislatura, sino que «... De nada sirve a la primera autoridad los resultados prósperos

---

[17] Además del adelanto de los Colegios del Uruguay y del Paraná, el gobierno invirtió más de 5000 pesos en la compra de materiales adecuados para formalizar la enseñanza pública. Así en 1849 el Estado provincial adquirió numerosos mobiliarios, materiales y textos de estudio. De ese modo los bienes pecuarios exportados permitieron la compra de modelos para el estudio de la anatomía humana, modelos y lápices para dibujo. También se invirtió en textos como: *Ejemplos Morales, Catecismo de Fleurí, Estudios Filosóficos, Colección de muestras españolas de escritura, Historia de la Literatura, Preceptos Latinos, Derecho Administrativo* de Laserna, *Conversaciones Familiares, La Religión demostrada al alcance de los niños* de Balmes, *Borrego de Economía Política, Método de Cuenta y Razón, Lecciones elementales de Astronomía, Recreaciones Químicas, Cristian Mecanique Industrialle,* etc. Como otros mas destinados a la función pública inmediata como: *Instrucciones de Infantería, Reglamento de Infantería, Contratos y Memorias de Tapia, Materia Judicial, Organización Judicial, Manual de Jurisprudencia, Medicina Legal* de Boyard, *Ley Natural, Derecho Natural* de Burlomaqui, *Manual Diplomático, El Espíritu de las Leyes* de Montesquieu, y *La Pena de Muerte* de Guizot.

que espera de su regular régimen establecido toda vez que las manos subalternas no secunden con sincero sus afanes y tareas, esta es una verdad incontrastable».[18] Quedaba claro que la tarea implicaba un cambio profundo en las normativas pero sobre todo en las prácticas de la sociedad entrerriana de la época.

La preocupación del comandante general por los comportamientos de los hombres encargados de la fiscalidad se tradujo en la emisión permanente de instrucciones y en la vigilancia de las autoridades sobre los funcionarios de las aduanas a los que se ordenaba casi a diario: «... sea enteramente escrupuloso en cuanta introducción se haga haciendo conducir todo lo que Ud. registre en permiso a la administración en la que se hará una exacta investigación para su puntual aforo y cobro de derecho y que la parte interesada omita por descuido, que siempre será malicia, de poner en el manifiesto será confiscado dando cuenta inmediatamente, si todo esto exige los intereses del Estado...».[19]

Poco más tarde Urquiza inauguró un régimen de visitas regulares a los pueblos de la costa del Uruguay con la finalidad de poner en orden y vigilar de manera directa todos los distritos bajo su mando. En una de sus primeras recorridas escribió a Echagüe comentándole las medidas tomadas: «A mi arribo al pueblo de Concordia no pudo menos que sorprenderme la conducta corrompida y escandalosa de D. Manuel Fernández que en calidad de dependiente desempeña funciones anexas al ramo de hacienda, los perjuicios que por su conducta sufre el Estado y la desmoralización que a la vez causaba con su ejemplo a aquellos vecinos un empleado de tamaña responsabilidad obligó al Comandante General que suscribe a removerlo del punto que ocupaba nombrando en su lugar a D. Genaro Olmedo...».[20]

Urquiza era muy consciente de las prácticas consolidadas de evasión y los males que estas traían para las finanzas provinciales. Sabía que esa situación se traducía rápidamente en un debilitamiento de la autoridad del gobierno, por falta de credibilidad y por escasez de recursos para hacer frente al gasto público. Duplicaba los controles e impulsaba nuevos gravámenes «Para evitar negocios clandestinos algún tráfico pernicioso y privar muy particularmente la transacción

---

[18] Justo J. de Urquiza a Pascual Echagüe, C. del Uruguay, 21-1-1833. AHER, Gob. 1, carpeta 1, legajo 1.

[19] Justo J. de Urquiza a Pascual Echagüe, C. del Uruguay, 21-1-1833. AHER, Gob. 1, carpeta 1, legajo 1.

[20] Justo J. de Urquiza a Pascual Echagüe, C. del Uruguay, 6-2-1833. AHER, Gob. 1, carpeta 21, legajo 1.

al Estado Oriental sin permiso ni licencia, como está sucediendo con alguna gente [...] Pero hoy con mejores conocimientos y observaciones prácticas que en un viaje ha tenido ocasión de concederlas ha creído necesario permitirlas nuevamente (a las pulperías y casa de trato en la campaña), pero no ya en clasificación de la casa y vecino en que aquellas se querían fijar, como ha sido costumbre, sino con conocimiento y previo informe que el que suscribe recogerá, que por la conducta del dueño de casa y calidad de comerciante se asegure el uso legal y honroso del manejo para evitar fraudes y para que las casas que se fijen para el abasto de las gentes de la campaña, no sea el albergue de ociosos y vagos como sucede generalmente [...] Siendo el resorte del Exmo. gobierno si lo tuviese abrir el valor de las patentes que fije el precio que cada una de las casas de negocios en la campaña haya de pagar, pues en este Dpto. han estado libres de este derecho y no concederá el que suscribe haya razón para una gracia tal con perjuicio del Estado...».[21]

Urquiza se encargaba de dejar claramente expresado las nuevas prácticas que pretendía imponer a través de un sistema de premios y castigos para los funcionarios. Por ejemplo, a su paso por Gualeguaychú planteaba: «El ramo de rentas, sin embargo, se halla manejado por un honrado vecino como lo es D. José M. Lacunsa, mas fue necesario activarlo, como lo hice por el oficio que en copia al Superior Gob. acompaño».[22]

Otra estrategia de la política implementada por Urquiza desde la década de 1830 para lograr una fiscalidad más eficiente fue nombrar militares en puestos de la hacienda pública, pues sostenía que podía manejarlos con mano firme a través de su disciplina y los castigos que preveía el fuero militar, por lo que cuidarían mejor los intereses del fisco. Así ocurrió cuando: «Habiendo esta Comandancia que por el descuido a falta de actividad se han introducido contrabando en este Departamento causando un grave prejuicio al erario público ha dispuesto nombrar interinamente al cabo del resguardo al Teniente Coronel retirado D. Miguel Rodríguez, mientras el Exmo. Gobierno aprueba este nombramiento dejando a la elección de V.E. la asignación del sueldo».[23]

[21] Justo J. de Urquiza a Pascual Echagüe, C. del Uruguay, 6-2-1833. AHER, Gob. 1, carpeta 21, legajo 1.

[22] Justo J. de Urquiza a Pascual Echagüe, C. del Uruguay, 6-2-1833. AHER, Gob. 1, carpeta 21, legajo 1.

[23] Antonio Navarro a Justo J. de Urquiza, C. del Uruguay, 3-6-1833. AHER, Gob. 1, carpeta 21, legajo 2.

Con la nuevas prácticas se impulsó el mejoramiento de la administración pública y el acatamiento más riguroso a las medidas fiscales. Pero si bien los resultados mejoraron no fueron sobresalientes, pues aún el control estatal tenía muchos desafíos por superar.

Los problemas se presentaron sobre todo en los reducidos equipos de funcionarios existentes en Concordia y Concepción del Uruguay, que como vimos tuvieron desde 1846-50 una inusitada actividad mercantil. En Concordia el activo tráfico comenzó a presentar desafíos para las tareas más cotidianas de la receptoria pública. El responsable de llevar adelante la recaudación comentaba «Activo es Sor. Ministro el movimiento mercantil que se nota en este pueblo, cuyo movimiento miro con agrado considerando que del resultara un bien positivo a los intereses del Gobierno que me sostiene y al fomento del pueblo en donde estoy empleado. Sin embargo no deja de arredrarme la idea de mi poca capacidad para aquel efecto y responsabilidad que gravita sobre mi desde que observo que la oficina de mi cargo carece de la dotación de algunas plazas necesarias...».[24]

Los problemas de funcionamiento de las receptorías eran, en muchos casos, muy elementales, a menudo no estaban al corriente de los cambios en los reglamentos, es decir carecían de la información adecuada o tenían serios problemas de interpretación acerca de cómo llevar a la práctica las normativas del gobierno. Algunos funcionarios consultaban: «Aunque no tengo día ni hora fija para servir cuando es necesario, sírvase decirme cuales son las horas en que por obligación debo tener abierta la oficina, quiera usted disimular tanta majadería ocasionada por lo recargado que estoy de quehaceres y no tener mas que un solo oficial que me ayude a desempeñarme pues hasta las relaciones de anclaje tengo que hacer a fuerza de que el cabo de Rentas no tiene las buenas calidades que lo adornan, no sabe ni leer ni escribir. Me atrevo a creer señor Ministro, que a excepción de la oficina de su cargo, no hay otra en toda la Provincia de mas ocupación ni que este peor dotada que la mía.».[25]

El administrador de aduana de Concordia, ante la doble presión del gobierno y de los comerciantes locales, se justificaba ante las quejas del ministro de Hacienda por su retraso en enviar las cuentas e informes a Paraná, con el siguiente comentario sobre las condiciones cotidianas en que trabajaban. Así resultaba que la "Receptoría, Sor.

[24] Ciriaco Torres al Ministro Vicente Calderón. Concordia 10-11-1845. AHER, Hac. I, subserie E, carpeta 4, legajo 6.
[25] Ciriaco Torres al Ministro de Hacienda Vicente del Castillo. Concordia, 30-7-1847. AHER, Hac. II, subserie E, carpeta 4, legajo 6.

Ministro, ha estado vagando por los puntos de Arroyo Grande y Yuquerí desde enero del año anterior hasta octubre del mismo en que habiendo regresado al punto de su residencia, volvió a emprender sus trabajos a la par de los individuos de este comercio. Estos ocupados en la separación de sus casas que habían estado abandonadas, y el Receptor recibiendo las divisas negociables de otras partes, como también los cargamentos que eran introducidos en esta Receptoría con procedencia de otros puertos, y la exportación de frutos del pays y otros artículos que despachados por esta oficina parte para aquellos. El Sor. Ministro observará que los trabajos relacionados han sido aumentados desde el 3 de diciembre ultimo en que el Sr. Cor. Jefe de este pueblo me ordenó autorizado por S.E. el Sor. Gobernador que todos los frutos procedentes de la provincia de Corrientes que transiten por este puerto sean libres de todo derecho, y las otras procedencias paguen tan solo un módico porciento de transito en lugar de cuatro que pagaban. De uno u otro modo ha estado ocupada esta oficina con las nuevas atenciones que aquella superior resolución le aumenta, y lo será mucho mas en lo sucesivo, tan luego que suban las crecientes del Alto Uruguay."[26] Los empleados sufrían por sus limitaciones para desempeñar las tareas, la falta de personal, las precarias condiciones materiales y los permanentes movimientos en el territorio a causa de las coyunturas bélicas en el frente de guerra.

También se detallaban las condiciones de la infraestructura de la receptoría de Concordia, que era en esa época una ciudad en franco crecimiento pero resultaba en la práctica una plaza fiscal muy poco segura. Allí "normalmente" era difícil distinguir los espacios públicos de los privados, y esto lógicamente debilitaba la capacidad de control de los funcionarios de rentas. Así era común por ejemplo "... que siendo insuficientes los Almacenes de esta aduana para los depósitos de los efectos del comercio, ha tenido que hacer uso el receptor de algunas casas particulares en diversos puntos de este pueblo para el acomodo de aquellos, y no una sino varias veces ha sucedido que solicitando algunos comerciantes sacar sus efectos de un depósito al mismo tiempo que era preciso introducir otro, no alcanzaban los empleados para estas operaciones y he tenido que valerme de personas de mi amistad y confianza para no entorpecer al comercio...".[27]

[26] Ciriaco Torres al ministro de Hacienda Vicente del Castillo. Concordia, 30-7-1847. AHER, Hac. II, subserie E, carpeta 4, legajo 6.
[27] Ciriaco Torres al ministro de Hacienda Vicente del Castillo. Concordia, 30-7-1847. AHER, Hac. II, subserie E, carpeta 4, legajo 6.

Además de faltar personal los empleados idóneos para realizar un control eficiente de las cuentas y registros del Estado eran notablemente caros; Ciriaco Torres preguntaba: " ¿Y cual es Sor. Ministro el escribiente encargado de llevar la contabilidad de esta oficina con el sosiego que ella demanda y sin tener que dejar el papel y la pluma a cada instante para atender o otros trabajos? !oh! ninguno! pues que el individuo que ha ocupado en la organización de mis cuentas correspondientes a 1846 ha sido un particular a quien he tenido que pagarle de mi peculio. [...] lo llamare si, a fin de que el Sor. Ministro se fije en que esta misma oficina le ha recaudado al Estado mas de ocho mil pesos en los tres meses últimos del año que concluyo, ella no conoce horas determinadas para un despacho y los mas días sus puertas son abiertas a las seis de la mañana y se cierran después de la puesta del sol [...] finalizare esta nota con la esperanza de que apoyado en todo lo expuesto, se digne el Sor. Ministro absolver [por la demora en enviar sus cuentas] al Receptor que firma...».[28]

La ineficiencia era producto también de que los empleados debían trabajar mucho y sus condiciones de trabajo y salario no eran equivalentes al esfuerzo. En 1849 Mateo Pereyra comentaba: «Los empleados que hoy tiene esta oficina, no son mas que el vista general, nuevo peón de confianza que me han dado, [...] en el Resguardo no hay mas que dos individuos, por haber marchado los demás a Campaña, pero ya debe usted conocer que son de aquellos que apenas saben poner su nombre, esto subsistirá en este estado hasta que regrese el Exmo. Sor. Gob. Propietario [Justo J. de Urquiza], que es cuando se ha dicho proveerá las plazas que se requieren, de consiguiente es preciso hacer milagros y mostrarse tan heroico, como los que en campaña marchan al triunfo". O cuando explicaba que "este puerto es excepcional a todos los de la provincia, tenemos que estar los empleados de sol a sol y atender a dos puertos en extremo concurridos por personas foráneas, con las que tiene uno que ser un santo hombre y estar revestido de igual paciencia, a mas que tiene uno que combatir por los vicios y corrupción administrativa del Estado Oriental y Brasil, en donde no hay mas voz que el contrabando en todas las clases».[29]

Pero pese a las dificultades materiales y a la carencia de funcionarios aptos en servicio, el gobernador mantuvo un discurso y una

---

[28] Ciriaco Torres al ministro Vicente del Castillo, Concordia, 24-1-1847. AHER, Hac. II, subserie E, carpeta 4, legajo 6.

[29] Mateo Pereyra a Vicente del Castillo, Concordia, 20-12-1849. AHER, Hac. II, subserie E, carpeta 4, legajo 6.

práctica que sostenía que no había peor delito que el cometido en la función pública. De ese modo ponía en alerta a sus más estrechos colaboradores sobre que "... los hombres constituidos en autoridad deben consagrarse al servicio público cumpliendo las ordenes superiores y procurando cada vez ser más útiles a la sociedad, de cuya misión se hallan encargados cada uno en su línea que le toque, y no entrar en condescendencias perniciosas, llevado a conducido del vil interés de que tanto adolece nuestro país.".[30]

El gobernador sostenía que si las restricciones impuestas en la coyuntura de las guerras entre 1845-48 habían producido carestías e incluso momentos en que solo se pagaba una parte de los sueldos públicos, no se debía tolerar que existieran prácticas o actitudes de aprovechamiento personal de los cargos, por lo cual las autoridades repetían continuamente que se debían evitar a toda costa "... que los empleados sin sueldo tengan que prevalicar en fuerza de algunos compromisos contraídos respecto a préstamos. Fallan los pícaros: los hombres de bien, antes sucumben que cometer una maldad...". Frente a esta situación tan delicada, Urquiza se ponía a la cabeza como el "padre de familia entrerriana" para ser el ejemplo supremo, pues como señalaba continuamente en su rol simbólico muy paternalista "...en mi actual posición apenas me trato como un Sargento y esto no de los más distinguidos...".[31]

La práctica del gobernador fue, aun en situaciones de crisis, manejar con mano de hierro a los funcionarios y enfatizar el valor relevante de "prestigio" que tenían los servicios o funciones públicas. La principal misión del gobierno era entendida como un mando fuerte que vigilaba y garantizaba los servicios del Estado a cambio de inestables salarios pero cargada de una retórica de premios simbólicos que daban prestigio social y también promesas de recompensas futuras. Se mostraba como ejemplo que aun los "Gefes beneméritos y sugetos que en sus casas se han tratado regularmente, se prestan a servir gustosos por la Patria y solo por la patria, hasta el extremo de verse algunos pisando la tierra con las propias carnes; pero siempre llenos de constancia, virtud y honor".[32]

A partir de 1849 el gobierno no solo reforzó los salarios públicos, sino que puso en marcha una nueva política que buscaba recrear mayor capacidad para el manejo de la administración estatal. Desde

[30] Justo J. de Urquiza a A. Crespo, 9-5-1846, AHER, Gob. S. II, carpeta 1, legajo 2.
[31] Justo J. de Urquiza a A. Crespo, 9-5-1846, AHER, Gob. S. II, carpeta 1, egajo 2.
[32] Justo J. de Urquiza a A. Crespo, 9-5-1846, AHER, Gob. S. II, carpeta 1, legajo 2.

entonces se planteó que la solución estaba en la formación de nuevos funcionarios públicos, y por ello se afirmaba que "Nadie ignora que yo no omito, no omitiré sacrificio alguno por la educación de la juventud del país, teniendo en vista que es el plantel de donde han de salir los ciudadanos útiles para el servicio público en todos los ramos…".[33]

Aun con las deficiencias que tenían, las finanzas de las Cajas del Oriente permitieron incrementar los ingresos públicos y cubrir con recursos genuinos los rubros tradicionales e incluso habilitar otros nuevos como los de educación y obras públicas. Fue posible el pago regular de los sueldos de los empleados públicos, que durante la guerra desde fines de los años 30 hasta 1846, habían cobrado atrasados y en pequeñas partidas. Vimos en nuestro análisis que, a pesar de las nuevas políticas planteadas desde la década de 1830, no se logró imponer una eficiente administración de la disciplina fiscal porque los funcionarios no contaron con suficiente información, instalaciones ni recursos humanos y materiales para imponer el control necesario sobre el territorio provincial. Sin embargo creció la recaudación de impuestos y se logró una mejora en la presencia y el manejo de los poderes públicos en las nuevas tierras de la frontera entrerriana.

Fiscalidad y política monetaria

En las diferentes etapas fiscales descriptas hasta aquí también jugaron un papel importante las políticas monetarias implementadas por las autoridades entrerrianas. Los entrerrianos nunca dispusieron de una moneda propia y debieron adoptar y ajustar permanentemente sus estrategias frente a las inestables fluctuaciones monetarias que ocurrían en los mercados rioplatenses. A esta dificultad regional se sumaron las cambiantes coyunturas fiscales internas de la provincia y fue necesario operar de diferentes maneras para enfrentar las dificultades de los años '20, o más tarde para sostener los rubros básicos de demanda de capitales y liquidez en la época de balanzas comerciales positivas y de los superávit fiscales en la segunda mitad de la década de los años '40.

En materia monetaria, entre la gestación de la administración provincial de 1821 y hasta 1827, se sucedieron una serie de experiencias inéditas. Por entonces, además de circular las viejas monedas metálicas españolas y criollas, comenzaron a extenderse otros medios de

---

[33] Beatriz Bosch: *Urquiza y su tiempo… op. cit.* pp. 129-130.

pago que había introducido el Estado de Buenos Aires. Desde octubre de 1823 se admitió la circulación de la moneda de cobre porteña para facilitar las transacciones al menudeo y para los pagos de derechos al Estado solo hasta una tercera parte. Se pretendía suplir la carencia de moneda chica fundamentalmente para las transacciones urbanas internas, que habían comenzado a generar problemas pues, con frecuencia, la falta de moneda menuda obligaba a consumir a cuenta en los establecimientos hasta completar los importes de las monedas de mayor valor.

Una novedad trascendente fue la admisión en 1825 en el territorio entrerriano de sucursales del Banco de Buenos Aires. También se permitió la circulación del papel moneda en toda la provincia por su valor nominal (es decir 17 pesos por onza de oro), a lo que se sumaba la posibilidad de que las Cajas fiscales de la provincia recibieran el papel a cuenta de los derechos e impuestos adeudados. Esta situación posibilitó la aparición del papel en las transacciones internas y externas. Para entonces ya circulaban cantidades significativas de bonos públicos de la deuda que el fisco había contraído en la vorágine de los reiterados y suculentos préstamos de los años 1824-25.

Durante aproximadamente dos años la provincia intentó seguir los pasos que había impuesto la todavía "feliz experiencia" del gobierno porteño. Pero desde mediados de 1826 ese decidido perfil proporteño entró en crisis. En primer lugar comenzó la especulación con las ganancias por la extracción de moneda de cobre fuera de la provincia, lo que llevó a la desaparición del circulante y a una ineficaz prohibición de su exportación. Pero pronto se sumaron otros conflictos, mas serios aún, como el hecho de que el papel moneda en esos años había comenzado a depreciarse muy rápidamente.

Las autoridades entrerrianas apelaron a imprimir unos pocos miles de pesos en billetes de un real para intentar asegurar las transacciones menores; hacia fines de 1826 dictaron impopulares e inaplicables "multas" para quienes rechazaran el papel moneda porteño. Pero como ocurría habitualmente en estas cuestiones, ambas medidas resultaron inútiles para resolver la cuestión; ya en los primeros tres meses de 1827 el papel moneda se cotizaba a más de 50 pesos por una onza de oro, lo que provocó una enorme inflación con el consecuente endeudamiento y cambio en los patrimonios. Se llegó a una grave crisis política por el ineficaz manejo monetario y fiscal de la provincia. Finalmente el gobierno provincial debió derogar la admisión de papel moneda porteño. El mismo camino siguió, un mes después, el curso legal de las monedas de cobre, pues ambos medios de pago fueron considerados desde entonces como de alta "peligrosidad" para los negocios y la paz pública.

Durante la década de 1830 no se produjeron novedades en las políticas monetarias, pues la provincia reafirmó desde la firma del Pacto Federal de 1831 que el curso forzoso de la moneda (que llamaba abusivamente "nacional") no sería otro que la moneda de plata española, el patacón y la moneda macuquina. Pero en medio de la escasez de oferta de monedas metálicas, hacia mediados de los años '30 comenzaría a llegar la plata boliviana. En la década siguiente se inauguró una nueva época de tensión y especulación sobre los precios y los cambios entre todas aquellas monedas. Hasta mediados de siglo el gobierno entrerriano intentó manejarse con una mixtura de monedas metálicas que a menudo sufrieron notables variaciones en sus valores.

La administración boliviana había comenzado en la década de 1830 la emisión de la moneda de plata feble (es decir con menor cantidad de metal puro por lo cual se depreció su valor), que durante aquella época no superaba el 20% del circulante. Pero en la década de 1840 la degradación llegó al 40% y en los últimos años de ese decenio fue del 47%. Por ello, finalmente entre 1850 y 1854 la moneda feble boliviana, que ya era el 82% del circulante, fue muy resistida en su aceptación en el Litoral por su permanente devaluación.[34]

Tanto la llegada de la moneda boliviana, como en menor medida la cordobesa fueron vistas como interesante medio de pago, pero se convirtieron en un problema por la constante depreciación que tuvieron en las décadas siguientes. Todavía en 1844 el gobierno provincial ante los descuentos que comenzaba a experimentar la moneda boliviana ordenó que se admitiera por "su justo valor intrínseco" para evitar la especulación. Pero el intento de mantener a flote el "premio" de la moneda no duró mucho, pues en 1849 hubo un intenso debate en la Legislatura entrerriana sobre el "real" valor de las monedas, ya que si no se tomaban medidas para regular el precio de las monedas de plata, se temía que la moneda buena patria se atesorara o saliera toda fuera de la provincia y sólo quedaría en circulación la boliviana feble (devaluada). Finalmente y debido a la presión del gobernador Justo J. de Urquiza, la Legislatura promulgó un explícito decreto de regulación de cambios para que desde entonces se diferenciase claramente el

---

[34] Antonio Mitre: *El monedero de los Andes*. Hisbol, La Paz, 1986; en especial cap. II y III. Y Viviana Conti: "Salta entre el Atlántico y el Pacífico. Vinculaciones mercantiles y producciones durante el siglo XIX", en Susana Bandieri (coord.): *Cruzando la Cordillera*. Universidad Nacional del Comahue, Neuquén, 2001.

valor del peso fuerte patrio o español, que valía 16 pesos por onza de oro, mientras el peso boliviano tenía un cambio de 19.5 pesos oro. Pero la moneda boliviana se degradó aún más en los años '50, por lo cual desde marzo de 1851 el gobierno entrerriano directamente prohibió la introducción de moneda boliviana feble.

En este escenario en el que los entrerrianos a través de su comercio exportador y reexportador intentaban alcanzar mejores ingresos fiscales y una balanza de pago positiva tuvieron que enfrentar limitaciones y graves pérdidas provenientes de las restricciones o competencias de la plaza de Buenos Aires. Era en el puerto donde se regulaba el comercio de las mercancías ultramarinas y allí donde se acumulaban los medios de pago metálicos. Como consecuencia los entrerrianos se enfrentaron a las azarosas circunstancias provocadas por las restricciones que el gobierno de Rosas impuso a los medios de pago metálicos a mediados del siglo XIX.

Política monetaria, medios de pago y negocios

Durante la época colonial, a pesar de existir una activa minería proveedora de moneda metálica, hubo frecuentemente escasez de circulación monetaria en las operaciones mercantiles del Litoral, que afectó a los actores económicos de manera diferenciada según términos sociales y regionales. Hubo diferentes niveles de circulación de monedas "buenas" y "malas", situación que permitió que ciertos sectores se beneficiaran de la situación, tanto en el ámbito local como regional.[35] Las claves de esta diferencia de funcionamiento estuvieron, en primer lugar, en la propia dominación colonial. La corona y los comerciantes metropolitanos exigían los pagos en metálico, y en particular en moneda buena, por lo que resultaron los principales receptores de la plata y el oro. Asimismo, dentro del espacio americano hubo sectores que propiciaron y se beneficiaron de la escasez monetaria y de los niveles diferenciados de circulación. Quizás los más interesados en mantener esa situación fueron los que manejaban mayor cantidad de monedas, es decir los grupos dirigentes americanos y en especial los grandes comerciantes que pudieran realizar operaciones

---

[35] Romano, Carmagnani, Garavaglia y Gelman: "Natural economies or money economies? Silver production and monetary circulation in Spanich America (late XVI and early XVII century), en: *The Journal of European Economic History* vol. 13, n° 1. Roma, 1984.

mercantiles y financieras rentables, a partir del manejo de los bienes, del metálico y del premio que tenían unas monedas sobre otras.

En las operaciones realizadas desde el Litoral los comerciantes obtenían la poca moneda de plata y sobre todo productos de la "tierra", que les eran útiles pues luego pasaban a engrosar sus ventas a las zonas del interior o eran introducidos al mercado ultramarino como bienes de retorno para saldar las importaciones. A cambio de estas operaciones los comerciantes porteños entregaban básicamente bienes de "Castilla" o de otras regiones y un mínimo de moneda. El metálico obtenido por los grandes comerciantes, luego de complejas operaciones mercantiles, en general no volvía a ingresar al circuito mercantil; a pesar de que ellos manejaban mucha moneda, no poseían grandes cantidades en su poder porque buena parte del metal acumulado luego era invertido localmente en la compra de propiedades urbanas y rurales, en la adquisición de esclavos o en el arrendamiento del cobro de impuestos, que eran una forma de inversión que daba vida a nuevos negocios rentables para los comerciantes.

Vemos entonces que en las plazas comerciales del interior americano salvo para acumular o para las inversiones u operaciones sumamente lucrativas, los comerciantes prefirieron utilizar todos los medios de intercambios posibles (sobre todo productos), y no recurrir al pago en moneda. Al manejar los metales también realizaron otro negocio que fue operar de acuerdo con los diferentes premios de las monedas, tratando siempre de entregar moneda "mala" y retener la "buena" sin que se contabilice el premio que esta tenía sobre la anterior. Los grandes comerciantes operaban en un amplio espacio económico y podían acceder a los diferentes niveles de circulación de monedas, logrando a través de sus intercambios aprovechar las ventajas que daba el plus o premio que había entre ellas.[36]

Pero qué ocurrió luego de la Revolución en Entre Ríos cuando se consolidó el Estado provincial y las relaciones mercantiles y monetarias se fueron transformando. Para ilustrar esa evolución analizaremos a continuación una serie de casos que muestran razonablemente como fueron cambiando los medios de pagos y los negocios entre el puerto y la zona litoraleña, a la luz de las nuevas políticas monetarias posrevolucionarias.

---

[36] Enrique Tandeter: "El papel de la moneda macuquina en la circulación monetaria rioplatense", en: *Cuadernos de Numismática* t. IV, n° 14. Buenos Aires, 1975. Susan Socolow: *Los mercaderes del Buenos Aires virreinal: familia y comercio.* De la flor. Buenos Aires, 1991. Jorge Gelman: *De mercachifle... op. cit..*

Para la primera década posrevolucionaria la situación es muy ilustrativa en los tratos mercantiles realizados entre 1819 y 1822 por el comerciante inglés Hugo Dallas, operador con bienes de importación y exportación en Buenos Aires con Francisco Delgado, quien se encontraba establecido como corredor de comercio en la plaza de la ciudad de Corrientes y era además abastecedor del Alto del Litoral.[37] Otro ejemplo son las operaciones que realizó, entre 1816 y 1817, Cipriano de Urquiza, desde el Oriente entrerriano hacia Buenos Aires, con la asistencia de los servicios de su hermano Juan José, quien manejaba las operaciones en la ciudad puerto.[38]

Estos traficantes mantuvieron un activo comercio, que aunque estaba inscripto en una coyuntura de guerras y cambios en los mercados, todavía mantenían mecanismos similares a los tardocoloniales. Todavía no se sentían con toda su fuerza las innovaciones mercantiles posrevolucionarias y no había prosperado la proliferación de los nuevos tipos de monedas con fuertes cambios en los precios relativos. Los tratos entre Dallas y Delgado involucraban la exportación de bienes pecuarios, maderas y productos regionales del Alto del Paraná (yerba mate, tabaco y azúcar), y la importación de bienes ultramarinos. Lo notable de estas operaciones fue que durante la década de 1810 se realizaban a través de contratos por medio de los cuales Delgado se comprometía a enviar a Dallas en un período estipulado, luego de varios meses de acopio, una cantidad de productos locales y regionales a un precio ya determinado; a cambio recibiría en pago bienes importados y metálico. Con este sistema se realizaron operaciones por 36 836 pesos plata en 1819, y por más de 22 000 y 9 000 en 1820 y 1821. De acuerdo con la modalidad de pago resultó que para 1820 Dallas saldó el 93% del valor de las operaciones en bienes importados y el 7% restante en plata. En 1821 los bienes alcanzaron el 95.3% y la plata el 4.7%, y al año siguiente el pago en productos fue del 66.7%, el metálico llegó al 5%, los billetes al 18.2% y las letras al 10.1%.

En el caso de Cipriano de Urquiza sabemos que remitía productos pecuarios, que incluían cueros de vaca, toro, bagual y novillo, así como una buena cantidad de sebo y cerda. Lo interesante es que había comprado buena parte de los cueros al contado, y luego, a

[37] Archivo del Banco de la Provincia de Buenos Aires, Archivo comercial de Hugo Dallas, legajo 2, carpeta 24.

[38] Hemos tomado los datos de Julio Djenderedjian: "Buenos Negocios en tiempo de guerra: el comercio de cueros entrerrianos hacia Buenos Aires según las cuentas de Cipriano de Urquiza, 1816-1820", *Anuario IEHS* n° 16. Tandil, 2003.

través de la gestión de su hermano, lograba venderlos en Buenos Aires a muy buen precio, alcanzando la operación mas de 98 mil pesos. El resultado sorprendente fue que obtuvo todo el retorno en metálico (seguramente debido a que la operación estuvo en manos familiares), y le dejó una ganancia del 39% sobre el capital invertido.

A partir de estos dos casos podemos observar la gama de posibilidades que se presentaban antes de la constitución de los Estados provinciales y de los cambios que introdujeron las políticas monetarias y fiscales a lo largo de la década de 1820. En el mejor de los casos, como el de Cipriano de Urquiza, los comerciantes del Litoral podían todavía acceder al mercado en momentos de gran demanda de bienes exportables y a través de agentes propios podían asegurarse un buen retorno de metálico y buenas tasas de beneficio. En tanto que, en la peor situación, como la de Delgado, que operaba como dependiente había un mayor retorno en bienes, pero siempre complementado con un porcentaje de metálico.

En el transcurso de la década de 1820 surgieron nuevas crisis financieras de los Estados y se usaron medios de pago sin respaldo en una variada gama de monedas y papeles. Con la presencia de las nuevas políticas monetarias también se adoptaron nuevas prácticas entre los agentes económicos privados en relación con la lógica que dominaba las operaciones mercantiles y garantizaba la rentabilidad de los negocios.

Para Entre Ríos fue relevante que en 1822 el gobierno de Buenos Aires librara curso a la moneda de cobre, que se agregó a la de oro y plata. Esta moneda, acuñada en 1822-23 y 1827, facilitó los tratos debido a la escasez de cuartillos de plata, y su valor era de diez piezas por real de plata (un décimo) o cinco piezas por cada medio real. Pero, como señalamos, fue mucho más impactante que en junio de 1822 el Estado de Buenos Aires creara el Banco de Descuentos, con la atribución y facultad de emitir papel moneda en billetes, que llegaron al público al cambio de 17 pesos papel por onza de oro. Estos papeles no mantuvieron su convertibilidad ni su paridad en el mercado, y en pocos años se transformaron en una moneda depreciada, ya que su respaldo fue casi nulo; en 1825 la reserva del Banco era inferior al 10% de la emisión y desde 1826 su valor comenzó a depreciarse aceleradamente.

La provincia de Entre Ríos había adoptado estos medios de pago para sus transacciones tanto en las operaciones con el Estado como entre particulares. En principio, desde 1823, para suplir sus necesidades metálicas de intercambio dio curso a la moneda de cobre porteña y determinó que fuera "admitida en la provincia la moneda de cobre que circula en Buenos Aires, teniendo el mismo valor que allí..." pero aclarando que no podría obligarse a recibir esta moneda en ningún pago en más de dos pesos, por cada cien. Se declaró admisible con reservas, no pudiendo entregarse en cantidades ilimitadas de cancelación, sino solamente hasta el límite señalado para los particulares, mientras que para el caso de la tesorería pública se admitió para el pago de derechos e impuestos solo en una tercera parte del monto total de las operaciones. Aunque no era una moneda muy fiable era más aceptada que los papeles, por lo cual rápidamente se especuló con su acopio y prácticamente desapareció de la circulación. Preocupaba al gobernador entrerriano el hecho que "algunas personas que trafican en esta ciudad, olvidadas de las obligaciones a que está constituida todo hombre que vive en sociedad, tratan de acopiar toda la moneda en cobre que corre y extraerla fuera de ella por un corto y miserable interés que les reportará, resultando al público el grave perjuicio de no encontrar moneda para el cambio de papel que se halla en circulación y sufriendo los pobres la necesidad de no tener con qué comprar lo preciso para sus alimentos, porque arbitrariamente algunos les obligan a que el valor de un peso lo gasten en sus casas de trato sin necesidad".[39] Hasta fines de 1827 la moneda de cobre circuló bastante en Entre Ríos, pero desde entonces mermaron las transacciones debido a la especulación.

Al mismo tiempo que se adoptó la moneda de cobre –desde 1825– circularon oficialmente en la provincia los billetes del Banco de Descuentos de Buenos Aires, del que se había instalado una sucursal en Paraná. El papel moneda debía ser recibido en las Cajas de esta provincia en cuenta de derechos.[40] Para entonces el papel moneda ya estaba depreciado y había mucha renuencia en aceptarlo a pesar de que las autoridades insistían en que debía aceptarse en todo el territorio por su valor escrito, sin poder excluirlo en ninguna clase de venta, locación, préstamo ni otro género de contrato. Pero los comerciantes tuvieron grandes dificultades en estimar su premio respecto a otras monedas y trataron de eludir su acopio e incluso hasta el propio uso de los billetes; a esto se agregó la presión de parte de los más perjudicados, que fueron los consumidores de las clases bajas. A partir de la presión política y luego militar que ejerció Ricardo López Jordán, líder de la oposición al gobierno de Paraná, la Legislatura anuló el curso de

---

[39] Decreto del 22-9-1826 que prohibió extraer fuera del territorio la moneda de cobre. *RLDER* t. II.
[40] Ley del 19-12-1826 y Decreto de 12-3-1827. *RLDER* t. II.

los billetes a comienzos de 1827 y desde entonces queda prohibida su circulación en la provincia de Entre Ríos.

Los cambios monetarios introducidas modificaron de inmediato los intercambios y los contratos. Como ejemplo analizamos las transacciones realizadas, a partir de 1822 y hasta 1824, por el Estado de Entre Ríos con el comerciante porteño Félix Castro. En ellas se refleja el permanente cambio de los precios relativos de los bienes y las monedas; ya no se realizaron contratos que establecieran el acopio de productos y mucho menos se fijaron los precios por anticipado. Junto al rol de proveedores de bienes, los principales comerciantes porteños se irían transformando en capitalistas, en proveedores de crédito a particulares y en "habilitadores" de los Estados provinciales.[41]

Las complejas transacciones de Castro con el gobierno entrerriano alcanzaron una suma mayor a los 43 000 pesos plata, de los cuales Entre Ríos entregó durante las operaciones un 19% en bienes pecuarios, otro 19% en dinero metálico y un 62% en letras y bonos emitidos por el Estado provincial. A cambio, luego de dos años Castro dio por saldadas las cuentas otorgando un 29.2% compuesto por bienes ultramarinos, un 47.2% en papel moneda de Buenos Aires, y entregó otro 20% en letras y bonos del propio Estado de Entre Ríos, restando un 3.6% cobrados por diversas comisiones.

Este caso nos muestra el impacto que comenzaron a tener en los intercambios los costos institucionales fruto de la inestabilidad y banca rota de las finanzas públicas y de las lógicas vinculadas con el movimiento de los precios relativos en el mercado de los medios de pago. Castro, más allá del riesgo que implicó el préstamo y la habilitación con productos a un Estado en quiebra, realizó un muy buen negocio en su doble rol de proveedor de mercancías y de capitales, ya que recibió de los entrerrianos bienes de exportación, metálico, bonos y letras con un generoso descuento del 20%. Al mismo tiempo utilizó papel moneda porteño para saldar las cuentas (que finalmente tenían saldo favorable a los entrerrianos) "por su valor escrito", bienes ultramarinos y los mismos bonos y letras del Estado litoraleño pero ahora entregados a los propios entrerrianos por su valor nominal.

Luego de 1820 los negociantes y consumidores del Litoral no solo debieron enfrentar los perjuicios por los recargos impositivos, fletes y comisiones cobradas en la entrada y salida de bienes en los puertos ultramarinos, sino que se enfrentaron a la alteración e incertidumbre

---

[41] Cuentas del Agente en Buenos Aires D. Félix Castro, de la Provincia de Entre Ríos. AHER, Hacienda, serie I, carpeta 13, legajo 8 y carpeta 9, legajo 26.

de la variación de los medios de pago que ellos no regulaban. Estaban sujetos a un contexto de vínculos mercantiles y financieros que operaban bajo el comando de las políticas porteñas, en Buenos Aires decidían sobre los cambios en los valores relativos de las mercancías y las monedas. Se agravó la puja en las economías provinciales por retener el metálico, que era uno de los valores que menos se depreciaba. Dentro de esta lógica, los comerciantes porteños en sus operaciones comerciales con el interior recogían casi todo el metálico disponible. La experiencia acumulada por los diferentes actores mostraba que los negocios se movían de acuerdo con la ley de Gresham, pues en la circulación interior la moneda "mala" había desplazado a la "buena". Tanto los comerciantes y capitalistas entrerrianos como los porteños procuraron utilizar la moneda metálica solamente para atesorarla, para especular o en el comercio con ultramar.

Esta conducta fue muy evidente en Entre Ríos desde comienzo de la década de 1830. El entonces gobernador Pedro Barrenechea comentaba: "El gobierno, de algunos días a esta parte, observa con sorpresa, el tráfico escandaloso que se hace por algunos comerciantes con el metálico en circulación acuñado con el sello de la Patria, resistiéndose a recibirlo en las transacciones comerciales, con el objeto, sin duda, de comprarlo, como lo hacen, por menos precio de su valor real, con gravísimo perjuicio de los particulares consumidores y del Estado, a quien aquellos mismos comerciantes lo dan en pago de los derechos que adeudan...". El gobierno se vio en la necesidad de decretar que la moneda de sello de la Patria fuera siempre admisible, y que se prohibiera comprarla por menos de su valor intrínseco, imponiendo penas para aquellos que transgredieran las disposiciones.[42]

El negocio de especular y sacar el metálico, modificando los premios que se pagaban por las monedas, se convirtió en un problema para estimar las futuras rentabilidades de las operaciones mercantiles. Desde 1837 el gobierno entrerriano intentó influir regularmente en la circulación interior del metal; dispuso prohibir la salida de oro y plata hacia países extranjeros; cada buque podía llevar un máximo de 25 pesos y cada pasajero 17 pesos. En tanto que aquellos que llevasen dinero a otras provincias de la Confederación debían otorgar fianza por el doble de los valores al ministerio de Hacienda, hasta acreditar su introducción al retorno.[43]

---

[42] Decreto de Pedro Barrenechea y Calixto Vera del 22-2-1831. *RLDER* t. II.
[43] Decreto de Pascual Echagüe de 4-11-1837. *RLDER* t. II.

En la década de 1840 el Estado provincial y los "capitalistas" del Litoral intentaron recurrir a todas las fuentes alternativas de metálico posibles; comenzaron a manejar, junto con las viejas monedas de oro y plata, el peso de cuño boliviano, y todas las otras monedas de baja calidad que se producían en las provincias rioplatenses. Las prácticas de los comerciantes y las medidas del Estado fueron muy activas en función de regular los medios de pago y del valor de las monedas. Se pusieron en marcha nuevas estrategias de "comercio directo", a través de la política de puertos abiertos del Oriente entrerriano que pretendían asegurar un mejor manejo de las relaciones comerciales y monetarias con los puertos de ultramar y de consolidar el arribo de metálico a la provincia.

Fue evidente que la circulación de metálico dentro de la provincia estuvo muy ligada con los patacones y la plata de cuño boliviano, inicialmente admitidos ante el panorama de escasez de circulación de metálico. Estas monedas bolivianas eran de 8, 4, 2, 1, medio y un cuarto de pesos plata. Pero también comenzó la especulación ya que muchos comerciantes pretendían pagarla a la mitad de su valor. En 1844 el gobierno tuvo que dictar un decreto para que en todos los contratos se admita la moneda de plata de cuño boliviano con su justo valor intrínseco.[44] El gobierno establecía que: "Habiendo llegado a comprender el Gobierno que en los contratos que se celebran en la Provincia se admite la moneda de plata de cuño de la República de Bolivia, y si se admite, es con el resultado de un agiotage que infiere agravio al crédito y responsabilidad de un Gobierno Americano ligado a nuestros intereses por vínculos fraternales...".[45]

Unos años después, en 1848, las relaciones en la circulación y regulación monetaria que intentaba el Estado entrerriano se complicarían notablemente. El gobierno de Rosas prohibía terminantemente la salida de metales de la provincia, provocando un claro perjuicio para el retorno de metálico de la ciudad-puerto hacia Entre Ríos. Se desató una nueva "crisis" monetaria en un momento clave de expansión de las actividades comerciales entrerrianas. Entraron en acción las primeras graves fricciones políticas insalvables entre las dos economías y potencias militares más poderosas del Río de la Plata. Por ello el gobernador delegado Crespo escribía a Urquiza, que había recibido el encargo de "obstruir la circulación de la plata de cuño boliviano"

---

[44] Decreto de 29-3-1844. *RLDER* t. IV.
[45] Decreto de 29-3-1844. *RLDER* t. IV

para mantener las reservas en la provincia, pero consideraba que esa medida traería graves problemas, "pues si Ud. hace buscar la gaceta del 10 de marzo que trae los precios corrientes y el valor del metálico, por ella verá que la diferencia de valor de la plata boliviana, de los medios pesos y pesetas, de cordón, es 1 peso papel en cada peso de plata. Y si hoy abolimos la circulación de la boliviana por el peso papel que en ella se pierde, mañana tendremos que hacer lo mismo con la de cordón que también pierde 1 peso papel respecto de los pesos fuertes". Por ello Crespo temía con mucha razón que desapareciera la ya poca circulación del metálico y con ello se encareciese el costo del dinero en Entre Ríos por las ventajas de atesorar y acopiar metales, y con ello los comerciantes sólo "remitirán frutos y pagarían con su producto...".[46]

En 1849 la escasez de metálico se hacía sentir en los pesos fuertes españoles y patrios, y el motivo era que "la falta que se siente de esta clase de moneda, en las partes que no la reciben más que por ocho reales, es efecto de que las extraen para fuera de ella, por el provecho del seis por ciento que consiguen utilizar sobre los mercados inmediatos, donde son recibidos aún con mayor estimación..." Se decretó que se recibieran patacones y pesos fuertes del cuño patrio o español por ocho y medio reales o dieciséis pesos fuertes por onza de oro patrio o español.[47]

El Estado provincial emprendía operaciones a través de sus propios agentes de comercio con la finalidad de encontrar en otros mercados de ultramar nuevos y mejores precios y retornos de medios de pago. Veremos como ejemplo el caso de los negocios que sostuvo el Estado provincial con la casa comercial Rams y Rubert. Durante 1849 el Estado envió a Buenos Aires frutos del país por una suma de 116 968 pesos y 1 real plata; esto le permitió comprar bienes para equipar escuelas y colegios, la Legislatura y abastos para las tropas militares por 70 157 pesos y 5 reales plata, con un saldo favorable de 46 810 pesos y seis reales plata.[48]

A mediados de siglo y a pesar del éxito comercial y rural, los entrerrianos se topaban con importantes limitaciones a las estrategias financieras y monetarias. Una de esas dificultades estaba en las políticas comerciales y monetarias porteñas de Rosas que pretendían

---

[46] A. Crespo a Justo .J. de Urquiza, Paraná, 30-3-1848, AHER, Carpeta 2, legajo 7.
[47] Ley del 20-2-1849, *RLDER* t. V.
[48] Cuentas de Rams y Rubert con el Estado. 30-11-1849. AHER. Hac. serie 1, carpeta 130, legajo 2.

garantizar a cualquier costo las ventajas para Buenos Aires, volviéndose un freno para el crecimiento y rentabilidad de sus antiguos aliados. Antes de Caseros y de los primeros intentos de constitución de un nuevo Estado de carácter nacional, el gobierno entrerriano ya buscaba y necesitaba nuevos arreglos institucionales para estabilizar y volver más previsible la política monetaria. Quería posicionarse mejor dentro del mercado, para lo cual pretendía alcanzar todas las fuentes posibles de ingresos y lograr la regulación de las monedas metálicas. En las cajas fiscales de la provincia y en el mercado se daba una amplia convivencia de medios de pago; para marzo de 1851 en la Contaduría General en Paraná había una existencia de un 21.2% de pagarés, un 36.1% de onzas de oro, un 17% de moneda boliviana y cortada, un 2.1% de macuquina de cordón y un 2.1% de pesos fuertes.

En resumen, luego de la crisis revolucionaria y de la dispersión de la soberanía colonial en el Río de la Plata, con la formación de los Estados provinciales desde la década de 1820, Entre Ríos al igual que las demás provincias rioplatenses enfrentaron el desafío de encontrar nuevas fuentes financieras y políticas monetarias regulares que pudieran sostener las bases materiales de la estatidad y el poder político emergente. Los entrerrianos resolvieron el proceso con relativo éxito, aunque inicialmente las finanzas sufrieron un marcado déficit, cubierto con préstamos locales y de otras provincias vecinas lo cual convirtió a sus gobiernos en dependientes de los favores y alianzas políticas con Buenos Aires. Esta situación se mantuvo hasta la década de 1830 y comenzó a revertirse a partir de la aplicación de nuevas políticas. En este marco de cambio y robustecimiento material del poder local, las receptorías del Oriente entrerriano fueron el puntal de esta transformación. Los puertos de Concepción del Uruguay y Concordia adquirieron una creciente dinámica en la importación y la exportación, y junto con la política de "puertos abiertos" durante los bloqueos a la plaza de Buenos Aires, alcanzaron importantes beneficios fiscales del comercio directo y de reexportación. Desde 1832 se aplica una política de saneamiento de las instituciones fiscales y se impulsa un nuevo ideal de funcionarios más eficientes en la recaudación de los ingresos públicos. Si bien aquella prédica de eficiencia y "modernización" no tuvo un éxito pleno ni dio mayores instrumentos a los funcionarios, en la práctica sí fue suficiente para mejorar sustancialmente la percepción de recursos genuinos.

En cuanto al gasto público en el Oriente entrerriano se dio un caso muy original, ya que en medio de una larga coyuntura de guerra en su territorio, el porcentaje del gasto militar se mantuvo muy por debajo del que invirtieron otras provincias en la misma época. Por supuesto que ese "bajo costo" militar estuvo ligado, como analizamos en otros capítulos, a los aportes de las milicias y los subsidios de la población. El súbito aumento de los ingresos desde mediados de los años 40, en lugar de aplicarse al campo de batalla, se destinó a fortalecer o crear nuevas instalaciones y edificios públicos, también para brindar más servicios e invertir en la educación básica y especializada de los jóvenes entrerrianos.

Pero si en el contexto de la primera mitad del siglo XIX aquellas cuestiones reflejaron los moderados éxitos alcanzados por la fiscalidad entrerriana, en las prácticas monetarias la provincia siempre estuvo a merced de las políticas del puerto de Buenos Aires. Fue necesario hacer permanentes ajustes institucionales para lograr mantener apenas a flote la mínima liquidez de monedas "buenas" y los precios relativos de cambio necesarios para el funcionamiento viable de la economía y de las cajas fiscales.

En esta esfera institucional tan importante de la política económica provincial fue donde a medida que crecieron las escalas de los negocios se vieron claramente las limitaciones locales que imperaban en la Confederación. En las relaciones interprovinciales fue recurrente que los entrerrianos soportaran desequilibrios y perjuicios en los costos debido a la falta de estabilidad y de liquidez en los flujos monetarios de las relaciones entre el puerto y el Interior. En este contexto de extrema sensibilidad se terminaron de desestabilizar las relaciones entre las dos economías más ricas del momento. Desde 1848 Rosas tomó nuevas medidas por las cuales Buenos Aires como puerto que ligaba los nexos mercantiles-financieros comenzó a retener todo el metálico del comercio litoraleño. Esta situación llevó al colapso las expectativas y viabilidad del juego institucional provincial y de los negocios dentro de las inestables relaciones interprovinciales. El gobierno entrerriano y su elite dirigente, cuyos intereses estaban totalmente entrelazados, encontraron escollos insalvables de superar. Fue una coyuntura que ayudó para comprender los límites económicos e institucionales de los intereses locales dentro del marco de la Confederación de provincias en el Río de la Plata.

Apéndice

Cuadro 25. Ingresos y egresos de C. del Uruguay y Concordia

Año	Ingresos	Egresos	Superávit	Déficit
1830	9 625	9 105	520	
1831	6 828	8 412		1 584
1831	10 710	12 346		1 636
1833	14 381	12 942	1 439	
1834	13 866	13 325	561	
1835	16 694	13 343	3 351	
1836	19 039	22 847		3 808
1837	20 980	21 708		728
1838	25 051	28 321		3 270
1839	7 555	8 214		659
1840	16 075	16 274		199
1841	20 874	21 345		471
1842	S/D	S/D	S/D	S/D
1843	18 548	25 801		7 523
1844	19 861	20 613		752
1845	31 820	36 084		4 264
1846	85 161	39 647	45 414	
1847	156 228	119 239	36 989	
1848	117 716	68 466	49 250	
1849	93 869	57 216	36 653	
1850	162 871	130 207	32 664	
1851	89 462	107 518		10 856
1852	105 139	95 744	9 395	

Fuente: AHER, ver apéndice.

Para analizar las finanzas de Entre Ríos hemos utilizado los libros manuales de contabilidad de las receptorías de la provincia, existentes en el Archivo Histórico de la Provincia de Entre Ríos de Paraná. En estos legajos se encuentran los comprobantes de cada operación en los ingresos y egresos a las Cajas fiscales. Asimismo en ellos se registraron los resúmenes mensuales de cada rubro y finalmente un resumen anual, que cada encargado de las cajas provinciales debía enviar al Ministerio de Hacienda de Paraná.

Carpetas de la Receptoría de Paraná: Hacienda, serie I:

1830 carpeta 38, legajos 2 y 3. 1831 carpeta 43, legajos 2, 3 y 4. 1832 carpeta 48, legajos 5 y 6. 1833 carpeta 53, legajos 7 y 8. 1834 carpeta 57, legajos 10, 11 y 12. 1835 carpeta 61, legajos 3 y 4. 1836 carpeta 65, legajos 6 y 7. 1837 carpeta 70, legajos 7 y 8. 1838 carpeta 74, legajos 8 y 9. 1839 carpeta 78, legajos 4 y 5. 1840 carpeta 83, legajo 4. 1841 carpeta 84, legajos 7 y 8. 1842 carpeta 92, legajos 5 y 6. 1843 carpeta 97, legajos 9 y 10. 1844 carpeta 102, legajos 4 y 5. 1845 carpeta 108, legajos 6 y 7. 1846 carpeta 113, legajo 3. 1847 carpeta 118, legajo 8. 1848 carpeta 124, legajos 5 y 6. 1849 carpeta 129, legajo 7. 1850 carpeta 138, legajo 4. 1851 carpeta 145, legajos 6 y 10. 1852 carpeta 149, legajo 6, 7 y 8.

Carpetas de la Receptoría de Concepción del Uruguay Hacienda, serie II, subserie A.

1830 carpeta 9, legajo 4. 1831 carpeta 10, legajo 2. 1832 carpeta 11, legajos 4 y 5. 1833 carpeta 12, legajos 4 y 5. 1834 carpeta 13, legajos 3 y 4. 1835 carpeta 14, legajo 3. 1836 carpeta 15, legajos 2 y 3. 1837 carpeta 16, legajos 2 y 3. 1838 carpeta 17, legajos 2 y 3. 1839 carpeta 18, legajos 3 y 4. 1840 carpeta 19, legajos 3 y 4. 1841 carpeta 20, legajos 3 y 4. 1842 no hay datos. 1843 carpeta 21, legajos 3 y 4. 1844 carpeta 22, legajos 2 y 3. 1845 carpeta 23, legajos 2 y 3. 1846 carpeta 24, legajos 3 y 4. 1847 carpeta 25, legajos 3 y 4. 1848 carpeta 27, legajos 4 y 5. 1849 carpeta 29, legajos 4 y 5. 1850 carpeta 33, legajos 6 y 7. 1851 carpeta 36, legajos 7 y 8. 1852 carpeta 39, legajos 7 y 8. 1853 carpeta 42, legajos 8 y 9.

Carpetas de la Receptoría de Concordia Hacienda, serie II, subserie E.

1835-1838 carpeta 1, legajos 2, 5 y 12. 1839-1843 carpeta 2, legajos 5 y 7. 1844-45 carpeta 3, legajos 3 y 8. 1846-1847 carpeta 4, legajos 2 y 10. 1848 carpeta 6, legajos 4 y 5. 1849 carpeta 7, legajos 4 y 5. 1850 carpeta 8, legajos 4 y 5. 1851 carpeta 10, legajos 4 y 5. 1852 carpeta 11, legajo 3. 1853 carpeta 12, legajos 4 y 6.

Carpetas de la Receptoría de Mandisoví-Federación Hacienda, serie II, subserie D.

1830 carpeta 1, legajo 8. 1831 carpeta 1, legajo 9. 1832 carpeta 1, legajo 10. 1833 carpeta 1, legajo 11. 1834 carpeta 2, legajo 3. 1835 carpeta 2, legajos 6 y 7. 1836 carpeta 2, legajos 10 y 11. 1837-1847 carpeta 3, legajos 1 a 14. 1848-1850 carpeta 4, legajos 3, 5, 6, 9 y 10. 1851-1852 carpeta 5, legajos 4, 5 y 10.

Capítulo 8
La consolidación de la notabilidad local

"Yo soy el jefe de la familia entrerriana, tengo un deber, y en mi, es un placer en cuidar del bienestar de mis paisanos."

(Justo José de Urquiza, 1850)[1]

En la historia latinoamericana los estudios sobre las elites o los notables se habían enfocado como si se tratara de prohombres cuya conducta podía analizarse solo a través de su acción individual. Pero actualmente se está privilegiando otra mirada, más acertada, que apunta a revelar la interacción social centrada en las relaciones familiares y en otros múltiples nexos personales de poder que reproducían cotidianamente los patriarcas provinciales en el siglo XIX. Entonces se plantea la necesidad de entender como se articularon en el Oriente entrerriano las relaciones parentales, personales y otros vínculos que resultaron herramientas básicas para que los actores sociales alcanzaran posiciones políticas y socio-económicas privilegiadas.[2]

---

[1] Angel Elías: *Seis días con el General Urquiza*. Gualeguaychú, Imprenta del Estado, 1850.

[2] Elizabeth Kusnesof: "The history of family in Latin America: a critique of recent work", en: *LARR* vol. XXIV, 2, 1989. Fred Bronner: "Urban society in colonial Spanich America: research trens", en: *LARR* vol. 22, 2, 1987. Balmori, Voss y Wortman: *Las alianzas de familias y la formación del país en América Latina*. F.C.E., México, 1990. David Brading: *Mineros y comerciantes en el México Borbónico 1763-1810*. F.C.E., México, 1975. Beatriz Bragoni: *Los hijos de la Revolución*. Buenos Aires, Taurus. 1999. Doris Ladd: *La nobleza mexicana en la época de la independencia, 1780-1826*. F.C.E., México, 1984. Zacarías Moutoukias: "Redes personales y autoridad colonial: los empresarios de Buenos Aires en el siglo XVIII", en: *Annales. Historie, Sciences Sociales*. París, Mai-Jun, 1992. John Kicza: *Empresarios coloniales. Familia y negocios en la ciudad de México durante los Borbones*. F.C.E., México,1986. Susan Ramírez: *Patriarcas provinciales. La tenencia de la tierra y la economía del poder en el Perú Colonial*. Alianza, Madrid, 1992. Susan Socolow: *Los mercaderes del Buenos Aires virreinal: familia y comercio*. De la Flor, Buenos Aires, 1991. Jorge Gelman: *De mercachifle a gran comerciante... op. cit.* José Mateo: *Población, parentesco y red social en la frontera. Lobos (provincia de Buenos Aires) en el siglo XIX*. Maestria en Historia, Universidad Internacional de Andalucía. La Rábida. 1997. César Román: "Redes sociales, poder y conflicto en el estado provincial entrerriano en el marco de la construcción del Estado nacional 1820-1860". *XVII Jornadas de Historia Económica*, Quilmes, 1998.

En particular para el Río de la Plata se ha planteado la idea de que los individuos por sí mismos, por más grande que fuera su poder económico o institucional, no estaban en condiciones de retener a largo plazo sus posiciones sociales; pero en cambio las familias como unidades si habrían podido lograr perpetuarse por más tiempo, por lo cual serían universos fundamentales para entender la transición rioplatense entre la sociedad colonial-mercantil a otra nueva basada en la explotación rural. Es decir que las familias sobrevivieron porque formaban parte de múltiples relaciones que entretejían mediante el matrimonio y los vínculos sanguíneos y parentales, los que favorecían a sus integrantes en el comercio, la política, las profesiones y los puestos de gobierno, permitiendo encontrar intereses mutuos mediante la acción concertada para lograr el control de un espacio geográfico muy amplio y la información necesaria para sus inversiones.

Otros estudios han centrado sus hipótesis invirtiendo la geometría del análisis de los lazos que vinculaban a los notables dentro del tejido social. Estos trabajos toman las redes de relaciones personales como el objeto a partir del cual se organiza el comportamiento de los agentes sociales. Allí los lazos primarios constituyen el recurso esencial por el cual los miembros de los grupos dominantes organizan sus empresas e incluso dan racionalidad al mando político y militar, son fuentes principales de autoridad y de prestigio. Estos abordajes basados en las relaciones personales y de la parentela además de observar el comportamiento empresario de los agentes históricos, plantean analizar desde esta perspectiva la lógica con que se desenvuelven las prácticas institucionales y de la administración del Estado. Incluso plantean que en un último sentido estos vínculos explicarían el consenso político y social. Aquellas relaciones de cadenas informales de mando permitirían analizar la forma en que se daba la asignación de recursos de todo tipo y la racionalidad con que la usaban los individuos, que no provenía en gran parte de las instituciones o el mercado, sino de las lógicas consolidadas por las redes de relaciones personales.[3]

El estudio sobre la notabilidad entrerriana, a través de sus múltiples vinculaciones, nos permitirá transitar desde las acciones individuales a las colectivas; y también nos habilitará para vincular esa línea tan difusa que separaba en aquella época lo que solemos denominar los ámbitos privados y públicos. Ya que la definición y campo de acción de

---

[3] Zacarías Moutoukias: "Autoridad colonial…" *op. cit.* Jorge Gelman: *De mercachifle a gran comerciante: … op. cit.* Una posición intermedia puede verse en el excelente estudio de Beatriz Bragoni: *Hijos de la Revolución…. op. cit*

los patriarcados, los matrimonios, la parentela y la participación política incidía y actuaba sobre los asuntos públicos pero al mismo tiempo siempre representaban intereses privados emparentados.[4]

En el caso del Oriente entrerriano, como veremos, también el rol del patriarcado y los lazos familiares tuvieron un peso fundamental en la conformación de las relaciones sociales y de poder local. De igual manera que en otros territorios rioplatenses las diversas ligazones llegaron a involucrar a dos generaciones, una primera rama que generalmente estuvo encabezada por migrantes europeos arribado al continente americano, y una segunda generación criolla. Asimismo aquellas familias constituyeron lazos múltiples de relaciones que se extendieron por lo menos a los sanguíneos directos, a los allegados a través del matrimonio y a los de dependencia social de variada índole. Incluyeron, por lo tanto: padres, hijos, tíos, sobrinos y nietos; junto a los colaterales de cuñados, yernos o primos; así como agregados, dependientes, conchabados, peones y entenados. Por lo tanto habría sido en el seno de aquella variada gama de vínculos donde las familias notables intentaron asegurar la reproducción exitosa de sus liderazgos, con la finalidad de poder transitar con la mayor cantidad posible de beneficios para sus miembros durante las coyunturas cambiantes que brindaban los mercados y las instituciones.

Los "notables" del Oriente entrerriano

Las 140 familias afincadas hacia 1770 en el Arroyo de la China y en los territorios linderos del Yeruá, como ya vimos, eran modestos labradores y estancieros, entre los que se destacaban solamente algunos pocos que ocupaban los principales cargos políticos y poseían un patrimonio algo más consolidado. En un comienzo los prominentes fueron don Julián Colman y don Josef Osuna, pero a ellos se irían sumando rápidamente otros como el presbítero Dr. García de Zuñiga y don Juan Mármol que se instalaron al sur del territorio, entre el arroyo de la China y Gualeguaychú. También en esta temprana época estaban afincados los establecimientos rurales de don Bartolomé Díaz Andino y luego el de don Manuel Carballo, ambos vecinos notables afincados en Santa Fe.

---

[4] Un debate sobre las diferentes perspectivas actuales se puede ver en los numerosos trabajos reunidos en: "El análisis de los grupos sociales: balance historiográfico y debate crítico", *Anuario IEHS* n° 15. Tandil, 2000. pp. 17-176.

Pero, como vimos en el capítulo 2, junto a aquellos primeros pobladores se agregarían, entre los años de 1787 y 1790, nuevos migrantes peninsulares, provenientes fundamentalmente desde Buenos Aires y Montevideo, que dieron mayor sustento a la fisonomía del poblamiento y la explotación rural en la zona. Entre ellos se destacó la llegada de don Josef de Urquiza, don Andrés Calvento, don Antonio Vertíz y Jordán, don Agustín Urdinarrain, don Ignacio Sagastume y Juan Ignacio y Angel Mariano Elía. Este nuevo conjunto de familias fue echando raíces sólidas en la zona. Así Narciso Calvento adquirió los campos de Osuna, que cubrían unas 6 leguas cuadradas, desde el arroyo del Tala hasta el Cupalén. Por su parte, Angel Mariano Elía recibió las tierras que habían sido de García de Zuñiga, llegando a reunir 58 leguas cuadradas en la zona de Cupalén; con límites entre el arroyo de Sestería, el río Gualeguaychú, el río Uruguay y el arroyo Cupalén. Ricardo López Jordán y Gerónimo Galarza obtuvieron dos fracciones de tierras linderas con la de Elía.

Entre los arroyos Sesteada y Tala también poblaron tierras don Lorenzo López, segundo esposo de Tadea Jordán, y don Josef de Urquiza. Hacia 1790-1800 fue ocupada la zona de Gena y Genacito, donde obtuvieron propiedades José Ignacio Sagastume, Pantaleón Panelo y Salvador Barceló. Al mismo tiempo que en la zona entre el arroyo Urquiza y Arroyo de la China se instaló el campo de don Juan Insiarte, quien a su muerte dio en herencia las tierras a su hija Tránsito, casada con don José Miguel Díaz Vélez. Sobre las tierras del arroyo Perucho Berna poblaron don Ramón Lescano, don Juan Benítez y don Laureano Larrachau.

Al norte del Oriente entrerriano, entre el Perucho Berna y el arroyo Grande, obtuvo campos don Manuel Barquín, quién luego transfirió las tierras a don Juan de Mármol. Entre el arroyo San Miguel y Achiras se instaló don Luis Hermelo con una fracción de 9 leguas cuadradas. En esta zona también obtuvo nuevas tierras, entre el arroyo Rabón y el Grande, don Narciso Calvento.

Hacia principios del siglo XIX ya estaban instaladas y consolidadas una serie de cabezas de familias, que a través de sus vínculos familiares o personales y del impulso institucional de las políticas borbónicas, habían poblado tierras y organizado establecimientos rurales en el territorio. Estas familias estaban insertas en los órganos administrativos locales, en la zona que más tarde serían los Departamentos de Concepción del Uruguay y de Concordia.

En poco más de dos décadas la mayoría de estos cabezas de familia recientemente instalados en estas tierras nuevas de frontera alcanzaron a estabilizar sus patrimonios rurales y sus roles institucionales, pues además de obtener tierras realengas y de poner en funcionamiento la producción, ocuparon buena parte de los principales lugares en el Cabildo y en las milicias locales. Así, entre 1786 y 1810 fueron alcaldes Tomás Lavín, Julián Colman, Narciso Calventos, Josef de Urquiza, José Miguel Díaz Vélez, Agustín Urdinarrain, que además participaron como cabildantes, comandantes y oficiales de las milicias junto a Luis Hermelo, Lorenzo López e Ignacio Sagastume.[5]

Como ya vimos, la Revolución de Mayo de 1810 y las transformaciones institucionales y políticas posteriores abrieron un período de inestabilidad que alteró el proceso de reproducción del patrimonio y la influencia de estas familias, que para entonces recién tenían pocas décadas de permanencia en el Oriente entrerriano. La transición revolucionaria trastocó la suerte de algunos hombres importantes de esta zona, que no pudieron mantener sus posesiones o llevar adelante sus explotaciones. Fue el caso de aquellos que habían obtenido concesiones de explotación de tierras y las manejaban a través de administradores o capataces sin tener residencia estable en las villas del sur entrerriano.

Los productores ausentistas porteños o santafesinos no lograron transitar con éxito los sucesivos disturbios revolucionarios y las fluctuantes coyunturas políticas. Aquellos sufrieron por una parte los enfrentamientos entre los adherentes a los bandos realistas y patriotas que perturbaron bastante la capacidad de negociación entre los líderes o personajes prominentes a nivel local. Y por otra, no pudieron hacer frente a los asiduos saqueos y confiscaciones de las tropas. Finalmente no resultaron beneficiados desde 1820 por el Estado provincial a la hora de reconocer sus antiguos patrimonios y pérdidas sufridas.

En esta situación, surgieron grandes dificultades para los patrimonios que no pudieron prevalecer o defenderse adecuadamente dentro de la esfera local. Luego de la Revolución las decisiones y los intereses en juego quedaron reducidos muy concretamente a las decisiones tomadas en las instituciones y según los acuerdos alcanzados en el seno de los pueblos entrerrianos. Tuvo preponderancia más que nunca la participación de los patriarcas o cabezas de familia afincados y con un arraigo efectivo a nivel local, expresado a través del poder dentro de las filas de las milicias y más tarde en la Legislatura provincial.

Pero aun aquellos que lograron transitar y adaptarse a los cambios poscoloniales se vieron afectados materialmente en sus explotaciones rurales debido a los sucesos revolucionarios. Un ejemplo emblemático de aquellas trayectorias fue el caso de doña Isabel Alzaga de Elía,

---

[5] Cesár Pérez Colman: *Entre Ríos Historia 1520-1810, op. cit.* t. II.

quien resultó heredera de los bienes de su esposo don Angel Mariano Elía muerto en 1822. Desde entonces doña Isabel debió hacerse cargo del manejo de su propiedad de 59 leguas en Cupalén, compuestas por las estancias El Sauce, La Centella, Estancia Grande, El Rincón, La Sesteada y El Naranjal.

Doña Isabel asumió en 1823 el comando de los establecimientos que habían estado en tiempos revolucionarios a cargo de capataces. Para entonces gran parte del Oriente entrerriano había sido azotado por las guerras de independencia, que como vimos habían tenido como actores principales a las tropas artiguistas y las entrerrianas, lideradas por Ramírez, Hereñú, Zapata, Basualdo y los Urquiza. En casi todas las ocasiones los soldados habían hecho campamento en sus estancias, "vivaquiando" en ellas, arriando ganado y muchas veces hurtando toda clase de bienes.

En los testimonios presentados por los propios funcionarios locales enumerando las pérdidas en las propiedades de Elía se aclaraba que "Don Manuel Romero, Capitán de milicias de la Provincia [...] certifico que en el año 1814 y 15, hallándome a las órdenes del finado General Don Blas Basualdo, pase a disposición de este señor a las diferentes estancias de Don Angel Elia [...] de las que saque más de 400 caballos, los mismos que conduje al Ayuí, donde estaba el General Artigas...".[6] En los sucesivos saqueos, búsqueda de suplementos y confiscaciones en las estancias habrían dejado como saldo una pérdida total de al menos unos 33600 vacunos y 4600 yeguarizos.

En la presentación realizada por doña Isabel ante el gobierno de Rivadavia, pidiendo un resarcimiento, aclaraba que "...entre los ríos Uruguay y Gualeguay tenía mi representación diferentes estancias, que ya en el año 1811 eran bien conocidas por sus poblaciones, puestos, abundancia de hacienda vacuna y caballar, y demás que constituye un rico establecimiento de esta clase. A esto se juntaba una negociación mercantil que giraba al cargo de Don Tadeo Aldea en casa de tienda y abastos establecida en la Villa de Gualeguaychú [...pero] antes del año 20 no se encontraba una cabeza en una inmensidad de campo, hasta los postes de los edificios y corrales sufrieron por último el mismo destino, habiéndose ya (llevado adelante saqueos) en fines del año once aplicado por disposición de los Sres. González, Artigas y Zapata todo lo que se encontró en la casa de abasto en el

---

[6]   Agustín Isaías Elía: "Viejas estancias argentinas. Miraflores y el Potrero de San Lorenzo". (mimeo), 1959. pp. 203-230.

Gualeguaychú para subvenir a las urgencias de sus tropas en la entrada a esta villa...".[7]

En medio de este contexto desolador doña Isabel había regresado en 1823 a tomar el control de sus propiedades donde encontró un panorama crítico, que nos ilustra muy detalladamente sobre las consecuencias desoladoras que había dejado la década anterior. Ella comentaba por una parte que "Los jefes me han recibido muy bien, me han hecho mil ofrecimientos..." situación que era de esperar para un miembro de una familia reconocida y respetada de Buenos Aires, y sobre todo emparentada de manera directa con los Urquiza. Pero doña Isabel también sintió que "Luego que pasé aquí [su estancia principal] se me puso el corazón más triste de lo que lo tenía, pues me encontré con todos los techos por el suelo [...] De sabandijas no se hable, porque empezando por ratones, zorros, gatos y perros rabiosos en abundancia. Las puertas sin cerraduras, de modo que duermo llena de miedo..." las necesidades llegaban hasta la manutención más básica, pues también carecía de carne vacuna fresca y mencionaba que "cuando se acabe el charque que sólo hay para ocho días ya podré comer bagual [...] No puede usted creer cómo han dejado el campo. La gente se mantiene con avestruces, que es mejor que el bagual. Hoy lo he probado y de madrugada mandé al monte y he conseguido que maten...".[8]

A pesar de las perdidas de la época revolucionaria en poco más de una década los campos de doña Isabel recuperaron buena parte de sus recursos ganaderos y como vimos en el capítulo 4, ya figuraba entre los cinco principales productores de la zona. Esta hacendada mantuvo en producción sus extensas parcelas de pastoreo, en la zona más rica de antigua de colonización, utilizando como estrategia para enfrentar los ciclos económicos y las incertidumbres de las coyunturas bélicas una mixtura que incluía la explotación directa de una parte de sus estancias y el arriendo durante varios años de buena parte de sus restantes tierras de pastoreo. De ese modo desde fines de los años de 1820 se aseguró un ingreso fijo anual proveniente de sus contratos. El primero de ellos lo concretó con los comerciantes locales don Eusebio y don Felipe Galán, quienes por 16 meses de usufructo pagaron 420 pesos plata, dejando para la propietaria las mejoras realizadas. Poco tiempo después alcanzó un nuevo acuerdo con José M. Raña, quien

[7] Agustín Isaías Elía: "Viejas estancias argentinas…" *op. cit.*

[8] Carta de Isabel Alzaga de Elía a su primo don Juan Ballesteros y Patiño, quien atendía sus negocios en Buenos. Aires. 3-3-1823. En: Agustín I. Elía: "Viejas estancias argentinas..." *op. cit.*

ocupó solo seis leguas de tierras para pastoreo por un año, pagando un canon de 180 pesos metálicos, además de obligarse a dejar las mejoras realizadas en casa, corrales y cercos. Ambos contratos estipularon que los arrendatarios no podían hacer uso ninguno de los montes.[9]

Más tarde, en la década de 1830, doña Isabel continuó con la práctica de arrendamiento de parcelas de pastoreo; en 1833 cedió 4 leguas cuadradas por 100 pesos plata al año, por un plazo indefinido, pero con la posibilidad de rescindir las obligaciones al arbitrio de la propietaria con solo un preaviso de seis meses. Pero a partir de 1835 frente al aumento de la inestabilidad de los cambios metálicos los contratos adquirieron la modalidad de aumentar el canon, empezando con 100 pesos el primer año y 200 los siguientes, y acortando el plazo de anulación de contrato a cuatro meses. Pero para 1841, frente a la coyuntura de inestabilidad provincial por la guerra, llevó a imponer el pago del canon con cabezas de ganado, estipulando 600 cabezas vacunas por año,[10] contratos que fueron renovados durante esos años hasta 1846.

A mediados del siglo XIX doña Isabel Alzaga de Elía reunía un importante patrimonio en sus establecimientos rurales, que contaban con un elevado stock pecuario y mantenía varias parcelas en arriendo. Estas últimas fueron descriptas por el viajero inglés Willian Mac Cann, quien comentaba que "Mr. Alexander tiene en arriendo cuatro leguas de campo destinadas a la ganadería. El precio del arrendamiento es de diez libras esterlinas por año la legua [...] y toda la tierra sin excepción es apta para el arado".[11]

Pero más allá de los perjuicios que las familias de los notables tuvieron durante la transición revolucionaria, como el caso antes analizado, la mayoría de ellas logró emerger formando parte de lo sectores dirigentes locales en toda la primera mitad del siglo XIX. Casi en su totalidad pertenecían a familias instaladas desde fines de la época colonial a los que luego se agregó un reducido número de nuevos comerciantes y hacendados. Dentro del primer grupo podemos situar a las familias más antiguas como los Urquiza, Urdinarrain, Alzaga de Elía,

---

[9] El arrendamiento de tierras no parece haber sido muy extendido en el Oriente entrerriano donde hubo siempre abundantes tierras disponibles, pero sí fue una modalidad muy utilizada por doña Isabel que en su gran propiedad rural suscribió a lo largo del período analizado 12 contratos, del total de 14 registrados entre 1829 y 1841. Protocolos de Escribanos de Concepción del Uruguay, AHPER, Hacienda VIII, 1826-1836, mazo n° 9.

[10] Protocolos de Escribanos de Concepción del Uruguay, AHPER, Hacienda VIII, 1826-49, mazo n° 10.

[11] Willian Mac Cann: *Viaje a caballo, op. cit.* pp. 264.

Calvento, Sagastume, Almada, Martínez o Galarza, formando un segundo conjunto estaban los Jorge, Espiro, Barceló, Rector, Azofra o Montero.

Los patriarcas familiares

En el conjunto de familias que transitaron la era poscolonial en primer lugar nos proponemos identificar cuáles fueron los patriarcas que a lo largo de dos generaciones lograron consolidar sus posiciones sociales dentro del Oriente entrerriano. Inicialmente tomaremos en cuenta su procedencia, las características que alcanzaron sus actividades económicas y el desempeño que tuvieron en los cargos políticos y militares.

Cuadro 26. Familias notables del Oriente entrerriano

1ra. Generación	Patria	2da. Generación	Patria	3ra. Generación
Almada Agustín	Paraguay	Almada Apolinario	Entre Ríos	
Jordán Magda.	Buenos Aires	Funes Máxima	Entre Ríos	
Calvento Andrés	España	Calvento Mariano	Entre Ríos	
González María	Santa Fe	Urdinarrain Conc..	Entre Ríos	
Galarza Juan	Buenos Aires	Galarza Miguel	Entre Ríos	
Pila Manuela	Buenos Aires	Peña Justa	Entre Ríos	
Jordán V. Antonio	Buenos Aires	Jordán Tadea	Entre Ríos	
López Elvira	Buenos Aires	Ramírez Juan		Ramírez Juan F.
		López Lorenzo		López Jordán Ri.
Martínez Jacinto	Francia	Martínez Fernando	Buenos Aires	
Nuñez Justa	España	Urquiza Concepo.	Entre Ríos	
Sagastume Ignacio	España	Sagastume José J.	Entre Ríos	
López María	Buenos Aires	Irigoyen Indalecia	Entre Ríos	
		Sagastume José F.	Entre Ríos	
		Fourrouge Marina	Entre Ríos	
Urdinarrain Agus.	España	Urdinarrain Man.	Entre Ríos	
López Petrona	Buenos Aires	Irigoyen Hermen.	Entre Ríos	
Urquiza A. Josef	España	Urquiza Justo J.	Entre Ríos	
García María	Buenos Aires	Costa Dolores	Entre Ríos	
		Urquiza Cipriano	Buenos Aires	
		López Jordán Ter.	Entre Ríos	
		Urquiza Teresa	Entre Ríos	
		Elía Pedro J.	Buenos Aires	
Elia Angel	Montevideo	Elía Máximo	Buenos Aires	
Alzaga Elía Isabel	Buenos Aires			
Espiro Jorge	Grecia	Espiro Fermín	Entre Ríos	
Fernández Nieves	Montevideo			
Juan Jorge	Grecia			
Del Río Martina	Entre Ríos			

Como se puede observar en el cuadro anterior el origen de las cabezas de familia nos muestra claramente que se trataba de migrantes europeos pobres que a través de vínculos parentales o de dependencia fueron arribando en primera instancia a las principales ciudades rioplatenses: Buenos Aires, Montevideo y Santa Fe; allí entablaron relaciones con familias locales y lograron contraer matrimonio con mujeres nativas; más tarde, probaron fortuna instalándose en la nueva frontera virreinal, que para entonces estaba en plena expansión. Pero, una generación después, sus hijos eran casi todos oriundos de Entre Ríos, y alcanzaron los principales rangos dentro del comercio y la producción rural y en la vida político-militar local a mitad de siglo. Junto a ese núcleo de migrantes tempranos, se agregaron y vincularon luego de la década de 1820 otros nuevos protagonistas, en general comerciantes europeos con un giro comercial regular, que también provenían de las plazas de Buenos Aires y Montevideo.

Cuadro 27. Principales actividades económicas de los notables

1ra. Generación	Actividad	2da. Generación	Actividad	3ra. Generación
Almada Agus.	Labrador	Almada Apolinario	Militar-hacendado	
Calvento Andrés	Comerciante	Calvento Mariano	Hacendado	
Galarza Juan	Labrador	Galarza Miguel	Militar-hacendado	
Jordán V. Antonio	Labrador	Jordán Tadea		
		Ramírez Juan	Hacendado	Ramírez José Fco.
		López Lorenzo	Comercio	López Jordán Rica
Martínez Jacinto	Comercio	Martínez Fernando	Comercio	
Sagastume Ignacio	Hacendado	Sagastume José	Comercio-hacenda	
Urdinarrain Agus.	Hacendado	Urdinarrain Manue	Hacendado- Militar	
Urquiza A. Josef	Labrador-hacenda	Urquiza Justo J	Comerciante-hacen	
Jorge Juan	Comercio-hacenda			
Espiro Jorge	Comercio-hacenda			

Si analizamos las actividades ocupacionales e institucionales de las dos generaciones podemos observar que se destacan sus cualidades polivalentes. Por una parte tuvieron fuerte participación política y militar, dado que ejercieron importantes cargos militares, tanto en actividades permanentes como comandante generales, comandante de departamento, jefe de policía, comandante de milicias; como oficiales de milicia en los frentes de batalla donde estuvieron a cargo de las tropas provinciales. Y por otro lado, es notoria su falta de especialización en las actividades económicas, pues tuvieron siempre actividades múltiples (como comerciantes-productores) dedicándose por lo general al comercio y a la producción agrícola y ganadera.

Cuadro 28. Cargos políticos y militares ocupados por los miembros de las familias notables

1ra. Generación	Cargos	2da. Generación	Cargos	3ra. Generación
Almada Agustín		Almada Apolina.	Comandante Dpto	
Calvento Andrés	Alcalde-Regidor	Calvento Manuel	Jefe político	
Galarza Juan		Galarza Miguel	Comandante Dpto.	
Jordán V. Antonio	Cabildante	Jordán Tadea		Ramírez Fco.
		Ramírez Juan		(Comandante)
		López Lorenzo		López Jordán
				(Comandante)
Sagastume Ignacio	Cabildante	Sagastume José F	Diputado	
Urdinarrain Agust	Regidor-Cabildante Sindico	Urdinarrain Manu	Comandante Gral.	
Urquiza A, Josef	Alcalde-Comandante de Milicias	Urquiza Justo J	Diputado Comandante Gral. Gobernador	
		Urquiza Cipriano	Ministro Gobernador Delegado	

Los lazos familiares y la parentela

En el Oriente entrerriano los lazos familiares y de parentela fueron un rasgo prominente que vinculó estrechamente a muchas familias notables entre sí. Como veremos estas relaciones comenzaron a partir de la primera generación de pobladores fundadores de las villas, pero se constituyeron en un entramado verdaderamente mas importante desde la segunda generación; como lo muestran el caso de los Urquiza, López Jordán, Calvento, Sagastume y Urdinarrain.[12]

La familia de los Urquiza: don Josef Narciso de Urquiza y Alzaga había nacido en 1762 en la villa de Castro Urdiales, en la región de Vizcaya, España. A los doce años partió hacia el Río de la Plata, donde quedó a cargo de su tío materno don Mateo Ramón de Alzaga, que en esa época era alcalde de Buenos Aires. En la ciudad-puerto el joven Josef se desempeñó como dependiente de comercio y aprendió los rudimentos mercantiles y de administración. Finalmente en 1784 se independizó, cuando a los 22 años, contrajo matrimonio con una porteña, doña María Cándida García, que era hija de un piloto sevillano, perteneciente a la orden Tercera de Santo Domingo.

---

[12] María del Carmen Miloslavich de Alvárez: *Hace un largo fondo de años. Genealogía Uruguayense*. Concepción del Uruguay, 1978.

Unos años después de su enlace nupcial, en 1789 los Urquiza ya se habían instalado en Entre Ríos, pues recomendado por sus parientes porteños, don Josef se ocupó inicialmente como administrador del gran establecimiento rural del presbítero Dr. Pedro García de Zuñiga y más tarde de las estancias de Pedro Duval. Para la década de 1790 Urquiza se había independizado, instalando su propia hacienda en San José, en las cercanías de Concepción del Uruguay donde se dedicó fundamentalmente a las tareas agrícolas y pecuarias. A partir de 1801 además de sus actividades económicas también alcanzó puestos importantes como alcalde, cabildante y más tarde obtuvo el rango de teniente coronel de Milicias, llegando a ser nombrado comandante de milicias de los Partidos de Entre Ríos, mando que tuvo hasta 1811, en que debió abandonarlo por su adhesión al bando realista.

El matrimonio Urquiza-García tuvo numerosos hijos: Faustino Francisco José, José Antonio Anastacio y Juan José que nacieron en Buenos Aires en 1785-86 y 88. Ya en Entre Ríos nacieron Cipriano José en 1789, Pedro José Mariano en 1791, Matilde Micaela en 1793, José Isidro en 1795, Teresa en 1796, José Cayetano en 1798, María Ciriaca en 1800, José Justo en 1801 y Ana Josefa en 1803.

Sin duda fueron dos los hijos más destacados en la progenie de los Urquiza: Cipriano José y Justo José. El primero alcanzó roles importantes a lo largo de su vida pública; estudió durante tres años en el Real Colegio de San Carlos en Buenos Aires, para luego hacerse cargo de la dirección del establecimiento rural de su familia, y obtuvo el cargo de alférez de las milicias de Concepción del Uruguay. Pero desde la Revolución de Mayo de 1810, Cipriano tuvo una activa participación en el bando patriota, y en 1814 con la provincia recién creada, fue Cabildante. Para 1818 alcanzó el cargo de Administrador General de Entre Ríos, y luego secundó a Francisco Ramírez en la República Entrerriana, como redactor de la Gaceta Federal y funcionario principal del efímero macro-estado litoraleño. Luego de la caída de Ramírez debió refugiarse en la Banda Oriental, para regresar luego de unos años a Entre Ríos, donde se desempeñó como diputado provincial, representante de la Provincia en el Congreso Constituyente de la Provincias Unidas del Río de la Plata entre 1824-26. Luego en 1842 fue gobernador delegado de su hermano, cargo que ocupaba cuando fue asesinado en enero de 1844.

El más encumbrado de los Urquiza fue sin duda Justo José, que también estudió dos años en el Real Colegio de San Carlos de Buenos Aires, para regresar a Concepción del Uruguay donde se dedicó al comercio, manejando una tienda de ramos generales. Al poco tiempo en 1826 comenzó su carrera política como Diputado provincial. Mas tarde desde 1832 se desempeñó como Comandante General del Segundo Departamento General de Entre Ríos, y desde 1841 hasta 1854 fue electo sucesivamente gobernador de la Provincia.

Los lazos familiares de los Urquiza fueron muy significativos, inicialmente resultaron vitales los articulados con los Alzaga que le permitieron al joven Josef instalarse en Buenos Aires, y luego vincularse con hombres importantes, que le permitieron arribar como administrador de haciendas a Entre Ríos. Allí los Algaza mantendrán su presencia durante toda la primera mitad del siglo XIX, ya que doña Isabel Alzaga de Elía, prima de Josef, fue como vimos una importante propietaria rural.

La segunda generación de los Urquiza vinculó la familia con otras parentelas influyentes por doble vía, a través de Cipriano y Justo José, con los López Jordán, y este último también se emparentó con los Calvento. En tanto sus hermanas fueron un nexo con importantes comerciantes y hacendados como Vicente Montero, Pedro Elía y Francisco Latorre; todos ellos eran al mismo tiempo socios o agentes comerciales de Justo José de Urquiza. En la tercera generación de los Urquiza se vincularon por parentesco con los Sagastume, Martínez y Victorica, todos ellos de destacadas actividades comerciales y políticas en todo el Litoral argentino.

Ver vínculos familiares de los Urquiza.

La familia de los López Jordán: don Antonio Jordán y Vértiz, nacido en 1731, formó parte de la parentela que llegó a Buenos Aires con el virrey del Río de la Plata don Juan José Vértiz y Salcedo, ya que su madre era hermana del citado Virrey. Don Antonio era natural de Malta. Tuvo una estadía corta en la ciudad-puerto para luego migrar, a comienzos de 1780, hacia el Arroyo de la China, donde fue uno de los primeros pobladores europeos dedicado con sus escasos caudales a la labranza y pastoreo de ganado. Se había casado a los 25 años con la porteña doña Elvira López, con quien tuvo muchos hijos: Antonia, Magdalena, Tadea Florentina, María de la Concepción, María Rosa y Martín, todos nacidos en Buenos Aires.

De los hijos de López Jordán se destacaron dos: Magdalena que se casó con Agustín Almada y fueron los padres del comandante Apolinario Almada, quien tuvo destacada actuación en las fuerzas militares entrerrianas; y doña Tadea Florentina, nacida en 1762, que se casó en primeras nupcias con Juan Gregorio Ramírez, oriundo del

Vínculos familiares de los Urquiza

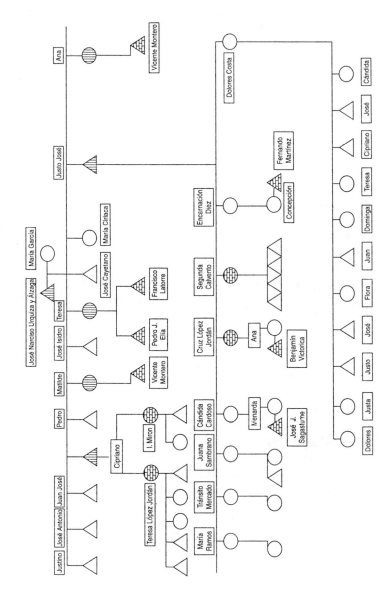

Paraguay. De esta unión nacieron tres hijos: Marcelina, Estefanía y José Francisco Ramírez en 1786. Este último se transformó en el primer "caudillo" local luego de la Revolución de 1810. Ramírez apoyó las luchas artiguistas, y alcanzó la jefatura militar del Oriente entrerriano, desde donde lideró la lucha contra las fuerzas del Directorio de Buenos Aires, y más tarde junto al santafesino Estanislao López derrotó a las fuerzas porteñas en la batalla de Cepeda. Desde entonces organizó la República Entrerriana, que apenas duró unos meses, ya que su líder resultó muerto en 1821 por las fuerzas santafesinas.

Del segundo matrimonio de Tadea Florentina con don Lorenzo José Francisco López, natural de Marchena, nacieron nueve hijos: María Antonia, María Liberata, José Ricardo, José Marcos, Pedro Mártir, Manuel de la Paz, José Mariano de la Concepción, María Teresa de Jesús y María de la Cruz. De estos, María Teresa se casó con Cipriano de Urquiza, de cuya unión nacieron varios hijos. En tanto María de la Cruz tuvo relación con Justo José de Urquiza, de la cual nació Ana Urquiza. Entre los hijos varones José Ricardo fue funcionario de Ramírez, gobernador interino y se destacó como hacendado.

Los vínculos parentales de Antonio Jordán facilitaron su llegada al Río de la Plata, y fueron una referencia para poblar una zona auspiciada por las autoridades monárquicas de Buenos Aires. La segunda generación se vinculó con familias como los Ramírez y los López que formaban parte de los fundadores de la villa, y en la tercera generación amplió sus relaciones familiares entrecruzándose fuertemente con los Urquiza.[13]

Ver vínculos familiares de los López Jordán.

La familia de los Calvento: don Andrés Narciso Calvento nacido en 1755 era natural de Villa Franca de Jaén, España. Había llegado a Entre Ríos en 1775, y a los 29 años se casó con doña María Rosa González natural de Santa Fe. Se dedicó a las tareas rurales, comprando campos en Osuna y el Arroyo de Tala, allí emprendió actividades agrícolas y ganaderas, aunque también incursionó en el comercio. En 1797 llegó a ocupar cargos políticos en la Villa, como cabildante y luego alcalde.

---

[13] En los esquemas de las familias se marca a los miembros más destacados de ellas, de modo que se puedan observar las ligazones parentales más significativas.

Vínculos familiares de los López Jordán

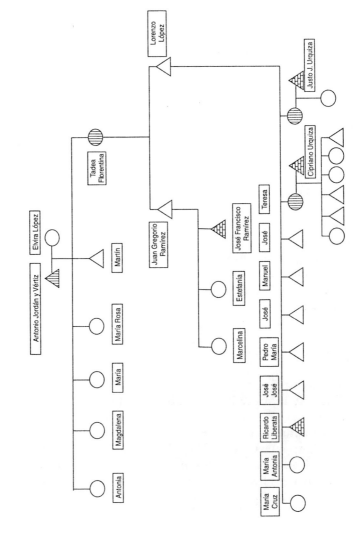

Del matrimonio Calvento-González nacieron: José de los Santos en 1785, Mariano en 1787, María Norverta en 1790, Rafaela en 1793, Segunda en 1796, Dolores 1797, Tomás 1801, Mariquita en 1807, Manuela 1810, Dimitila 1811, y Domingo Tomás. Se destacó Mariano que se desempeñó como hacendado, y ocupó importantes cargos políticos, fue amigo personal de Ramírez y comandante de parque de su ejército, se desempeñó como jefe político de Concepción del Uruguay, y por sus cargos y cercanía al poder político fue el encargado de leer públicamente el pronunciamiento de Urquiza contra Rosas. Se casó con Concepción Urdinarrain, hermana del coronel y comandante Manuel Urdinarrain, con la cual tuvo ocho hijos. En tanto Segunda tuvo relaciones con Justo José de Urquiza, de dicha unión nacieron: Teófilo, Diógenes, Waldino y José.

De ese modo, los Calvento a través de su matrimonio habían quedado emparentados con familias santafesinas y entrerrianas, y en la segunda generación sus hijos se vincularon con las familias de los Urquiza, los Ramírez y los Urdinarrain, quienes desempeñaron importantes roles políticos, militares y económicos.

Vínculos familiares de los Calvento

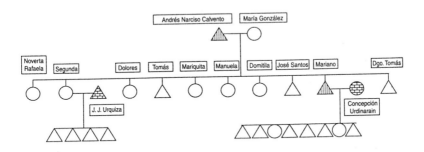

La familia de los Sagastume: don Ignacio Antonio Sagastume nació en 1753 en la Villa de Amesqueta, España. De joven migró al Río de la Plata, donde a los 35 años contrajo matrimonio con doña María del Pilar López oriunda de Buenos Aires, hermana de Petrona López, que era esposa del comandante Manuel Urdinarrain. Para entonces, Ignacio Sagastume ya poseía tierras y se dedicaba a las tareas rurales, llegando a ser cabildante en 1786 y 1811.

Del matrimonio Sagastume-López nacieron: José Joaquín Cesario en 1789, Pedro en 1790, María Josefa en 1792, María Joaquina en 1794, Ana Exequiela en 1795, José Joaquín en 1797, María Andrea en 1800, Ana en 1802, Manuel Silverio en 1805, María Olegaria en 1807, María Eduviges en 1810, José María Fidelio en 1811. Se destacó José Joaquín quien fue comerciante, hacendado y ocupó por varios años el cargo de juez de Concepción del Uruguay. También José María Fidelio (Fidel) tuvo destacada actuación como jefe político del Uruguay, luego fue por varios años presidente de la Legislatura provincial, y asumió la gobernación de manera interina en 1870 cuando fue asesinado el gobernador Justo José de Urquiza.

Los vínculos parentales de Sagastume se extendían a través de su esposa hasta los Urdinarrain, y en la segunda y tercera generación se vinculaban con los Irigoyen y los Urquiza, con quienes sostuvieron estrechas relaciones políticas y de cooperación militar.

Vínculos familiares de los Sagastume

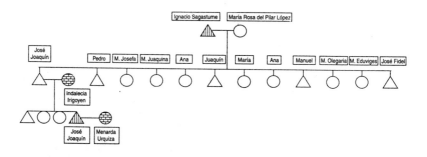

La familia de los Urdinarrain: don Agustín Urdinarrain nació en 1778 en San Sebastián, provincia de Guipuzcoa, en Vizcaya. Migró muy joven al Río de la Plata y a los 19 años se casó con doña Petrona López y Arigoitía natural de Buenos Aires, hermana de la mujer de don Ignacio Sagastume, quien fue padrino del enlace. Agustín Urdinarrain fue un acomodado hacendado y también actuó como regidor tercero y defensor del Cabildo en 1800, regidor en 1809 y síndico procurador en 1810.

El matrimonio tuvo varios hijos: Manuel Antonio, José Cornelio, Fulgencio, María Justiniana y María Concepción. Se destacó Manuel Antonio, quien combatió a las órdenes de Ramírez, y más tarde fue comandante militar y uno de los principales pilares de ejército de Justo José de Urquiza. Alcanzó el cargo de gobernador interino y fue presidente de la Convención Constituyente de la provincia en 1860. Se casó con Hermenegilda Irigoyen, hija de Juan José Irigoyen (quien fue por dos décadas el máximo responsable de las finanzas públicas de Concepción del Uruguay) y de María Avelina Sagastume.

Los lazos familiares de los Urdinarrain se extendían a los Sagastume, los Urquiza, y a través de Hemenegilda Irigoyen se entrelazaban nuevamente con los Sagastume, ya que era hija de Juan José Irigoyen y María Avelina Sagastume.

Vínculos familiares de los Urdinarrain

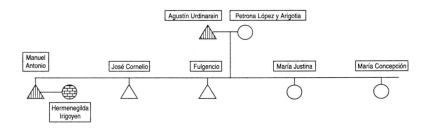

En resumen hemos podido observar que la mayoría de las cabezas de familia fueron inmigrantes europeos que, como señalamos, habían arribado al Río de la Plata a través de relaciones de parentela; y que luego de su instalación en las ciudades rioplatenses se casaron con mujeres nativas, que les ofrecieron a estos migrantes la posibilidad de formar una familia y afianzar los múltiples vínculos familiares a nivel local. Esta primera generación migró otra vez hacia las nuevas fronteras borbónicas en el Oriente entrerriano donde en pocos años lograron convertirse en medianos o modestos productores rurales y comerciantes, llegando hacia fines de siglo XVIII a ocupar lugares políticos en los ayuntamientos locales. La segunda generación que ya era nativa de Entre Ríos fue ampliando considerablemente los vínculos y entramados parentales dentro del estrecho núcleo de familias que reunía buena parte del poder económico y político local.

La notabilidad y sus dependientes

Si además de los lazos familiares analizamos en forma agregada las restantes vinculaciones de dependencia directa que durante la primera mitad del siglo XIX acumuló este grupo de notables se puede observar que alcanzaron una influencia significativa, que les permitió manejar buena parte de los trabajadores, otorgándoles un importante peso económico y social. Para 1820 la primera generación de patriarcas de las familias notables contaba entre sus dependientes el 34% de los esclavos y el 28.3% de los agregados y conchabados de toda la zona, que para esa época era una buena proporción de los recursos disponibles de mano de obra.

Cuadro 29. Esclavos y dependientes de las familias notables en 1820

Familia	Esclavos	Agregados y conchabados
Almada	0	6
Calvento	5	3
Jordán	10	3
Jurado	7	4
Martínez	2	1
Urdinarrain	2	7
Urquiza	21	2
Total	47	26
% sobre el total	34.0%	28,3%

Fuente: Censo provincial de 1820.

En la segunda generación de las familias notables, el poder de empleo se incrementó notablemente: sobre el total de los trabajadores dependientes del Oriente entrerriano, habían reclutado el 85% de los peones, el 81% de los capataces y el 43.3% de los agregados y conchabados. Estos porcentajes marcan dos tendencias; la primera indica que fueron los establecimientos rurales y los saladeros de estas familias los que movilizaban el principal mercado de trabajo; la segunda muestra la nueva escala de demanda de trabajadores que habían alcanzado las actividades económicas de estos "empresarios".

Cuadro 30. Peones y otros dependientes de las familias notables en 1849

Familia	Peones	Capataces	Agregados y conchabados
Urquiza	171	13	46
Alzaga de Elía	42	6	19
Sagastume	8	2	9
Urdinarrain	6	1	4
Calvento	6	1	4
Espiro	4	2	0
Galarza	1	1	2
Jordán	4	0	2
Martínez	0	2	0
Total	242	26	88
% sobre el total	84.9	81.2	43.3

Fuente: Censo provincial de 1849

En un sentido más amplio, si agrupamos las personas que tenían relaciones familiares, de parentela y de dependencia de diversa índole con los patriarcas de las familias notables, es decir si tenemos en cuenta todas las relaciones de naturaleza consanguíneas, parentales y personales, podemos constatar que ellas agregadas alcanzaban para movilizar más del 18% de toda la población del distrito de Concepción del Uruguay. [14]

Considerando este entramado amplio de relaciones es posible ponderar con mayor claridad la distancia apreciable que se había establecido entre Justo José de Urquiza y los restantes patriarcas familiares. Don Justo José tenía –como vimos– amplios lazos parentales con las familias distinguidas, y además mantenía una numerosa cantidad de vínculos de dependencia, que solo en sus "empresas" rurales, que integraban las haciendas y los saladeros, reunía para entonces un contingente de más de 300 trabajadores, junto a una nutrida cantidad de dependientes y sirvientes. A este personal hay que sumar un gran número de individuos de las tropas que conformaban su propia escolta personal.

---

[14] Dentro de las relaciones incluimos a todos aquellos que sostenían relaciones de dependencia personal, como criados y sirvientes, y los que tenían dependencia laboral como agentes, corredores de comercio, y todo tipo de trabajadores.

Cuadro 31. Familia, parentela y dependientes de los notables en 1849

Familia	Cantidad de personas	Unidades
Urquiza	445	23
Alzaga de Elía	183	19
Galarza	16	4
Espiro	27	3
Sagastume	51	2
Urdinarrain	22	2
Calvento	52	3
Total	796	56

Sobre total de población de Concepción del Uruguay 18%
Fuente: Censo provincial de 1849.

La construcción de una hegemonía local: los negocios y la parentela de Justo José de Urquiza

Del conjunto de patriarcas de las familias notables la que encabezó Justo José de Urquiza alcanzó un grado de desarrollo que no solo cimentó un liderazgo militar y político, sino que se entrelazó con la consolidación de los negocios familiares y de una fortuna personal de las más importantes de la época. Por lo cual prestaremos atención especial a la trayectoria que siguió la constitución de este patrimonio, que tal como sucedió en toda Hispanoamérica, vinculó las actividades comerciales, rurales, institucionales y políticas en un entramado sólido de relaciones familiares y personales.

Justo José de Urquiza dio inicio a sus actividades económicas en los años 20 como un modesto comerciante de ramos generales, para lo cual fue habilitado a partir de sus relaciones familiares. En un primer momento recibió tres mil pesos de su hermano mayor Juan José, usados para la instalación de una tienda y pulpería, al tiempo que también en esos primeros pasos en los negocios se valió de las relaciones, experiencia y ayuda del comerciante Pedro José Elía, que era su yerno, pues estaba casado con su hermana Teresa de Urquiza.

Para 1822, la tienda de Justo José, a pesar de operar regularmente en el tráfico de cueros y de productos de ultramar, no contaba aún con un giro mercantil considerable. Pero un año después se produjo el ingreso de este a la turbulenta vida política entrerriana, lo que alteró el curso de los negocios. La abierta oposición al gobierno de

Mansilla y el franco complot contra el gobierno de Paraná, tuvo como consecuencia un obligado exilio del joven Justo José a Curuzú Cuatía. Una vez instalado en el sur de Corrientes, puso en marcha un nuevo negocio junto con Vicente Montero; participaron en operaciones que alcanzaron todos los puertos del río Uruguay sobre las costas orientales de Corrientes, Entre Ríos, Brasil y la Banda Oriental, en las cuales traficaban todo tipo de bienes. Completando sus actividades económicas también se asoció con Gregorio Araujo en los negocios de producción rural de la zona.[15]

A mediados de 1824 Justo José estaba de regreso en Entre Ríos, pero ahora dispuesto a continuar con sus negocios en el amplio espacio mercantil del Alto del río Uruguay. En Concepción del Uruguay también se hizo cargo de proveer carne y yerba al ejército y de administrar la estancia de su padre. En pocos años los negocios prosperaron; para 1826 sus giros comerciales se habían fortalecido, debido al capital acumulado y a las ventajas por la vinculación en los negocios con los de Vicente Montero y de Juan Barañao. Aquellas actividades se complementaron con la adquisición de un campo en Corrientes, para lo cual contó con dinero barato debido a una nueva habilitación de su padre por el valor de 3 700 pesos.

Su principal socio, Vicente Montero, fortaleció mas aún los vínculos al casarse con Ana Josefa Urquiza, que murió al poco tiempo, frente a lo cual Montero contrajo enlace con otra hermana de Urquiza, llamada Matilde. Para 1828-29 la sociedad ya manejaba una tienda de proporciones considerables, que despachaba preferentemente bienes hacia la frontera, abasteciendo a toda la campaña de Mandisoví, Feliciano y Curuzú Cuatía. También en esta cartera de negocios se incluyó el abasto regular de las tropas correntinas con uniformes, tabaco, yerba y jabón.

Pero en medio de aquel crecimiento de los negocios, en 1831 Urquiza debió volver al exilio forzado por su actuación en apoyo de rebeliones contra el gobierno de Paraná; recién pudo retomar sus actividades en forma normal a partir de 1832 cuando llego al gobierno Pasqual Echagüe. Instalado nuevamente en el Oriente entrerriano ahora como comandante general, entre 1834-35 incrementó sus actividades mercantiles, exportando productos pecuarios e importando bienes ultramarinos, operando a través de varios corredores de comercio como Diego Morón, José I. Pérez y Francisco

---

[15] Beatriz Bosch: *Urquiza y su tiempo... op. cit.* pp. 11-15.

La Torre. Para esta época sus negocios incluían mercados más amplios e importantes, incluyendo giros significativos con Buenos Aires, Montevideo y el sur de Brasil. En esta nueva escala de los nexos mercantiles Urquiza apeló al fortalecimiento de las relaciones en un doble rol de socios menores, de agentes comerciales y de sólidos vínculos familiares, ya que por entonces Morón era el marido de Liberata López Jordán y La Torre era el esposo de Teresa Urquiza; Montero operaba desde Buenos Aires y La Torre desde Montevideo.

A fines de los años 30 los negocios se ampliaron con la compra-venta de cabezas de ganado vacunos y de cueros en toda la campaña entrerriana y correntina, para lo cual contó con la colaboración de Juan Belón y Francisco Bassaget. Al año siguiente fortaleció sus operaciones mercantiles constituyendo una sociedad comercial y rural con Vicente Montero, Manuel Urdinarrain y Salvador Barceló. Esta sociedad operaba con éxito desde los puertos de Concordia y de Concepción del Uruguay con Buenos Aires, Montevideo y el Brasil. Esta compañía que unió a tres de los mas importantes "capitalistas" del Oriente entrerriano contaba con campos y ganados propios y más de 5 mil pesos fuertes en giro permanente.[16]

Para la década de 1840 la sociedad con Montero y Barceló acrecentaba sus operaciones, dedicándose además de los productos pecuarios a introducir importantes cantidades de yerba y productos europeos a través de Concordia. También en estos años comenzaron a operar en las propiedades rurales de Urquiza los negocios de los vapores y los saladeros, junto a los cuales en junio de 1841 se instaló una grasería en el arroyo de Cupalén, que quedó a cargo de Juan Belón.

Desde 1846 Urquiza impulsará con sus ganancias mercantiles nuevas compras de tierras, cuando adquiere a Felipe Otaño una estancia en la barra del arroyo Sauce por 2700 pesos. Mas tarde hizo lo propio con el campo de Rincón de San Pedro sobre el arroyo Gualeguaychú con toda su hacienda, pagando a Petrona Pérez de Panelo 15 000 pesos. Al año siguiente paga 1 000 pesos por los campos de Díaz Vélez, y en 1849 adquiere el campo de Patricio Roca por 1 200 pesos, a los que luego agregará los de Gualeguaycito, Ayuí y Rincón de Migoya en la zona más nueva de la frontera entrerriana.

Completando sus actividades económicas, mercantiles y rurales, Urquiza integrará desde 1847 el saladero Santa Cándida, junto con las graserías que administran Belón y Chaín. A mediados de siglo

---

[16] Beatriz Bosch: *Urquiza y su Tiempo... op. cit.* pp. 44-52.

Urquiza estaba en condiciones de producir en sus establecimientos un vasto conjunto de bienes rurales, como ganado de todo tipo, cueros secos y salados, tasajo, lana, grasa, sebo, crin, astas, aceite de potro y trigo. Asimismo podía abastecerse y vender sus producciones en los mercados locales, regionales y ultramarinos a través de sus propios agentes mercantiles.

Para comprender la dimensión de las actividades de Urquiza es útil también analizar algunos datos concretos sobre la recaudación del derecho de compostura o reventa, que pagaba cada negociante en 1848 con giro mercantil en el Oriente entrerriano. Podemos ver que por lo menos entre el 40 y 60% de los giros estaba en manos de personajes que eran sus agentes o socios mercantiles, que solamente en esta plaza manejaba más de 30 mil pesos plata anuales. En cuanto a las propiedades rurales en esa época ya tenía más de 10 haciendas y estancias con sus puestos con una extensión de 130 leguas cuadradas del Oriente entrerriano.

Esta etapa fundadora del poder económico y político de Urquiza resultó vital para emprender una nueva fase de actividades luego de 1854, donde en tan solo dos décadas pudo acumular una fortuna que contaba con 369 leguas cuadradas, es decir más de 900 000 hectáreas cuadradas, de tierras en propiedades rurales y un enorme plantel de ganado vacuno y ovino. Además de un numeroso conjunto de inversiones que incluyeron, saladeros, propiedades urbanas, acciones en bancos, en empresas de ferrocarril, en la producción azucarera y en títulos públicos.[17] A su muerte Urquiza poseía un capital total de 5 millones de pesos, una de las fortunas mas importantes del Río de la Plata.[18]

Sobre la base de la trayectoria de Justo J. de Urquiza, podemos afirmar que en la construcción de su hegemonía y de su patrimonio las relaciones familiares y parentales jugaron un rol significativo; le permitieron iniciarse en los negocios mercantiles y rurales a través de habilitaciones familiares, para luego en una segunda etapa

[17] Del capital total acumulado por Urquiza en 1870 todavía resultaban vitales los recursos de la producción rural existentes en el Oriente entrerriano, pues estos alcanzaban el 69.3% en campos y bienes rurales, un 2.02% en el saladero Santa Cándida y un 2% del palacio San José. En tanto el resto de la fortuna estaba compuesta por un 26.59% en títulos, créditos y acciones. Los bienes rurales y urbanos estaban situados en Uruguay, Santa Fe, Corrientes, y sobre todo en Entre Ríos.

[18] Testamentaria del Gral. Justo José de Urquiza,1871-72. AHER, Gobierno, Serie II. Castro Antonio P., *Nueva Historia de Urquiza. Industrial, Comerciante y Ganadero*. Imp. Araujo, Buenos Aires, 1944.

fortalecerla mediante sociedades con otros miembros de las familias prominentes de la zona. Al mismo tiempo que las actividades económicas crecieron y alcanzaron una dimensión espacial amplia, los nexos se fortalecieron mediante los matrimonios y la parentela. Al mismo tiempo que creció el poderío económico la amplia gama de roles políticos, militares y sociales que tuvo el liderazgo de Urquiza, le permitió una mayor acumulación de relaciones que resultaron vitales para el progreso de sus múltiples alianzas, vitales ante los desafíos cotidianos sufridos durante aquellas décadas de gran incertidumbre institucional y económica en el Río de la Plata.

El modesto grupo de familias notables del Oriente entrerriano, en la época tardocolonial y durante la primera mitad del siglo XIX, logró establecerse y luego consolidar su hegemonía en los territorios fronterizos de la provincia. Durante este complejo período de transición, que abarca los tiempos "revolucionarios", constituyeron un grupo reducido de patriarcas locales fuertemente interrelacionados entre sí por las vinculaciones familiares y personales, de modo que ellos durante esas décadas continuaron utilizando sus capitales relacionales como herramientas básicas para la organización de sus liderazgos, sustentando desde allí el funcionamiento de sus negocios y la construcción de los intereses comunes de las familias notables dentro de las esferas locales de poder.

Los notables de la segunda generación, que actuaron luego de la revolución de 1810, no fueron necesariamente un grupo urbano, sino que acorde a su tiempo ligaron sus intereses fuertemente a la producción rural de la campaña y al comercio local e interregional. Reorganizaron sus intereses y sus múltiples vínculos de carácter consanguíneo, parentales y personales, que agregados llegaban a afectar y movilizar un amplio entramado de individuos ligados a las familias notables. En este reducido universo la participación no fue homogénea, sino que al calor de las guerras, los negocios y las pujas políticas fue Justo José de Urquiza quien logró acumular y utilizar a lo largo de su trayectoria familiar y personal una importante fortuna material y un capital social significativo, que le permitieron forjar un sólido liderazgo dentro de la notabilidad local.

Capítulo 9
La transición poscolonial: De la sociedad local a la Nación

Continuidades y cambios en el Oriente entrerriano luego de la Revolución

Las transformaciones experimentadas luego de la Revolución en las jóvenes sociedades rioplatenses, como el caso del Oriente entrerriano, tuvieron a lo largo de la primera mitad del siglo XIX una similitud lejana con lo ocurrido en la misma época en las tierras del Atlántico Norte. Como vimos, una vez que se desplomó el orden colonial, operaron en nuestra región trayectorias económicas, sociales y formas de poder basados en las propias tradiciones con realidades notablemente diferentes a los patrones imperantes en las sociedades "modernas" de aquella época. La transición poscolonial en Entre Ríos lejos de ser una rápida adopción de los patrones del capitalismo y del liberalismo, fue una readaptación de tradiciones y prácticas que se basaron en una combinación de los legados coloniales junto a la presencia de algunas nuevos paradigmas.

En el desarrollo de este trabajo hemos demostrado que el rasgo común que tuvieron desde la época colonial y durante el siglo XIX estos procesos en el Río de la Plata fue la presencia de una sociedad en movimiento, con una frontera nueva en pleno momento de poblamiento, en génesis, con "mucha tierra apta y poca gente". Esa disponibilidad de tierras en el Oriente entrerriano y la llegada de nuevos pobladores permitieron que se fuera consolidando la producción rural a través del empuje de las haciendas y del trabajo de los pastores-labradores, uno de los actores principales de la vida socioeconómica en estos territorios. La configuración de esta sociedad de frontera rural entre 1810 y 1850 amalgamó legados coloniales con una intensa movilidad de las poblaciones, con la tolerancia de acceso a la tierra pública, con la diversidad de derechos de propiedad y de formas de explotación de las estructuras rurales. Todas estas circunstancias se fueron mixturando con nuevas prácticas y realidades propias de un contexto posindependiente inestable: las guerras rioplatenses, la apertura mercantil al libre comercio, la emergencia de una fiscalidad propia, la reestructuración de los poderes locales, hechos que confluyeron para configurar una sociedad *sui-generis*.

Este poblamiento del Oriente entrerriano tuvo diferentes contextos de expansión y de retracción en su dinámica local. El primer ciclo comenzó en el último cuarto del siglo XVIII, luego de las Reformas Borbónicas, impulsado por las políticas institucionales y la coyuntura económica rioplatense que produjo una primera ocupación del territorio y la conformación de los grupos locales, que explotaban una economía rural con el predominio de labradores y algunas estancias. Pero esta avanzada se vio afectada en sus inicios por la crisis revolucionaria y la posterior caída del orden colonial. Entre 1810 y 1820 los costos de la revolución y la independencia fueron muy negativos para la zona. Fue una década de inestabilidad y ruina para los poderes y la economía local. Pero a partir de 1820 los diversos actores readaptaron sus estrategias socioeconómicas, iniciando un segundo ciclo de crecimiento y consolidación de los poderes locales.

En estos dos ciclos coexistieron constantes propias de la tradición colonial rioplatense con las transformaciones que afectarían a mediano plazo los patrones de expansión del Oriente entrerriano. Se mantuvo siempre el rol hegemónico de un grupo de familias de notables locales que desde el ámbito político y administrativo de Concepción del Uruguay logró reconstituir el poder territorial y más tarde gobernar la provincia para liderar el empuje de sus intereses económicos sobre las tierras nuevas de la frontera. Desde allí operaron entonces las autoridades locales, sobre la base de los intereses de un grupo de notables, quienes junto a un amplio y muy desigual conjunto de pastores-labradores fueron los actores principales de la expansión rural en aquellos territorios. Ese contexto de amplia disponibilidad de tierras fiscales, con la tardía emergencia del dominio pleno de la propiedad privada (hasta por lo menos la década de 1860) fue el escenario donde los diversos actores desplegaron sin grandes conflictos las variadas estrategias dentro del mundo rural. Durante las cinco primeras décadas poscoloniales convivieron y se complementaron diversos tipos de estructuras y lógicas socioeconómicas.

A mediano plazo, mientras la ocupación de la frontera avanzaba de la mano de los pastores-labradores, en el área de antiguo poblamiento de Concepción del Uruguay y Concordia un grupo de hacendados consolidó sus establecimientos grandes y medianos, desplazando a los pastores-labradores que producían con mano de obra familiar y agregados hacia tierras nuevas de la frontera. Pero la posibilidad durante aquellos años de acceder a las tierras públicas vacantes y la tardía consolidación de la propiedad funcionaron como una "válvula de escape" para la supervivencia de los pequeños productores familiares o de los recién llegados a esta zona. Entonces, a pesar de la expansión de los hacendados, hasta mediados del siglo no hubo exclusión significativa para el acceso a la producción campesina. Hubo una cierta e inicial convivencia entre el desarrollo de una economía pecuaria de exportación hacia el mercado ultramarino y la producción familiar en los poblados de frontera abierta. Las antiguas prácticas de producción campesinas, basadas en el trabajo de las unidades domésticas para el autoconsumo o con pequeños excedentes que se destinaban para los mercados locales, posibilitaron la integración.

Así, en la dinámica rural luego de la Revolución se destacó durante mucho tiempo por la presencia en amplios espacios de la frontera de núcleos familiares campesinos, en su mayoría de tipo simple y en menor medida de tipo complejo. En las familias nucleares o complejas de pastores-labradores, la unidad de producción y el grupo doméstico fueron una misma realidad, y las relaciones parentales y de producción estuvieron interpenetradas en función de alcanzar una mejor reproducción socioeconómica, sin que puedan ser entendidas la una sin la otra. El éxito de la reproducción de estos productores estuvo sustentado en el rol desempeñado por la cooperación familiar, (de las mujeres y de los hijos) y de la parentela. Todos ellos eran activos en el ciclo de producción, y en muchos casos las mujeres estuvieron al frente de la unidad familiar. También pertenecían a esta célula doméstica otros individuos más "sueltos", ya fuera como agregados o como conchabados.

Pero estos antiguos patrones coloniales de ninguna manera operaron inmutables en el nuevo contexto posrevolucionario. Este período estuvo signado por la guerra permanente que se libraba en sus territorios y por las nuevas necesidades y carencias que afectaban a los grupos dirigentes locales, variables fundamentales para entender la dinámica del proceso de interacción socioeconómico dentro de la sociedad local. Para la mayoría de sus habitantes el Oriente entrerriano fue una zona con una constante de campos abiertos, pero al mismo tiempo sujeta a la consolidación de las haciendas, a las turbulencias de los conflictos militares y a los servicios e intercambios públicos que debieron sostener los sectores subalternos con los grupos dirigentes. Fue una época regida por una combinación de oportunidades y costos que brindó una cierta movilidad espacial y social, pero con la reafirmación del poder paternalista y la consolidación de los intereses socioeconómicos de los hacendados y comerciantes. Vemos entonces como hasta la mitad del siglo esta zona sostuvo un proceso de expansión rural y mercantil con una estructuración institucional, económica y social se basaba en tradiciones antiguas y nuevas, pero sujetas ambas a permanentes reelaboraciones.

Todas estas características transformaron a esta sociedad de frontera en un área de atracción para los nuevos migrantes, que sobre todo llegaron a Entre Ríos desde zonas vecinas mucho más castigadas y empobrecidas. Los nuevos pobladores comenzaron a establecerse a partir de la década de 1830, permitiendo que la población registrara el mayor crecimiento demográfico para esa época en el Río de la Plata. La migración resultó un fenómeno determinante que afectó la conformación de la sociedad en todos sus niveles. Se instalaron tanto en la zona vieja como en la nueva, y en ambos espacios, como ya señalamos, fueron constituyendo relaciones familiares esencialmente de tipo nuclear simple, aunque también fue importante el número de familias complejas. Estas últimas se destacan en la zona nueva de la frontera, donde algunos criollos y sobre todo los indígenas recurrieron frecuentemente a esas modalidades de asentamiento amplio de familias y parentelas, que reforzaron sus lazos étnicos, sociales y además les proporcionó mayores oportunidades económicas o enfrentar mejor dotados los desafíos de la supervivencia.

Otra modalidad de esta sociedad pos-colonial fue la gran flexibilidad en las prácticas sociales a la hora de constituir parejas. Fue común que en el seno de los entramados sociales entrerrianos se diera una rápida conformación de lazos y uniones entre hombres y mujeres; en esta época se incrementaron las relaciones de amancebamiento y el nacimiento de hijos ilegítimos. Una de las consecuencias fue la mayor mixtura entre las diversas castas (negros, mulatos e indígenas) y los "blancos" criollos. Por otra parte es necesario apuntar que esta modalidad correspondió en gran medida con una mayor movilidad espacial de la población, con un sistema masivo de reclutamiento de hombres para satisfacer la dinámica creciente de las guerras en la zona, y con una retracción de las funciones y los alcances territoriales de los párrocos locales.

Pero en la sociedad del Oriente entrerriano sucedieron otras alteraciones de los patrones mantenidos desde los "viejos tiempos". Estas nuevas dinámicas de cambio cobraron un sostenido vigor recién en la década de 1840, cuando resultaron muy visibles las tendencias de consolidación de los notables locales. El librecomercio, las nuevas oportunidades mercantiles y el crecimiento de un núcleo de haciendas y saladeros de los principales "empresarios" locales en el área mas vieja de la frontera ofrecieron una nueva escala a los intereses locales dentro del universo rural y comercial rioplatense de la época.

Por entonces la consolidación de los intereses y poderes locales operó a la par del corrimiento y de las nuevas escalas de la frontera rural, comercial y estatal. Resultaron vitales las operaciones mercantiles realizadas bajo la política de "puertos abiertos" desde Concordia y Concepción del Uruguay, en los que los grupos mercantiles locales tuvieron una mayor capacidad para colocar las exportaciones de su producción rural y para manejar las reexportaciones de una amplia zona. Para lograr estos objetivos aprovecharon las vías fluviales que les facilitaban buenas rentabilidades en el tráfico del comercio interregional y ultramarino. De ese modo los intereses locales y el erario provincial alcanzaron nuevas metas como fruto de las libertades comerciales, que les permitieron aprovechar mejor y con relativo éxito las oportunidades cambiantes de las coyunturas mercantiles sucedidas en toda la cuenca del Río de la Plata en las décadas de 1830 y 1840.

Dentro del proceso expansivo de los "empresarios" del Oriente entrerriano también se deben entender las negociaciones políticas al interior de la provincia, por medio de las cuales se logró el consenso necesario entre los sectores dirigentes en los años '30 para facilitar el fomento institucional de las actividades locales iniciadas por el gobierno de Echagüe y luego sostenidas por las sucesivas administraciones de Urquiza. Estas negociaciones dieron un franco apoyo a la ganadería, a los saladeros y además sostuvieron la agresiva apertura de los puertos fluviales del río Uruguay. El conjunto de estrategias llevadas adelante por los notables del Oriente entrerriano, sobre todo en el último quinquenio de los años 40, tuvo sus efectos positivos al experimentar la economía una tendencia de crecimiento que la impulsó y fortaleció los ingresos fiscales.

La producción y el comercio locales estuvieron asentados en antiguas formas de habilitación comercial y de relaciones familiares y parentales que operaron como sostenes de las actividades económicas, tal como vimos en el caso de los negocios del principal "empresario" que era el mismísimo Justo José de Urquiza, quien combinaba las formas tradicionales de organizar los negocios al interior de la sociedad local con el libre comercio, del que era ferviente partidario, y sin descuidar los vínculos con los mercados del Atlántico Norte.

A partir de estas modalidades dentro del contexto bélico y económico de los años 1830-40 se estableció una trayectoria paralela entre la marcha triunfante del poder militar entrerriano, y la economía. A través de las victorias en los campos de batalla se garantizaba a nivel local y regional el resguardo e incluso el incremento de las actividades económico-mercantiles y el alza en las recaudaciones fiscales. Se puede entender por qué fueron los propios intereses locales los que sostuvieron todo el tiempo sin grandes conflictos internos los "costosos" ciclos de guerra, destinados no tanto a resguardar una Confederación de provincias muy inestables bajo la hegemonía porteña, sino sobre todo a salvaguardar su propia expansión pecuaria y los nexos comerciales de esta zona con los múltiples circuitos del comercio atlántico. Todo este escenario, en definitiva, permitió a los entrerrianos consolidar sus negocios, aprovechando los momentos de alta demanda o de bloqueos al puerto de Buenos Aires, con un progreso económico y fiscal hasta entonces desconocido.

Durante el último quinquenio de la década de 1840, estas políticas provocaron una clara concentración en las operaciones de todos los giros mercantiles en manos de un grupo reducido de comerciantes-productores, a cuya cabeza estaba el propio líder entrerriano Justo José de Urquiza. La creciente recaudación fiscal experimentada produjo una inédita variación en los rubros de ingresos del erario provincial; progresivamente se fue castigando menos el consumo y se volcó una mayor parte de la recaudación hacia los capitales, en tanto que los gastos se expandieron hacia inversiones nuevas para la consolidación de la administración estatal y el mayor beneficio social, como obras y educación públicas. Se pasó de una recaudación magra y regresiva a una fiscalidad genuina y progresiva.

Pero más allá de la descripción de los patrones y tendencias que incidieron en la expansión local, es fundamental comprender la naturaleza que sostuvo aquellas relaciones sociales y la organización de la producción rural. Resulta clave entender que las novedades de las décadas pos-independientes fueron de una naturaleza compleja, pues dentro del contexto señalado, las prácticas utilizadas en los ámbitos socioeconómicos dependieron de negociaciones coyunturales entre los sectores dirigentes y los subalternos, que se basaron en reapropiaciones de antiguas tradiciones pero que operaron ahora a través de los múltiples servicios demandados a los pobladores durante aquellos "tiempos de guerra".

Como sabemos, luego de la disolución del vínculo colonial no sucedió una nueva época de mayor estabilidad institucional, social y económica, sino que se derivó en un proceso de fragmentación de las soberanías locales y de permanentes e inestables reajustes institucionales en pos de sentar las bases del nuevo orden territorial, político y social. Luego de la Independencia, con las reformas de los gobiernos de la década de 1820 fueron cayendo algunas barreras estamentales del antiguo régimen, pero de ninguna manera se impusieron los preceptos liberales que permitieran a todos los habitantes gozar en plenitud de los derechos personales, ni las instituciones públicas se comportaron de acuerdo con aquellas normativas. Los nuevos "vecinos" conservaron muchas características y prácticas que reconocía el derecho indiano, que para entonces se habían extendiendo sobre el ámbito urbano y rural. En aquel contexto los diferentes gobiernos locales, más allá de los discursos y las nuevas legislaciones, fueron encarnando "como pudieron" el ejercicio práctico y espacial del poder mediante la acción de sus autoridades locales, quienes a diario debieron sostener el sistema de "dominación" y búsqueda de "consenso" a través de una compleja gama de negociaciones que entablaron con los pobladores.

Durante la era posrevolucionaria la relación entre los nuevos poderes y los diversos habitantes no derivó en la existencia de autoridades estatales que ostentaban en la práctica adecuados recursos materiales y sólido manejo del "monopolio del orden". En Entre Ríos, durante la década de 1820, las nuevas autoridades eran débiles, sobre todo porque contaban con muy escasos recursos concretos para imponer su autoridad y sostener la guerra. La economía rural local recién comenzaba una lenta recuperación de las pérdidas de la década revolucionaria y buscaba su reinserción en los mercados rioplatenses. Las relaciones de poder estuvieron muy sujetas a la arena de negociación, que no solo comprendía de manera excluyente a los notables locales sino que incluía otras modalidades y objetivos que también involucraban a los sectores subalternos. Estas interacciones tendían en primer lugar a proteger y favorecer los intereses socioeconómicos locales y en segundo término a obtener un efectivo control del territorio y el sostenimiento de las guerras permanentes, a través de los servicios públicos que de manera constante se "solicitaba" a todos los pobladores. En ese contexto poscolonial, más allá de las nuevas normativas y doctrinas que se establecieron en el Estatuto (una verdadera Constitución) de la Provincia, en la práctica se entablaron permanentes renegociaciones coyunturales en torno al reconocimiento de los derechos y de los atributos (de vecinos, domiciliados o de meros peregrinos) de los sectores subalternos a cambio de que aquellos subsidiaran las necesidades públicas (obligaciones de diversos tipos de servicios) y de que prestaran plena adhesión a las necesidades económicas y políticas de los notables locales.

Así para conceder en la práctica las diferentes posiciones sociales o el acceso a los recursos, resultaron fundamentales las características contextuales de una sociedad con "abundancia de tierra y escasez de hombres" junto a las crecientes necesidades públicas y privadas de imponer el orden, de hacer frente a la guerra y de reconstituir los intereses económicos. Más allá de los atributos normativos, expresados en los Estatutos de 1822, hubo intercambios entre las autoridades, los notables y los sectores subalternos en torno al valor de los servicios a la "patria", los servicios de milicias, los trabajos concertados en las haciendas y todo tipo de cargas públicas que fueron "capitales" muy activos y valiosos en los intereses mutuos desplegados por los diversos actores sociales locales. En "tiempos de guerra" todas aquellas prácticas podían allanar el camino para que "toda clase de hombres" alcanzara el reconocimiento de los derechos propios de los "vecinos" y desde allí pudieran ejercer sus posibilidades de transitar, comerciar, peticionar concesiones de usufructo de tierras y ser considerados cabeza de familia. De ese modo, la identificación de la calidad y de los potenciales derechos de los individuos fueron flexibles según los servicios prestados, y se ampliaron los recursos disponibles para el cumplimiento de los intereses provinciales.

Otro rasgo prominente en la constitución de los nuevos poderes en el Oriente entrerriano fue el rol desempeñado por los miembros de la notabilidad local en torno al cumplimiento de las múltiples demandas de las guerras y de la gestión de gobierno. Aquí, a diferencia de otros casos rioplatenses, fueron los propios notables los que se involucraron de manera directa en las funciones públicas. Por lo tanto en el seno del permanente contexto de enrolamiento masivo, organizado por los principales dirigentes locales e involucrando a las porciones más significativas de los pobladores, las antiguas prácticas de frontera resultaron vitales durante todo el período de guerras. Es fundamental tener en cuenta que el campo de batalla fue muy a menudo el propio territorio del Oriente y lo que estaba en juego a diario era la vida y los bienes tanto de los notables como de los pobladores. Esto explica en buena medida por qué cobró tanto valor la tradición de defensa común mediante los servicios a la "patria". Más allá de las obligaciones militares que por normativa tuvieron todos los habitantes, esos servicios se revalorizaron en la vida cotidiana porque se vinculaban directamente con la defensa de los diversos patrimonios locales. Todos esos aspectos que estaban aún latentes en la tradición hispánica fueron rápidamente reapropiados en las prácticas e incluso estipulados en la legislación local, por lo cual muy claramente desde la década de 1830 la acumulación de servicios de armas otorgaba o fortalecía derechos, que incluso podían acumularse para alcanzar recompensas materiales y prestigio social. Para los individuos "estantes" o simplemente para los migrantes recién llegados, la prestación de los servicios a la patria fue una puerta de ingreso a la sociedad local, la posibilidad de ser reconocidos como miembros "activos" de la misma y una vía de acceso al posible usufructo de la tierra pública. Para los nativos o avecindados ofrecía otras posibilidades, como las de defender sus propiedades y además alcanzar premios materiales o acumular ascendencia para su consolidación social; en algunos casos posibilitó que familias sin grandes recursos económicos fueran consideradas durante aquellos años parte de los "beneméritos" entrerrianos.

Asimismo, los servicios a la patria se constituyeron en un ámbito privilegiado de socialización y de conformación de una cultura local, que no solo reforzaba un identitario común de acción, sino que sobre todo posibilitaba compartir las mismas experiencias de disciplinamiento y de cooperación a lo largo de las campañas militares y en el desempeño de los conflictos bélicos. De esa manera esta instancia colectiva otorgó a los nuevos poderes locales provinciales "espacios" para la construcción de intereses compartidos, siempre encabezados por los hombres de las principales familias en pos de organizar la defensa de los patrimonios de la provincia y de acrecentar su liderazgo, a través del prestigio en la defensa de la patria y de los derechos de servicios acumulados como capital activo dentro de la "familia entrerriana". En el caso de los notables el servicio a la patria permitía obtener ventajas materiales, como los arreglos concertados de trabajo para las estancias. También reforzaba su función de liderazgo, como auténticos "beneméritos" y "padres" de la patria.

Dentro de la sociedad entrerriana, las milicias, y en mucho menor grado las tropas de línea, llegaron inclusive a cumplir otros roles más complejos. A medida que los enrolamientos fueron de alcance masivo y permanentes se pusieron en marcha nuevos mecanismos simultáneos para regular los ciclos productivos y las relaciones de producción del mundo rural. Allí entonces en pleno universo de los vínculos "económicos", lejos de operar principalmente el mercado a través de la oferta y demanda, fueron los brazos políticos de los poderes locales quienes instauraron prácticas para la organización colectiva del ciclo pecuario y para negociar, dentro de un contexto de entramados del poder militar, con los trabajadores que cubrirían parte significativa de las demandas laborales de las estancias y saladeros. En ese sentido es vital entender que el éxito de la expansión rural entrerriana se sostuvo en un tipo muy determinado de "empresas", y una de las claves de su rentabilidad fue básicamente disponer durante aquellos años de suficientes tierras y pastos para la reproducción de animales alzados. Por otra parte fue necesario asegurarse los beneficios del trabajo "concertado", dentro de un marco de relaciones de producción basados en los arreglos por fuera del mercado en el que los propios hacendados locales, y sobre todo quienes eran además comandantes u oficiales de milicias, estuvieron a la cabeza de la organización de las faenas rurales y de los contingentes de trabajo que garantizaban la reproducción de sus propios intereses rurales.

En esta sociedad de frontera poscolonial entrerriana, lejos de primar los paradigmas "modernos", tuvieron ingerencia factores como la existencia de tierras aptas, la persistencia y convivencia de un complejo patrón de registro socioeconómico, el acceso a las tierras públicas, las nuevas prácticas de negociación en torno a los servicios públicos, los entramados familiares de los notables y la agresiva expansión mercantil para el impulso de la reproducción de los recursos disponibles, que preferentemente usufructuaron los notables locales durante la primera mitad del siglo XIX. Todos estos factores permitieron superar la ruina inicial producida por la Revolución y dieron origen a la resurrección de la sociedad entrerriana dentro de los avatares de los tiempos de guerra. Las reapropiaciones de los legados coloniales junto a las ventajas del librecomercio permitieron a los actores sociales reorientar sus intereses y prácticas dentro del nuevo marco institucional de la Confederación de provincias que imperaba en el contexto rioplatense. A mediano plazo los líderes del Oriente lograron restaurar el orden socioeconómico interno, cimentando un nuevo liderazgo regional con vínculos económicos y militares de mayor escala. A partir de la década de 1840 en su propia dinámica de expansión la notabilidad local, en función de sus nuevos intereses económicos y de su poder militar-paternalista, enfrentaría nuevos limites para el beneficio de sus intereses dentro de su larga transición posrevolucionaria.

El poder local entrerriano en búsqueda de nuevos horizontes

Hacia mitad de la era decimonónica la sociedad del Oriente entrerriano continuaba aún en formación, pero desde 1840 ya mostraba tendencias mucho más definidas en su estructura de desarrollo rural y en los intereses concentrados alrededor de un reducido grupo de notables, que manejaban la producción rural y el comercio local. Estos notables comenzaron a desplegar nuevas y más ambiciosas expectativas sobre sus nuevas posibilidades económicas, con una mayor conciencia de las dificultades y las debilidades que experimentaban sus intereses en el contexto provincial y, mucho más importante aún, dentro del ámbito inestable de las relaciones rioplatenses.

En el ámbito local emergían nuevos desafíos pues los establecimientos pecuarios del Oriente se habían mantenido en medio de las guerras –no sin limitaciones– como "empresas" dependientes de la coyuntura. Entre las falencias más inmediatas de los principales hacendados que explotaban la ganadería alzada se visualizaban las necesidades crecientes de obtener nuevas pasturas y de asegurar una mayor estabilidad de la oferta de mano de obra y de los derechos de propiedad. Pero por sobre todo los hacendados estaban muy conscientes de las necesidades más perentorias, de regular continuamente la provisión de mano de obra, que como vimos se realizaba con esfuerzo creciente mediante las negociaciones a través del conchabo y sobre todo desde el trabajo "concertado", que regulaba el brazo político de las milicias provinciales. Si bien este sistema había funcionado durante varias décadas de guerra, no parecía poder sostenerse adecuadamente por mucho tiempo, como ocurrió desde 1848, en la medida que fueran creciendo las escalas productivas y aumentara el número de peones necesarios para los establecimientos rurales. Además emergían las necesidades urgentes de trabajadores estables y especializados para los saladeros. Aquellas pautas concertadas no podrían soportar las nuevas demandas cuando finalizado el enrolamiento las milicias se licenciaban las tropas y un gran número de hombres se dispersaban por el mundo rural y podían acceder como pastores-labradores familiares a la producción rural en las abundantes tierras fiscales de la frontera nueva.

La necesidad de formar un verdadero mercado de trabajo que ofreciera regularmente una adecuada oferta de trabajadores no fue una preocupación pasajera. Comenzó a ser una preocupación creciente de las autoridades ante la dimensión que había alcanzado la producción y las necesidades de los establecimientos rurales. Desde 1847 y en la medida que la guerra menguaba las medidas de gobierno buscaron modificar las normativas y sobre todo las prácticas y relaciones sociales que hasta entonces imperaron en la campaña entrerriana. A partir de 1849 una nueva legislación laboral abrió una temática central para las políticas que se pondrían en movimiento en las décadas de 1860-70. Los fundamentos y objetivos que impulsaron a las autoridades fueron muy explícitos en el decreto sobre vagancia, súbitamente estaban "convencidos de que la falta de moral y aplicación al trabajo en la clase jornalera [que] obsta poderosamente al adelanto del país, por cuanto la falta de brazos paralizan todos los ramos". Por todo ello "el Gobierno trae prontas y eficaces medidas para reanimar aquellos ramos cortando así mismo el funesto progreso de la ociosidad y holganza; constándole por otra parte la poca subordinación y lealtad con que los individuos de la clase jornalera sirven en sus conchabos, hasta el extremo de abandonar sus trabajos cuando se hacen más necesarios, ya exigiendo repentina y caprichosamente más jornal, ya protestando por otros fútiles motivos". Asimismo se pretendía cambiar conductas hasta entonces muy arraigadas, ya que existía "la invenerada perniciosa costumbre de los bailes y otras diversiones en la estación de marcaciones y cosechas...".[1]

No solo había que alimentar de otra manera el mercado de trabajo rural, sino que también se debía combatir a aquellos que tuvieran opciones para escapar al conchabo, y además incorporar nuevas pautas laborales que terminaran con el abandono repentino del trabajo por otras opciones de aquella hasta entonces compleja estructura rural, reducir las pagas y finalmente transformar la cultura de los trabajadores. Sin duda todo un conjunto de nuevos patrones de relaciones y costumbres sociales de gran envergadura que ya se divisaban en el horizonte rural entrerriano, pero que recién tensionarían con mucha fuerza las relaciones sociales en el campo durante la segunda mitad del siglo.

Asimismo se hizo más imperiosa para los sectores dirigentes, que ya habían consolidado sus establecimientos rurales, la necesidad de dar un nuevo y definitivo marco de seguridad jurídica de dominio privado pleno a sus títulos de compras o derechos de concesión y usufructo de la propiedad. Aquella cuestión implicaba dar un golpe mortal para las tradiciones coloniales de convivencia en el seno de la sociedad de frontera, pues terminaba con las prácticas de tolerancia amplia o de negociación del acceso a las tierras fiscales e introducía las políticas de expulsión de ocupantes y agregados, lo que facilitaba la concentración de la propiedad rural. Se inauguraba entonces otra novedad en las tradiciones, que recién se consolido durante la década de 1860 con la regularización definitiva de los títulos de propiedad (solo se reconocería el derecho por compra y no la tradición basada solo en el poblamiento y la ocupación de las tierras

[1] Decreto de vagancia, 1-8-1848, RLDER, t.5-6, pp. 277-79.

patriolengas) y la formación de catastros públicos. Esta tendencia ya fue muy visible una década antes, cuando el gobierno impulsó por primera vez con decisión y persistencia inédita el arreglo de los campos de particulares y del Estado con la finalidad de "asegurar a todos sus derechos y propiedades".[2]

Desde 1848 los triunfos militares y el fin de las guerras dentro del territorio provincial junto a las nuevas políticas de propiedad y regulación del trabajo comenzaban a plantear en el universo local un cambio en las lógicas y patrones poscoloniales. Se comienza a dejar atrás una etapa llena de legados coloniales de plena negociación, de los servicios patrios, del reconocimiento de las tierras patriolengas y de defensa de los pobladores de la frontera para ir en busca de nuevos patrones socioeconómicos más cercanos a los parámetros imperantes de las sociedades capitalistas de la época.

Entre las principales preocupaciones que emergían en esta nueva etapa de los intereses entrerrianos, había otras cuestiones que tenían un impacto mas perentorio y resultaban asfixiantes para la reproducción del poder local y regional. Hasta entonces estaba claro que la economía ganadera había crecido, siguiendo los pasos de la dinámica de demanda pecuaria del mercado atlántico, pero lo había hecho de manera coyuntural, extensiva y localizada principalmente en ciertos territorios de los distritos de Concepción del Uruguay y de Concordia. La explotación rural se había realizado, como vimos, sobre la base de un procreo muy extensivo de animales alzados, que presentaba los altibajos propios de los ciclos naturales, a los que se agregaban los sacrificios de regulación del ciclo productivo exigidos por la guerra. De ese modo la producción ganadera como actividad rentable pudo funcionar solamente en determinados territorios del Oriente entrerriano y gracias a las ventajas ecológicas, políticas y estatales, que hasta entonces brindaba el marco local. Pero no resultaba posible, con aquella estrategias empresariales, garantizar un éxito similar para otras escalas ampliadas de explotación rural que en el futuro alimentara los negocios de exportación de cueros y abasteciera los saladeros de la provincia.

Los negocios mercantiles entrerrianos habían funcionado a pleno a partir de ciertas coyunturas extraordinarias de guerra que permitieron un intercambio y una rentabilidad razonable entre los diversos mercados. Pero desde 1848 se volvía cada vez más inestable el contexto

---

2   Ley de tierras, RLDER, t. 5-6, pp. 330.

institucional predominante en las relaciones económicas del Río de la Plata. Todo el esfuerzo militar y comercial debía desplegar nuevas estrategias para tratar de sortear con éxito los nuevos desequilibrios producidos en los vínculos comerciales y financieros de las economías exportadoras rioplatenses. Entre las falencias externas de las economías provinciales estaban las balanzas comerciales desfavorables y los recargos significativos de costos por intermediaciones. Pero además sobresalían otros costos institucionales derivados de las dificultades que a menudo tenían los entrerrianos para estabilizar, a cualquier precio, sus giros mercantiles y monetarios afectados negativamente por las políticas porteñas, lo que volvía mucho más azarosos los negocios para la región.

Era muy obvio entonces que la falta de contacto directo con los mercados de productos y de capitales externos hacía muy costoso y difícil mantener relaciones fluidas con los mercados regionales e internacionales. Pero la política de "puertos abiertos" y la estrategia de operar con múltiples mercados permitió a los entrerrianos usufructuar los circuitos mercantiles en numerosas ocasiones con importantes ganancias, pero solo con buenas posibilidades durante las coyunturas favorables de guerras o en la medida en que Buenos Aires no ahogara demasiado con sus medidas fiscales y monetarias las oportunidades de su principal socio militar. Todas esas ventajas eran esporádicas y no permitían estabilizar los negocios en el largo plazo. Las alteraciones en los giros comerciales y monetarios eran una "espada de Damocles" que podía perjudicar directamente los patrones de acumulación e inversión de los comerciantes-productores locales. Al mismo tiempo ponían en riesgo automáticamente los ingresos públicos, el sostén material de una provincia que en forma permanente pretendía expandir su capacidad de gestión estatal y de orden social a la par del corrimiento de su frontera rural.

Las dificultades descriptas ataban las tendencias económicas, fiscales y políticas entrerrianas al curso de las cambiantes e inestables relaciones fiscales y monetarias que imperaban en la plaza de Buenos Aires. Sobre todo porque las medidas porteñas no solo alteraban frecuentemente a su favor los giros mercantiles, sino que también regulaban la oferta y el valor de las monedas afectando a todos los mercados del Río de la Plata. La "inseguridad" jurídica, institucional y económica que promovía el azaroso manejo de la política rosista resultaba siempre un cuello de botella para los giros a larga distancia que efectuaban los entrerrianos aun con la aplicación de sus estrategias de múltiples vinculaciones mercantiles en la cuenca del Río de la Plata.

Si durante la década de 1840 los grupos comerciales-rurales del Oriente tuvieron éxito fue por las estrategias internas de explotación productivas y por el notable esfuerzo de operar "libremente" según las alternativas coyunturales en varias plazas comerciales, como los mercados de Buenos Aires, de Montevideo y del sur de Brasil. Pero aun interactuando de aquella manera, con múltiples opciones, finalmente el manejo de las importaciones y exportaciones de metálico estaba concentrado en torno a sus agentes comerciales de máxima confianza que residían en Buenos Aires; donde estos diseñaban estrategias para manejar de la mejor manera posible en su favor los distintos tipos de monedas (metálicas, papel, giros, bonos y letras) para hacer finalmente rentables los giros mercantiles y los cambios monetarios entrerrianos.

Por todos estos factores junto a los aranceles, costos de intermediación y la baja de precios pecuarios surgía otra cuestión muy significativa para los entrerrianos con respecto a los perjuicios que podían llegar a sufrir sus giros metálicos desde Buenos Aires, al punto que el principal agente mercantil del gobernador le comentaba que "He podido averiguar en relación al encargo que S.E. me hace [...] que una persona que ha entrado dinero de Buenos Aires, pagó el uno por ciento, posteriormente otro que [...] extrajo para Santa Fe pagó el medio por ciento, lo que nada conforme me parece esta desigualdad, pero me inclino a creer que el dinero para las provincias es el uno por ciento, sin embargo se me dice que para las del Interior no hai ningún dinero, y solo paga el que sale para los Ríos".[3] Esa situación que se venía arrastrando desde la década de 1820 había generado hasta entonces solo grandes polémicas entre las provincias, pero hacia mitad del siglo la situación fue mucho más crítica para las relaciones entre las dos economías más fuertes de la época. Desde 1848 esos vínculos monetarios se descompensaron en perjuicio del Litoral debido a que Rosas, además de retener el monopolio mercantil, de expandir sus particulares políticas fiscales de financiación inflacionaria, sumó el impedimento absoluto de sacar metálico hacia las provincias del Litoral. Esta prohibición resultó un nuevo y definitivo escollo para la realización y el rescate de los capitales acumulados por los entrerrianos, que para ese entonces habían tenido durante varios años balanzas positivas de comercio y no podían disponer de sus giros en metálico.[4]

---

3 J. Barañao a Justo José Urquiza, 9-8-1848. AHER,
4 Informes sobre cambios del 30-3-1848, en AHER, Gob. S.II, carpeta 7, legajo 7.

En un contexto de largo plazo en el cual se habían incrementado las relaciones ganaderas y mercantiles del Oriente, concentradas en torno a los negocios del propio gobernador, en un amplio espacio geográfico y con un mejor potencial en los mercados se veían frenadas las estrategias locales por las condiciones institucionales imperantes en la región rioplatense. De modo que desde 1849 a causa del tratamiento institucional del comercio y de la política monetaria impuesta por el gobernador de Buenos Aires, para los notables entrerrianos fue perdiendo sentido político la alianza con Buenos Aires, que sostenía en buena medida a la Confederación de provincias. En ese momento el indignado gobernador entrerriano, tomó una decisión que ya no cambiaría, pues expresaba enfáticamente que "el ejercito entrerriano y su gobierno no deben brindarse al Gral. Rosas, después que no se les ha considerado dignos de contestación a las repetidas reclamaciones sobre la injusta prohibición de extraer metálico con destino a Entre Ríos...".[5]

Si bien desde los años cuarenta se registraba en el Oriente una clara tendencia de crecimiento de los negocios rurales y mercantiles todos aquellos logros presentaban un panorama muy incierto en el mediano plazo. Eran precisamente los factores enunciados los que podían poner en riesgo con mucha facilidad el éxito de la expansión rural-mercantil y de la colaboración militar que hasta entonces había existido entre los diversos tipos y lógicas de crecimiento económico y de poder político de las dos principales economías del Río de la Plata. La nueva realidad paralizaba la rentabilidad de los negocios emprendidos por los notables entrerrianos, y de inmediato también afectaba las posibilidades de supervivencia de su poder dentro de la provincia. De modo que más que nunca resultaron visibles los límites regionales que tenía esta etapa de transición posrevolucionaria, por lo cual resultaba necesario para los líderes entrerrianos encontrar un nuevo marco institucional y político, que potenciara mejor sus capacidades sociales y económicas dentro del espacio rioplatense.

Para 1851 en Entre Ríos aquellos problemas de orden local y regional resultaban muy evidentes, como también la confianza que depositaba Urquiza en su capacidad militar de dar un golpe de timón por la fuerza a la situación que se presentaba desventajosa. Para entonces le comentaba a su hermano Juan José "... ¿ha obtenido acaso el Gral. Urquiza la debida satisfacción por las insultantes voces que

---

[5] Justo J. de Urquiza a Diogenes Urquiza, 30-10-1850, AGN, Archivo J. J. de Urquiza, legajo 14.

ese gobierno [porteño] mandó propalar en las reuniones públicas donde se lo acusa de traidor? ¿Se ha figurado D. Juan Manuel que soy Cullen, o alguno de los otros desgraciados que puestos a la cabeza de provincias independientes, han caído por su imbecilidad bajo el cuchillo del gobierno de Buenos Aires? Se equivoca miserablemente. Su poder es un poder ficticio, nulo, sin base. Al primer empuje se desplomará su trono con más facilidad que una pirámide de humo. No hay duda de que la suerte de las armas es variable. Pero la providencia en que confió no consentirá ya la continuación de tanto escándalo e injusticia, como son los procedimientos de tu Exmo. Gobierno. Ni te figures que al invocar al cielo me falten recursos en la tierra. Nada de eso. Con solo mis amigos y compañeros de armas tengo bastante para anular en un día esa decantada omnipotencia del gigante de amapolas..".[6]

Urquiza, consciente de los limites alcanzados, ya había inducido y puesto en marcha algunas medidas nuevas y sobre todo discursos con promesas de cambios y "modernización" en el seno de aquella sociedad hasta el momento colmada de legados coloniales. Entonces emergían en el nuevo escenario de los patriarcas provinciales oídos mucho más dispuestos a escuchar propuestas de renovación, que desde años atrás venían entusiasmando a algunos intelectuales y políticos rioplatenses, quienes ahora súbitamente dirigían sus miradas, arengas y planes en favor del líder de los entrerrianos. Ellos vaticinaban que: "calcular hasta donde progresará el uno [el comercio] la otra [la industria] de la provincia con la riqueza y la fertilidad del Entre Ríos, una vez que sus puertos fuesen abiertos al comercio directo, y la riqueza de su suelo ofrecida a la emigración, al especulador y al capital extranjero, sería casi imposible, si se atiende que la provincia ha progresado en población riqueza solamente en algunos años de paz...".[7] No ahorraban elogios para este "caudillo" de provincia y le hacían llegar desde Buenos Aires sus comentarios a través de su hijo Diógenes, quien le mencionaba a menudo "...los vivas arrancados del entusiasmo se dirigieron al Gral. Urquiza [...] como diciendo que el Gral. Urquiza es el hombre que debe constituirnos, es el que llamará a las provincias todas con tan importante fin...".[8]

[6] Justo J. de Urquiza a Juan José de Urquiza 26-3-1851, AGN, Archivo J. J. Urquiza.

[7] José Marmol a Justo José de Urquiza. Agosto de 1850, Beatriz Bosch: *Urquiza…* op. cit. pp.153.

[8] Diógenes Urquiza a Justo José de Urquiza, Beatriz Bosch: *Urquiza…* op. cit. pp.152

En esta compleja coyuntura, enmarcada por los intereses locales entrerrianos y por el contexto potencial de mayores apoyos en todo el Río de la Plata, no resultó sorprendente que en mayo de 1851 el líder del Oriente entrerriano finalmente se pronunciara por "... reasumir el ejercicio de las facultades inherentes a su territorial soberanía [....] quedando Entre Ríos en aptitud de entenderse con los demás gobiernos del mundo...".[9] Poco después Urquiza afianzaba sus nuevas alianzas político-militares y partía con sus tropas rumbo a Buenos Aires en búsqueda de una nueva cruzada bélica que, luego del triunfo sobre Rosas, abriría una nueva etapa para la reorganización de la sociedad rioplatense. Recién a partir de entonces la sociedad local quedaría inmersa en un nueva dimensión e interacción de problemas, que se articularía en una experiencia inédita, pues desde entonces emergía una lenta y muy conflictiva construcción e imposición del Estado Nación Argentino y de "modernización" socio-económica en las tierras del Río de la Plata.

---

[9] Pronunciamiento de Urquiza, AHER, Hac. s. III, carpeta 9, legajo 3.

Bibliografía general

Obras de época

Affonso de Castro, Evaristo: *Noticia descriptiva da Regiao Missioneira, na Provincia de São Pedro do Rio Grande do Sul.* Cruz Alta, Brasil, 1887.

Avé Lallemant, Robert: *Viagem pela provincia do Rio Grande do Sul, 1858.* Universidade de São Pablo, Brasil, 1980.

Blondel, J. J.: *Almanaque político y de comercio de la ciudad de Buenos Aires para el año 1826.* De la Flor, Buenos Aires, 1968.

D' Orbigny, Alcides: *Viaje a la América Meridional* t. I. Futuro, Buenos Aires, 1945.

Du Graty, Alfred M.: *La confederación Argentina.* C.N.M. Histórico, Palacio San José, Entre Ríos, 1858.

Elías, Angel: *Seis días con el General Urquiza.* Gualeguaychú, Imprenta del Estado, 1850.

Guzmán, V.C.: *Recopilación de Leyes, Decretos y disposiciones relativas a los campos de Pastoreo, Creación de Pueblos, Egidos, Colonias y las que se relacionan con el ejercicio de los Agrimensores Públicos.* Folleto impreso.

Hernández, José: *Martín Fierro.* Espasa Calpe, Madrid, 1996.

Leguizamón, Martiniano: «La minga», *Recuerdos de la tierra*, Solar-Hachette, Buenos Aires, 1957.

Mac Cann, Willian: *Viaje a caballo por las provincias argentinas.* Hyspamerica, Buenos Aires, 1985.

Ordenanzas de S. M. para el régimen, disciplina, subordinación y servicio de sus execitos. Madrid. 1768. Lex Nova, Valladolid, 1999.

Parish, Woodbine: *Buenos Aires y las Provincias del Río de la Plata.* Hachette, Buenos Aires. 1958.

Serrano, Pedro: *Riqueza Entre-Riana.* Concepción del Uruguay, 1851.

Obras contemporáneas

AA.VV.: "El análisis de los grupos sociales: balance historiográfico y debate crítico", *Anuario IEHS* n° 15. Tandil, 2000.

AA.VV.: "Vigencia y aplicación de la Novísima Recopilación española", *Revista del Instituto de Historia del Derecho* n° 23. Buenos Aires, 1972.

AA.VV.: «Cambios y permanencias: Buenos Aires en la primera mitad del siglo XIX», en *Anuario IEHS* n° 12. Tandil, 1997.

Adelman, Jeremy (ed.): *Colonial Legacies. The problem of persistence in Latin American History*. Ed. Routledge, USA, 1999.

Adelman, Jeremy: *Republic of Capital: Buenos Aires and the Legal Transformation of the Atlantic World*. Stanford University Press, USA, 1999.

Alida, Metcalf: *Family and frontier in colonial Brazil: Santana de Parnaíba, 1580-1822*. U.C. Press, 1992.

Amaral, Samuel: "Alta inflación y precios relativos. El pago de las obligaciones en Buenos Aires 1836-1854, en *Trimestre Económico* vol. LVI, n° 221. México, 1995.

Amaral, Samuel: *The Rise of Capitalism on the Pampas. The Estancias of Buenos Aires, 1785-1870*. Cambridge University Press, Cambridge-New York-Melbourne, 1998.

Annino, Antonio (ed.): *Historia de las elecciones en Iberoamérica*. Siglo XIX, F.C.E., Buenos Aires, 1995.

Annino, A., L. Castro Leiva y F. Guerra: *De los Imperios a las naciones: Iberoamérica*. Iber Caja, Zaragoza, 1994.

Assadourian, Carlos: *El sistema de la economía colonial*. IEP, Lima, 1982.

Azcuy Ameghino, Eduardo: «Economía y sociedad colonial en el ámbito rural bonaerense», en Mario Rapoport (comp.), *Economía e Historia. Contribuciones a la historia económica Argentina*, Ed. Tesis, Buenos Aires, 1987.

Azcuy Ameghino, Eduardo: *El latifundio y la gran propiedad colonial rioplatense*. García Cambeiro, Buenos Aires, 1995.

Balmori, D., C. Voss y M. Wortman: *Las alianzas de familias y la formación del país en América Latina*. F.C.E., México, 1990.

Barrán, José P.: *Apogeo y crisis del Uruguay pastoril y caudillesco 1839-1875*. Banda Oriental, Montevideo, 1988.

Barrán, José P.: *Historia de la sensibilidad en el Uruguay, La Cultura «Bárbara» 1800-1860* t. 1. Banda Oriental, Montevideo, 1989.

Bethell, Leslie (ed.): *Historia de América Latina*. Cambridge University Press-Grijalbo, Barcelona, 1994.

Bjerg, M. y A. Reguera (comp.): *Problemas de historia agraria. Nuevos debates y perspectivas de investigación*. IEHS/UNCPBA, Tandil, 1995.

Bordo M. y R. Cortés Conde R. (ed.): *Transfering Wealth and Power fron the Old to the New World. Monetary and fiscal institutions in the 17 th. Through the 19 th. Century*. Cambridge University Press, 2001.

Bosch, Beatriz: *Historia de Entre Ríos*. Plus Ultra, Buenos Aires, 1980.

Bosch, Beatriz: *Urquiza y su tiempo*, Eudeba, Buenos Aires, 1968.

Bosch, Beatriz: *Urquiza. Gobernador de Entre Ríos 1842-1852.* Paraná,1940.

Bourdieu, Pierre: *El sentido práctico.* Taurus, Madrid, 1991.

Brading, David: *Mineros y comerciantes en el México Borbónico 1763-1810.* F.C.E., México, 1975.

Bragoni, Beatriz: *Los hijos de la Revolución.* Taurus, Buenos Aires, 1999.

Bronner, Fred: "Urban society in colonial Spanich America: research trens", en *LARR*, vol. 22, 2, 1987.

Brown, Jonathan: *Historia socioeconómica de la Argentina, 1776-1860.* Instituto Di Tella-Siglo XIX, Buenos Aires, 2002.

Bulmer, Thomas Víctor: *La historia económica de América latina desde la independencia,* F.C.E., México, 1998.

Burgin Miron: *Aspectos económicos del federalismo argentino.* Solar-Hacchette, Buenos Aires, 1960.

Cacopardo, C. y J. L. Moreno: «Cuando los hombres estaban ausentes: la familia del Interior de la argentina decimonónica» en H. Otero y G. Velásquez (comp.), *Poblaciones argentinas.* PROPIEP-IEHS, Tandil, 1997.

Cansanello, Oreste C.: «Domiciliados y transeúntes en el proceso de formación estatal bonaerense (1820-1832)», en *Entrepasados* n° 6. Buenos Aires, 1994.

Cansanello, Oreste C.: «Pueblos, lugares y fronteras de la provincia de Buenos Aires durante la primera mitad del siglo XIX», en *Jahrbuch für Geschichte von Staat, Wirtschaft und Gesellschaft Lateinamerikas.* Colonia, 1998.

Cansanello, Oreste Carlos: "De súbditos a ciudadanos. Los pobladores rurales bonaerenses entre el Antiguo Régimen y la modernidad", en *BIHAA* n° 11. Buenos Aires, 1995.

Cansanello, Oreste Carlos, "Las milicias rurales bonaerenses entre 1820 y 1830", en *Cuadernos de Historia Regional* n° 19. Buenos Aires, 1996.

Cardoso, E. y A. Helwege: *Latin America's Economy. Diversity, Trends and Conflicts.* Mit Press, Cambridge-Massachusetts, 1995.

Carmagnani, Marcello (coord.): *Federalismos latinoamericanos: México, Brasil, Argentina,* F.C.E./El Colegio de México, México, 1993.

Carmagnani, M., A. Hernández Chávez y R. Romano (coord.): *Para una Historia de América Latina. Las Estructuras.* El Colegio de México/ F.C.E., México, 1999.

Castro, Antonio P.: *Nueva Historia de Urquiza. Industrial, Comerciante y Ganadero.* Imp. Araujo, Buenos Aires, 1944.

Cicerchia, Ricardo: «Vida Familiar y prácticas conyugales. Clases populares en una ciudad colonial, Bs. As. 1800-1810», en *BIHAA* n° 2. Buenos Aires, 1990.

Coastworth, John: "Trayectorias económicas e instituciones en América Latina durante el siglo XIX", en *Anuario IEHS* n° 14. UNCPBA, Tandil, 1999.

Coastworth, John: *Los orígenes del atraso*. Alianza, México, 1990.

Conti, Viviana: "Espacios económicos y economías regionales. El caso del norte argentino y su inserción en el área andina en el siglo XIX", *Revista de Historia* n. 3. 1992.

Conti, Viviana: "Salta entre el Atlántico y el Pacífico. Vinculaciones mercantiles y producciones durante el siglo XIX", en: Susana Bandieri (coord.), *Cruzando la Cordillera*. Universidad Nacional del Comahue, Neuquén, 2001.

Chiaramonte, J.C. *et al*: «Finanzas públicas y política interprovincial: Santa Fe y su dependencia de Buenos Aires en tiempos de Estanislao Lopéz», en *BIHAA* n° 8. Buenos Aires, 1993.

Chiaramonte, José Carlos: "La formación de los Estados nacionales en Iberoamerica", en *BIHAA* n° 15. Buenos Aires, 1997.

Chiaramonte, José Carlos: «Legalidad constitucional o caudillismo: el problema del orden social en el surgimiento de los Estados autónomos del Litoral argentino en la primera mitad del siglo XIX», en *Desarrollo Económico* vol. 26, n°. 102. Buenos Aires, 1986.

Chiaramonte, José Carlos: "Finanzas públicas de las provincias del Litoral, 1821-1841", en *Anuario IEHS* n° 1. Tandil, 1887.

Chiaramonte, José Carlos: "Fundamentos Iusnaturalistas de los movimientos de independencias", en *BIHAA* n° 22. Buenos Aires, 2002.

Chiaramonte, José Carlos: *Ciudades, Provincias, Estados: Orígenes de la Nación Argentina (1800-1846)*. Ariel, Buenos Aires, 1997.

Chiaramonte, José Carlos: *Mercaderes del Litoral. Economía y sociedad de la provincia de Corrientes en la primera mitad del siglo XIX*. F.C.E., Buenos Aires, 1991.

De Cortazar, José A.: "La Extremadura Castellano-Leonesa hacia la construcción de un modelo", en *Revista de Historia Económica* n° 2. Madrid, 1987.

De la Fuente, Ariel: *Children of Facundo. Caudillo and Gaucho insurgency during the Argentine State-Formation Process*. Duke University Press, USA, 2000.

Di Stefano, Roberto: "Abundancia de clérigos, escasez de párrocos: las contradicciones del reclutamiento del clero secular en el Río de la Plata (1770-1840)", en *BIHAA* n° 16/17. Buenos Aires, 1998.

Djenderedjian, Julio: "Buenos Negocios en tiempo de guerra: el comercio de cueros entrerrianos hacia Buenos Aires según las cuentas de Cipriano de Urquiza, 1816-1820", *XVII Jornadas de Historia Económica*, 2000.

Djenderedjian, Julio: *Economía y sociedad en la Arcadia criolla. Formación y desarrollo de una sociedad de frontera en Entre Ríos, 1750-1820.* Tesis Doctoral, UBA, Buenos Aires, 2003.

Elía, Agustín Isaías: "Viejas estancias argentinas. Miraflores y el Potrero de San Lorenzo", (mimeo), 1959.

Farberman, Judith: *Famiglia ed emigrazione. Dal pueblo de indios al villaggio creolo.* Tesis doctoral. San Marino, 1995.

Fernández Latour, Olga: *Cantares históricos de la tradición Argentina.* Instituto de Investigaciones Folklóricas, Buenos Aires, 1960.

Flinn, Michael: *El sistema demográfico europeo 1500-1820.* Critica, Barcelona, 1989.

Fradkin, Raúl: «'Según la costumbre del pays': costumbre y arriendo en Buenos Aires durante el siglo XVIII», en *BIHAA* n° 11. Buenos Aires, 1995.

Garavaglia, J. C. y J. Gelman: «Rural history of de Río de la Plata, 1600-1850: results of historiographical renaissance», en *LARR* 30:3. USA, 1995.

Garavaglia, J. C. y J. Gelman: «Mucha tierra y poca gente: un nuevo balance historiográfico de la historia rural platense (1750-1850)", en: *Historia Agraria* n° 15. SEHA, 1998.

Garavaglia, J. C. y J. L. Moreno (comp.): *Población, sociedad, familia y migraciones en el espacio rioplatense siglos XVIII y XIX.* Cantaro, Buenos Aires, 1993.

Garavaglia, Juan Carlos: "El Río de la Plata en sus relaciones atlánticas: una balanza comercial (1779-1784)", en: *Moneda y crédito* n° 141. 1977.

Garavaglia, Juan Carlos: «Crecimiento económico y diferenciaciones regionales: el Río de la Plata a fines del siglo XVIII», en *Economía, sociedad y regiones.* De la flor, Buenos Aires, 1987.

Garavaglia, Juan Carlos: *Poder, conflicto y relaciones sociales.* Homo Sapiens, Rosario, 1999.

Garavaglia, Juan Carlos: «De 'mingas' y 'convites': la reciprocidad campesina entre los paisanos rioplatenses», en *Anuario IEHS* n° 12. Tandil, 1996.

Garavaglia, Juan Carlos: "Un siglo de estancias en la campaña de Buenos Aires 1751 a 1853", en *HAHR* 79:4. USA, 1999.

Garavaglia, Juan Carlos: *Mercado interno y economía colonial.* Enlace Grijalbo, México, 1983.

Garavaglia, Juan Carlos: *Pastores y labradores de la campaña de Buenos Aires 1700-1830.* De la Flor, Buenos Aires, 1999.

Gelman, J. y M. Schroeder: "Una compleja relación: Rosas y los embargos a los propietarios unitarios de la campaña de Buenos Aires", en: *XVII Jornadas de Historia Económica*. Tucumán, 2000.

Gelman, Jorge: "Crisis y reconstrucción del orden en la campaña de Buenos Aires", en *BIHAA* nº 21. F.C.E., Buenos Aires, 2000.

Gelman, Jorge: *Campesinos y Estancieros*. Los libros del Riel, Buenos Aires, 1998.

Gelman, Jorge: *De mercachifle a gran comerciante*, Universidad de Andalucía/Universidad de Buenos Aires, 1996.

Gianello, Leoncio: *Historia de Entre Ríos 1520-1910*. Ministerio de Educación de Entre Ríos, Paraná, 1951.

Gilbert, J. y D. Nugent: *Every forms of state formation. Revolution and the negotiation of rule in modern Mexico*. Duke University Press, Durham, 1994.

Goldman, Noemí: "Legalidad y legitimidad en el caudillismo. Juan Facundo Quiroga y La Rioja en el interior rioplatense (1810-1835)", en *BIHAA* nº 7. Buenos Aires, 1993.

Goldman, N. y R. Salvatore: *Caudillos rioplatenses. Nuevas miradas a un viejo problema*. Eudeba, Buenos Aires, 1998.

Gonzalbo Aizpuru, Pilar: *Familias novohispanas, S. XVI al XIX*. El Colegio de México, 1990.

Gonzalbo, P. y C. Rabell (comp.): *La familia en el mundo Iberoamericano*. UNAM, 1994.

Gonzalbo, Pilar (comp.): *Historia de la familia*. Instituto Mora-UNAM, México, 1993.

Goody, Jack: *La evolución de la familia y del matrimonio en Europa*. Herder, España, 1986.

Guerra, Francois: *Modernidad e independencias*. Madfre, Madrid, 1992.

Haber, Stephen (comp.): *How Latin American Fell Behind*. Stanford University, USA, 1998.

Halperin Donghi, Tulio: "Militarización revolucionaria en Buenos Aires, 1806-1815", en *El Ocaso del orden colonial en Hispanoamérica*. Sudamericana, Buenos Aires, 1978.

Halperin Donghi, Tulio: *Guerra y finanzas en los orígenes del Estado argentino (1791-1850)*. Belgrano, Buenos Aires, 1982.

Halperin Donghi, Tulio: *Reforma y disolución de los imperios ibéricos*. Alianza, Madrid, 1985.

Halperin Donghi, Tulio: *Historia Contemporánea de América Latina*. Alianza, Madrid, 1992.

Halperin Donghi, Tulio: *Revolución y Guerra. Formación de una elite dirigente en la Argentina criolla*. Siglo XXI, Buenos Aires, 1972.

Halperin Donghi, Tulio: "Bloqueos. Emisiones monetarias y precios en el Buenos Aires rosista", en *Historia problema y promesa. Homenaje a Jorge Basadre*. Lima. 1978.

Infesta, M. y M. Valencia: "Tierras, premios y donaciones. Buenos Aires, 1830-1860", en *Anuario IEHS* n° 2, 1987.

Irigoin M.A. y R. Schmit (ed.): *La desintegración de la economía Colonial*. Biblos, Buenos Aires, 2003.

Irigoin, María Alejandra: *"Finance, Politics and Economics in Buenos Aires, 1820's-1860: the political economy of currency stabilisation"*. London School of Economics, Londres, 2000.

Jacob, Raúl: "Uruguay: Integración y desintegración de un pequeño mercado regional"; en *Siglo XIX* n° 14, México, 1993.

Jacobsen, N. y J. Love (eds.): *Guiding The Invisible Hand: Economic Liberalism And The State In Latin Americam History*. New York, 1988.

Kicza, John: *Empresarios coloniales. Familia y negocios en la ciudad de México durante los Borbones*. F.C.E., México, 1986.

Kusnesof, Elizabeth: "The history of family in Latin America: a critique of recent work", en *LARR* vol. XXIV, 2, 1989.

Ladd, Doris: *La nobleza mexicana en la época de la independencia, 1780-1826*. F.C.E., México, 1984.

Langer, E. y V. Conti: "Circuitos comerciales tradicionales y cambio económico en los Andes centromeridionales (1830-1930), en *Desarrollo Económico* n° 121, vol. 31, Buenos Aires, 1991.

Laslett, Peter (ed.): *Household and Family in past time*. Cambridge University Prees, London.

Laslett, Peter: *El mundo que hemos perdido, explorando de nuevo*. Alianza, Madrid, 1987.

Levi, Giovanni: "Sobre microhistoria", en Peter Burke (comp.), *Formas de hacer historia*. Alianza, Madrid, 1996. p.122.

Liehr, Reinhard (ed.): *America Latina en la época de Simon Bolivar*. Berlin Colloquium, 1987.

Lynch, John: *Juan Manuel de Rosas*. Emece, Buenos Aires, 1982.

Macchi, Manuel: "La actividad de un gran saladero. Santa Cándida en la Provincia de Entre Ríos", en *Trabajos y comunicaciones* n° 19, Universidad Nacional de la Plata, 1969.

Macchi, Manuel: *Despachos militares del general Urquiza*. Palacio San José, Buenos Aires, 1947.

Maeder, Ernesto: *Evolución demográfica Argentina desde 1810 a 1869*. Eudeba, Buenos Aires, 1969.

Mallo, Silvia: «La mujer rioplatense a fines del siglo XVIII. Ideales y realidades», en *Anuario IEHS* n° 5, Tandil, 1990.

Mandrini R. y A. Reguera (ed.): *Huellas de la tierra, indios, agricultores y hacendados en la Pampa bonaerense*. IEHS/UNCPBA, Tandil, 1993.

Marichal, Carlos: *A Century of Deft Crises in Latin America. From Independence to the Great Depresion 1820-1930*. Princeton University Press, 1989.

Mateo, José: "Bastardos y concubinas. La ilegitimidad conyugal y filial en la frontera pampeana bonaerense (Lobos 1810-1869), en *BIHAA* n° 13, Buenos Aires, 1996.

Mateo, José: *Población, parentesco y red social en la frontera. Lobos (provincia de Buenos Aires) en el siglo XIX*. Maestria en Historia, Universidad Internacional de Andalucía, La Rábida, 1997.

Mayo, Carlos y Amalia Latrubesse de Díaz: "La incógnita comienza a despejarse; producción y mano de obra en una estancia colonial entrerriana (1800-1804)", *IX Congreso de Historia Argentina, Academia Nacional de la Historia*. Rosario, 1996.

Mayo, Carlos: «Amistades ilícitas: las relaciones extramaritales en la campaña bonaerense 1750-1810», en *Cuadernos de Historia Regional* n° 2, Luján, 1985.

Mayo, Carlos: *Estancia y sociedad en la Pampa 1740-1820*. Biblos, Buenos Aires, 1995.

McCaa, Robert: «Calidad, clase and marriage in colonial Mexico: the case of Parral 1788-90», en *HARR* vol. 64, n° 3. USA, 1984,

McCaa, Robert: "Female and family in nineteenth century Latin America", en *JFH* vol. 16, n° 3. Londres, 1991.

Mesquita Samara, Eni: *As mulheres, o poder e a familia, Sao Pablo seculo XIX*. San Pablo, 1989.

Miloslavich de Alvárez, María del Carmen: *Hace un largo fondo de años. Genealogía Uruguayense*. Concepción del Uruguay, 1978.

Mitre, Antonio: *El monedero de los Andes*. Hisbol, La Paz, 1986.

Moreno, J. L. y J. Mateo: «El 'redescubrimiento' de la demografía histórica en la historia económica y social», en *Anuario IEHS* n° 12. Tandil, 1997.

Moreno, José Luis: «Sexo, matrimonio y familia: la ilegitimidad en la frontera pampeana del Río de la Plata, 1780-1850», en *BIHAA* n° 16/17. Buenos Aires, 1998.

Moulia, Eduardo: *Así se hizo Concordia*, De Entre Ríos, Entre Ríos, 1978.

Moutoukias, Zacarías: "Redes personales y autoridad colonial: los empresarios de Buenos Aires en el siglo XVIII", en *Annales. Historie, Sciences Sociales*. París. Mai-Jun, 1992.

Moutoukias, Zacarias: *Contrabando y control colonial en el siglo XVIII*. CEAL, Buenos Aires, 1988.

Nadal Sagastume, José: *Nuestra parroquia*. Concepción del Uruguay, 1974.

Nicolini, Esteban: "Orientación del comercio de Tucumán entre 1825 y 1852: tensión entre el atlántico y el pacífico", en *Data* n° 2. La Paz, 1995.

Osorio, Helen: *Estancieros, lavradores e comerciantes no constuicao da extremadura portuguesa na América: Río Grande de Sao Pedro, 1737-1822*. Tesis doctoral, Universidad Federal Fluminense, 1999.

Palomeque, Silvia: "La circulación mercantil en las provincias del interior 1800-1810", en *Anuario IEHS* n° 4. Tandil, 1989.

Pezzarini, Heriberto M.: "El proceso fundacional de Concordia", en *Cuadernos de Estudios Regionales* n° 1. IRICyT, Concordia, 1981.

Poenitz, Alfredo: «La ocupación espacial misionera al sur del Miriñay (1769-1810)», en *Cuadernos de Estudios Regionales* n° 4. IRICyT, Concordia, 1983.

Poenitz, Enrich: «Inmigrantes ovejeros y labradores en el desarrollo del Oriente entrerriano», en *Cuadernos de Estudios Regionales* n° 8. IRICyT, Concordia. 1984.

Prados de la Escosura, L. y S. Amaral (eds.): *La independencia americana: consecuencias económicas*. Alianza, Madrid, 1993.

Ramírez, Susan: *Patriarcas provinciales. La tenencia de la tierra y la economía del poder en el Perú Colonial*. Alianza. Madrid. 1992.

Reboratti, Carlos: "Migraciones y frontera agraria: Argentina y Brasil en la cuenca del Alto Paraná-Uruguay", en *Desarrollo Económico* n° 74, vol. 19. Buenos Aires, 1979.

Reula, Felisberto: *Historia de Entre Ríos*. 3 tomos. Castellvi, Santa Fe, 1963.

Román, César: "Redes sociales, poder y conflicto en el estado provincial entrerriano en el marco de la construcción del Estado nacional 1820-1860", en *XVII Jornadas de Historia Económica*. Quilmes, 1998.

Romano, R. y L. Jonson: "Una polémica sobre la historia de los precios en Buenos Aires", en *BIHAA* n° 6. 1992.

Romano, Silvia: "Córdoba en el intercambio regional, 1820-1855", en *XV Jornadas de Historia Económica*. Tandil, 1996.

Romano, Carmagnani, Garavaglia y Gelman: "Natural economies or money economies? Silver production and monetary circulation in Spanich America (late XVI and early XVII century), en *The Journal of European Economic History* vol. 13, n° 1. Roma, 1984.

Rosal, Miguel: "El Interior frente a Buenos Aires: flujos comerciales e integración económica 1831-1850", en *Secuencia* n° 31. Instituto Mora, México, 1993

Rosal, M. y R. Schmit: "Del reformismo colonial borbónico al librecambio: las exportaciones pecuarias del Río de la Plata 1768-1854", en *BIHAA* n° 20. Buenos Aires, 1999.

Ruiz Moreno, Martín: *Colección de leyes, decretos y acuerdos sobre tierras de pastoreo*. El Siglo, Buenos Aires, 1864.

Ruiz Moreno, Martín: *La provincia de Entre Ríos y sus leyes sobre tierras* t. 1. Paraná, 1890.

Sabato, Hilda (coord.): *Ciudadanía política y formación de las naciones. Perspectivas históricas de América Latina*. F.C.E., México, 1999.

Salvatore, Ricardo: "Fiestas federales; representaciones de la república en el Buenos Aires rosista", en *Entrepasados* n° 11. Buenos Aires, 1996.

Salvatore, Ricardo: "Reclutamiento militar, disciplinamiento y proletarización en la era de Rosas", en *BIHAA* n° 5. Buenos Aires, 1992.

Sánchez Albornoz, Nicolás: *Población y mano de obra en América Latina*. Alianza, Madrid, 1985.

Scott, James: *Hidden Transcripts. Donination and the arts of resistance*. Yale University Press, New Haven, 1990.

Schmit, R. y M. Rosal: "Las exportaciones del Litoral argentino al puerto de Buenos Aires entre 1783-1850", en *Revista de Historia Económica* n° 3. Alianza, Madrid, 1995.

Schmit, R. y M. Rosal: "Política comercial, flujos mercantiles y negocios: Buenos Aires y Montevideo frente al comercio exterior rioplatense en el siglo XIX", en *Revista de Indias* vol. LIX, n° 215. CSIC, España, 1999.

Schmit, Roberto: "Comercio y mercado en el Litoral argentino durante la primera mitad del siglo XIX, en J. Silva Riquer, J. C. Crosso y C. Yuste (comp.): *Circuitos mercantiles y mercados en Latinoamérica, siglos XVIII y XIX*. Instituto Mora, México, 1995.

Segura, Juan J.: *Historia eclesiástica de Entre Ríos*. Nogoyá, 1969.

Socolow, Susan: *Los mercaderes del Buenos Aires virreinal: familia y comercio*. De la Flor. Buenos Aires, 1991.

Tandeter, Enrique: "El papel de la moneda macuquina en la circulación monetaria rioplatense", en *Cuadernos de Numismática* t. IV, n° 14. Buenos Aires, 1975.

Tandeter, Milletich y Schmit: "Flujos mercantiles en el Potosí colonial tardío", en *Anuario IEHS* n° 9, Tandil, 1994.

Taylor, A. y J. Coasworth: *Latinamerica and the World Economy, Since 1800*. Cambridge University Press, 1998.

Thompson, Edward P.: *Costumbres en Común*. Crítica, Barcelona, 1991.

Thompson, Edward P.: *Tradición, revuelta y conciencia de clase*. Crítica, Barcelona, 1984.

Urquiza Almandoz, Oscar: *Historia de Concepción del Uruguay*. 3 tomos. Municipalidad de Concepción del Uruguay, Entre Ríos, 1983.

Urquiza Almandoz, Oscar: *Historia Económica y Social de Entre Ríos (1600-1854)*. Banco Unido del Litoral, Buenos Aires, 1978.

Variní, María: «El censo provincial de 1849. El departamento de La Paz y sus distritos», en *Cuadernos de Estudios Regionales* n° 8. IRICyT, Concordia, 1985.

Variní, María: «Evolución demográfica del departamento de Federación», en *Cuadernos de Estudios Regionales* n° 6. IRICyT, Concordia, 1983.

Varini y Eguiguren: «La creación del Departamento de Federación», en *Cuadernos de Historia Regional*. Entre Ríos, 1986.

Victorica, Julio: *Urquiza y Mitre*. Eudeba, Buenos Aires, 1968.

Wentzel, Claudia: "El comercio del Litoral de los Ríos con Buenos Aires 1783-1821", en *Anuario IEHS* n° 3. Tandil, 1987.

Whigham, Thomas: "The back-door approach: the Alto Uruguayan trade, 1810-1852", en *Revista de Historia de América* n° 109. IPGH, México, 1990.

Whigham, Thomas: *The politics of River commerce in the Upper Plata 1780-1870*. University of New Mexico, Albunquerque, 1991.

Zanotti de Medrano, Lilia: "Un ciclo comercial en al cuenca del Plata (1852-1920)", en *Revista Complutense de Historia de América* n° 18. Madrid, 1992.

Se terminó de imprimir en el mes de agosto de 2004
en los Talleres Gráficos Nuevo Offset
Viel 1444, Capital Federal